Damage Noted NHJB P2C v6
Pink stains on bottom last copy

D1774693

Mitos y ritos de la

NAVIDAD

Origen y significado de las celebraciones navideñas

Pepe Rodríguez

Barcelona • Bogotá • Bueno[s Aires • Caracas • Méxi]co • Quito • Santiago de Chile

1.ª edición: diciembre 1997

© Pepe Rodríguez, 1997
© Ediciones B, S.A., 1997
 Bailén, 84 - 08009 Barcelona (España)

Printed in Spain
ISBN: 84-406-8085-6
Depósito legal: B. 47.082-1997

Impreso por INDUSTRIAS GRAFICAS DOMINGO

Todos los derechos reservados. Bajo las sanciones establecidas
en las leyes, queda rigurosamente prohibida, sin autorización
escrita de los titulares del *copyright*, la reproducción total o parcial
de esta obra por cualquier medio o procedimiento, comprendidos
la reprografía y el tratamiento informático, así como la distribución
de ejemplares mediante alquiler o préstamo públicos.

Mitos y ritos de la
NAVIDAD

*Origen y significado de las
celebraciones navideñas*

Pepe Rodríguez

I

EL PRIMITIVO ORIGEN Y VERDADERO SIGNIFICADO DE LA NAVIDAD

1

LOS ANTIGUOS CULTOS AGRARIOS DEL SOLSTICIO DE INVIERNO

Durante la Navidad, solsticio de invierno en el hemisferio norte, el sol alcanza su cenit en el punto más bajo y desde ese momento el día comienza a alargarse progresivamente en detrimento de sus noches —hasta llegar al solsticio de verano (21-22 de junio) en que invierte su curso—; el término solsticio significa «sol in-

Desde la más remota Antigüedad, en el solsticio de invierno se ha celebrado con grandes festejos el nacimiento del Sol y la esperanza que el astro divino trae a la humanidad.

móvil» ya que en esos momentos el sol cambia muy poco su declinación de un día a otro y parece permanecer en un lugar fijo del ecuador celeste.

El solsticio hiemal es el acontecimiento cósmico que vivifica la Naturaleza con su luz y su calor, razón por la cual, para todas las culturas antiguas, representaba el auténtico *nacimiento* del sol y, con él, toda la Naturaleza comenzaba a despertar lentamente de su letargo invernal y los humanos veían renovadas sus esperanzas de supervivencia gracias a la fertilidad de la tierra que garantizaba la presencia del astro divino, del dios más arcaico que la humanidad ha venerado.

En el solsticio de invierno todos los pueblos antiguos, adoradores del sol, celebraban el nacimiento del astro rey mediante grandes festejos caracterizados por la alegría general y el protagonismo de las hogueras, alrededor de las cuales se concentraban los lugareños con el fin de manifestar su alborozo y esperanza mediante ceremonias colectivas centradas en cantos y danzas rituales y en la recogida de ciertas plantas *mágicas* como el muérdago.

Era también la época adecuada para realizar pactos protectores con los espíritus de la Naturaleza y con los de los familiares fallecidos (una costumbre de la que derivó, en pueblos como el germano, la fiesta de los difuntos, que la Iglesia católica acabará por transformar en una jornada de tristeza que desplazará hasta el primer domingo de noviembre para poder alejarla de la alegre conmemoración del nacimiento de Jesús).

Los pueblos prerromanos, durante los tres días anteriores al 24 y 25 de diciembre, así como en los posteriores que llevaban hasta el Año Nuevo, festejaban el retorno del *Nuevo Sol* y las fuerzas vegetativas de la Naturaleza. Las grandes hogueras —tal como veremos en el capítulo 11, dedicado al *tió* de Navidad—, al margen de simbolizar el magno acontecimiento, tenían la función de excitar el calor y la fuerza de los rayos de un sol recién nacido que encaraba su curso hacia la primavera inundando la tierra con su poder regenerador. Otro tanto sucedía durante el solsticio de verano[1], época adecuada para mostrarle al divino sol el agradecimiento de quienes habían sobrevivido un año más gracias a su generosa intervención en el ciclo agrícola y ganadero.

Con el inicio de la expansión de la Iglesia católica por todo el continente europeo, los papas no siempre pudieron imponer su fe por la fuerza y a menudo tuvieron que obrar con astucia fingiendo tolerar determinados ritos paganos aunque en realidad los minaban y transformaban progresivamente al entremezclarlos con elementos cristianos añadidos. Una muestra de ello nos la dejó el papa Gregorio I el Grande (590-604) que, aunque siempre ordenó que los paganos fuesen sometidos a castigos y prisión si no se convertían, tuvo que ser más cauteloso durante su conquista evangélica de las almas de los anglosajones, aconsejándole al abad Mellitus, jefe de los propagadores del cristianismo en Gran Bretaña, lo que sigue:

«No hay que destruir los templos paganos de ese pueblo, sino únicamente los ídolos que hay en los mismos; después de asperjar esos templos con agua bendita, erigir altares y depositar reliquias; porque si tales templos están bien construidos, perfectamente pueden transformarse de una morada de los demonios en casas del Dios verdadero, de manera que si el mismo pueblo no ve destruidos sus templos, deponga de su corazón el error, reconozca el verdadero Dios y ore y acuda a los lugares habituales según su vieja costumbre...»

Esta estrategia fue seguida también en la evangelización de las Galias y la Germania, aunque su éxito no fue precisamente clamoroso. Así, por ejemplo, en el primer *Concilium Germanicum*, celebrado en los años 742 y 743, se tuvo que disponer que «el pueblo de Dios no fomente ninguna cosa pagana, sino que rechace y aborrezca toda inmundicia de los gentiles, ya se trate de ofrendas a los muertos o adivinación, de amuletos o signos de protección, de conjuros o sacrificios conjuradores, que gentes necias ofrecen junto a las iglesias y a la manera pagana, invocando a los santos mártires y confesores, con lo que provocan la cólera de Dios y de los santos, para acabar alrededor de los fuegos sacrílegos, que ellos llaman *neid fyr*».

Resulta evidente, pues, que la Iglesia católica, en el siglo VIII, a pesar del gran esfuerzo de Bonifacio —«el apóstol de Germania»—, aún no había podido lograr que los germanos renunciasen a sus prácticas paganas tradicionales ni, mucho menos, a sus ceremonias solsticiales navideñas alrededor de los fuegos sagrados.

En los pueblos germánicos y galos —pero especialmente entre los primeros, ya que fueron menos romanizados y su cristianización fue más tardía, lenta, dificultosa e incompleta—, estas ceremonias solsticiales de adoración al Sol y a las fuerzas ocultas de la Naturaleza prosiguieron hasta bien entrada la Edad Media; en sus formas originales y puras estuvieron vigentes hasta la primera mitad del siglo X, y tomando expresiones externas más o menos matizadas o mediatizadas por el cristianismo han podido sobrevivir hasta nuestros días, *contagiando* de *paganismo* la celebración de la Navidad actual hasta el punto de que, tal como iremos viendo a lo largo de este libro, los mitos solares ancestrales (conservados en su estructura interna aunque desvirtuados en su forma externa y en su significado) siguen siendo los verdaderos protagonistas de los festejos navideños que se celebran en el mundo de hoy.

Desde hace miles de años, y para las culturas y sociedades más diversas, la época de Navidad ha representado el advenimiento del acontecimiento cósmico por excelencia, del hecho más fundamental de cuantos podían garantizar la supervivencia del hombre *pagano* o campesino —*pagus* significa aldea y *paganus* aldeano o rústico—, del nacimiento —o, mejor dicho, renacimiento anual— de la principal divinidad salvadora.

No es ninguna casualidad, por tanto, que el natalicio de los principales dioses solares jóvenes de las culturas agrarias precristianas —como Osiris, Horus, Apolo,

Mitra, Dionisos/Baco (llamado el *Salvador*), etc.— fuese situado durante el solsticio de invierno. Y es menos casual aún que el natalicio de Jesús-Cristo, el *Salvador* cristiano, se haya concretado en el 25 de diciembre, fecha en la que hasta finales del siglo IV de nuestra era se conmemoró el nacimiento del *Sol Invictus* en el Imperio Romano.

El advenimiento de los dioses solares siempre se festejó en Navidad

Con el desarrollo de las culturas urbanas, los rituales solsticiales agrarios no desaparecieron sino que se adaptaron a las nuevas circunstancias y necesidades, por eso las fiestas *paganas* más importantes «rebasaron el ámbito campesino y se convirtieron en ciudadanas, de forma que la fecundidad que en origen solicitaban para el campo y el ganado, pasó a comprenderse como prosperidad y riqueza para la ciudad. Estas festividades se concentran sobre todo en invierno, pues la actividad humana sufría en estos meses una bajada en su ritmo, ya que la guerra se detenía, nadie se atrevía a navegar y las faenas agrícolas eran entonces menos intensas. El invierno es en consecuencia un período muy propicio para que las relaciones que se entablan con el mundo sobrenatural sean más estrechas, más íntimas»[2].

Entre las fiestas de los antiguos griegos y romanos que fueron precedentes de la Navidad cristiana debe destacarse, por su importancia social y trascendencia mítica y simbólica, las dedicadas a Dionisos y Saturno.

Dionisos, originado en la fusión de mitos egipcios y helenos, fue un dios del vino, de la vegetación y de la fecundidad, pero también de la muerte, ya que los difuntos y las potencias subterráneas —«infernales», de *inferus*, inferior, puesto que se creía que el mundo de los muertos estaba por debajo de la tierra— eran tenidas por controladoras de la fertilidad.

Su culto arrastraba multitudes e inspiraba ideales de rebeldía que se enfrentaban con el orden establecido, tanto el político (oponiéndose a la clase aristocrática dominante) como el divino (amenazando la supremacía de los dioses olímpicos clásicos). Ya en el siglo IV a.C., en el calendario de Bitinia el mes consagrado a Dionisos comenzaba el 24 de diciembre y tenía 31 días.

En la antigua Atenas —y en el resto de Grecia, aunque con algunas variantes—, el culto popular a Dionisos estaba repartido en cuatro grandes festividades: las Dionisíacas de los campos, las *Leneas*, las *Antesterias* y las Grandes Dionisíacas. Las dos primeras se celebraban alrededor del solsticio invernal, con carácter propiciatorio de la fertilidad/prosperidad y en medio de festejos caracterizados por la gran alegría general; las dos últimas tenían lugar en la primavera y festejaban la resurrección de la naturaleza. Las *Antesterias,* en particular, celebraban el vino nuevo, de la última cosecha, conmemoraban la llegada de Dionisos a Atenas y su hierogamia y, en su tercera jornada, el *Chytroi* («las marmitas»), se recordaba a los difuntos. El ciclo dionisíaco, como vemos, es el mismo que muchos siglos después adoptará el cristianismo al situar la Navidad en el solsticio de invierno y la Pascua de Resurrección en primavera.

El Saturno romano —equivalente al griego Cronos— fue una antigua divinidad agrícola cuyo nombre está relacionado con *satur* (saciado, harto) y *sator* (sembrador, creador), siendo sinónimo de abundancia. Fue un dios agricultor y plantador de vides *(vitisator)*, un arte que enseñó a los hombres cuando, perseguido por su hijo Júpiter, tuvo que refugiarse en Italia; bajo el apelativo de *Stercutius* presidía el abono de los campos.

Los festejos romanos en honor de Saturno, las *Saturnalia*, fueron en su origen fiestas campestres —*sementivae feriae, consualia larentalia, paganalia*—, pero adquirieron mucha importancia a partir del año 217 a.C., tras la derrota del ejército romano por el cartaginés Aníbal cerca del lago Trasimeno, preludio del desastre de la batalla de Cannas (216 a.C.) que puso fin a la segunda guerra púnica y contribuyó a despertar el espíritu religioso de los romanos.

La celebración de las *Saturnalia* duraba una semana y tenía lugar entre el 17 y el 23 del mes de diciembre. Después de la ceremonia religiosa había grandes festejos y banquetes, se abolían temporalmente las clases sociales y, en los ágapes, los señores servían a sus esclavos —que podían burlarse impunemente de los amos—, cesaba toda actividad pública —en tribunales, escuelas, comercios, operaciones militares, etc.— y no se permitía ejercer ningún arte ni oficio salvo el de la cocina, se imponía el hacerse regalos unos a otros, los ricos convidaban a sus mesas bien surtidas a los pobres que llamaban a sus puertas, se practicaban juegos de azar..., en fin, los antiguos romanos hacían ya más o menos lo mismo que aún se hace actualmente para celebrar la Navidad cristiana.

Si nos remontamos mucho más atrás en la Historia, hasta la época en la que los hombres primitivos —que practicaron cultos naturalistas y adoraron a la esfera solar como deidad— comenzaron a desarrollar el concepto divino bajo formas antropomorfas, observaremos que todas las culturas de la Antigüedad pasaron a identificar a su dios principal, o a alguno de los más importantes de su panteón, con el dios Sol y, en lógica consecuencia, situaron la conmemoración y festejo de su advenimiento alrededor del prodigioso evento cósmico que representaba el solsticio de invierno cada 21-22 de diciembre.

Caldeos, egipcios, cananeos, persas, si-

Relieve egipcio sobre basalto, del período Ptolemaico, donde se representa al Sol como fuente de la vida.

Isis con su hijo Horus recibiendo ofrendas de los dioses (altorrelieves en el mamisi de Filé, Asuán).

rios, fenicios, griegos, romanos, hindúes y la práctica totalidad de los pueblos con culturas desarrolladas, entre los que cabe incluir los imperios orientales y las civilizaciones precolombinas —como los aztecas y su máxima deidad Huitzilopochtli, que tantos quebraderos de cabeza dio a los misioneros españoles—, han celebrado durante el solsticio hiemal el parto de la «Reina de los Cielos» y la llegada al mundo de su hijo, el joven dios solar.

En los mitos solares ocupa un lugar central la presencia de un dios joven que cada año muere y resucita, encarnando en sí los ciclos de la vida en la Naturaleza. En las culturas de mitología astral, el Sol representaba el padre, la autoridad y también el principio generador masculino. Durante la Antigüedad, en todo el mundo civilizado, el sol fue el emblema de todos los grandes dioses, y los monarcas de todos los imperios se hicieron adorar como hijos del Sol (identificado siempre con su divinidad principal). En este contexto, la antropomorfización del Sol en un dios hijo joven presenta ejemplos tan conocidos como los de Horus, Mitra, Adonis, Dionisos, Krisna... o el propio Jesús-Cristo[3].

En el Egipto Antiguo se creía que Isis, la virgen Reina de los Cielos, quedaba embarazada en el mes de marzo y daba a luz a su hijo Horus a finales de diciembre. El dios Horus, hijo de Osiris e Isis, era el «gran subyugador del mundo», el que es la «substancia de su padre», Osiris, de quien era una encarnación. Fue concebido milagrosamente por Isis cuando el dios Osiris, su esposo, ya había sido muerto y despedazado por su hermano Seth o Tifón. Era una divinidad casta —sin amores— al igual que Apolo, y su papel entre los humanos estaba relacionado con el Juicio ya que presentaba las almas a su padre, el Juez. Era el *Christos* y simbolizaba el Sol.

Durante el solsticio de invierno, la imagen de Horus, en forma de niño recién nacido, era sacada del santuario para ser expuesta a la adoración pública de las masas. Era representado como un recién nacido (a menudo recostado en un pesebre) con cabello dorado, que tenía un dedo en la boca y el disco solar sobre su cabeza. Los antiguos griegos y romanos lo adoraron también bajo el nombre de Harpócrates, el niño Horus, hijo de Isis. El dios Osiris, dios de la vegetación y de los muertos, padre de Horus, también había nacido de una virgen en el solsticio hiemal.

Mitra, uno de los principales dioses de la religión irania anterior a Zaratustra, desarrollado a partir del antiguo dios funcional indoiranio Vohu-Manah[4], objeto de un culto aparecido unos mil años antes de Cristo y que, tras pasar por diferentes transformaciones, pervivió con fuerza en el Imperio romano hasta el siglo IV d.C., era una divinidad de tipo solar —tal como lo atestigua, entre otros, su cabeza de león— que hizo salir del cielo a Ahrimán (el mal), tenía una función de deidad que cargaba con los pecados y expiaba las iniquidades de la humanidad, era el principio mediador colocado entre el bien (Ormuzd) y el mal (Ahrimán), el dispensador de luz y bienes, mantenedor de la armonía en el mundo y guardián y protector de todas las criaturas, y era una especie de mesías que, según sus seguidores, debía volver al mundo como juez de los hombres. Sin ser propiamente el Sol, representaba a éste y era invocado como tal. El dios Mitra hindú, como el persa, era también una divinidad solar, tal como lo demuestra el hecho de ser uno de los doce Adityas, hijos de Aditi, la personificación del Sol.

Muchos siglos antes que Jesús-Cristo, el dios Mitra, según su leyenda popular, ya había nacido de virgen un 25 de diciembre, en una cueva o gruta, siendo adorado por pastores y magos, obró milagros, fue perseguido, acabó siendo muerto, resucitó al tercer día...

Todas las personificaciones de dioses solares acaban por ser víctimas propiciatorias que expían los pecados de los mortales, cargando con sus culpas, y son muertos violentamente y resucitados posteriormente. Así, Osiris nació en el mundo como un Salvador o Libertador venido para remediar la tribulación de los humanos, pero en su lucha por el bien se topó con el mal (encarnado en su propio hermano Seth o Tifón, que acabaría identificándose con Satán), que le venció temporalmente y le mató; depositado en su tumba, resucitó y ascendió a los cielos al cabo de tres días (o cuarenta, según otras leyendas).

El dios hindú Shiva, en un acto de supremo sacrificio, según cuenta el *Bhâgavata-Purâna,* ingirió una bebida envenenada y corrosiva que había surgido del océano para causar la muerte del universo —de ahí el epíteto de Nîlakantha («cuello azul») por el que también se conoce a Shiva y que fue el resultado del veneno absorbido—, tragedia que el dios evitó con su autoinmolación y vuelta a la vida.

Baco, otro dios solar destinado a cargar con las culpas de la humanidad, también fue asesinado —y su madre recogió sus pedazos, tal como había hecho Isis con los trozos del cadáver de Osiris— para renacer resucitado. Ausonius, una forma de Baco (y equivalente a Osiris), era muerto en el equinoccio de primavera (21 de marzo) y resucitaba a los tres días. Idéntica suerte le había estado reservada a Adonis (equivalente al dios etrusco Atune o al sirio Tammuz), a Dionisos o al frigio Atis y a una larga lista de seres divinos que, como Krisna —muerto atado a un árbol y con su cuerpo atravesado por una flecha— o como Jesús-Cristo —muerto en la cruz de madera y lanceado—, fueron todos ellos condenados a muerte, llorados y restituidos a la vida.

Son dioses que descendieron al *Hades* y regresaron otra vez llenos de vigor, tal como hace la Naturaleza con sus ciclos estacionales anuales. Todos ellos habían nacido, según el mito, durante el solsticio de invierno, fecha en la que algunas tradiciones tardías también sitúan el natalicio de Buda.

El natalicio de Jesús un 25 de diciembre no se fijó hasta el siglo IV

En el siglo II de nuestra era, los cristianos sólo conmemoraban la Pascua de Resurrección y su misterio, ya que consideraban irrelevante el momento del nacimiento de Jesús y, además, desconocían absolutamente cuándo pudo haber acontecido.

El papa Fabián calificó de sacrílegos a quienes pretendieron fijar una fecha para el natalicio de Jesús.

Durante el siglo siguiente, al comenzar a aflorar el deseo de celebrar el natalicio de Jesús de una forma clara y diferenciada, algunos teólogos, basándose en los textos de los *Evangelios,* propusieron datarlo en fechas tan distintas como el 6 y 10 de enero, el 25 de marzo, el 15 y 20 de abril, el 20 de mayo y algunas otras. El sabio Clemente de Alejandría (150-215) no quiso quedar al margen de la polémica y postuló el día 25 de mayo. Pero el papa Fabián (236-250) decidió cortar por lo sano tanta especulación y calificó de sacrílegos a quienes intentaron determinar la fecha del nacimiento del nazareno.

A pesar de la disparidad de fechas apuntadas, todos coincidieron en pensar que el solsticio de invierno era la fecha menos probable si se atendía a lo dicho por Lucas en su evangelio: «Había en la región unos pastores que pernoctaban al raso, y de noche se turnaban velando sobre el rebaño. Se les presentó un ángel del Señor, y la gloria del Señor los envolvía con su luz...» (*Lc* 2,8-14)[5].

Si los pastores dormían al raso cuidando de sus rebaños, para que el relato de *Lucas* fuese cierto y/o coherente debía referirse a una noche de primavera —de ahí las fechas posteriores al día 21 de marzo, equinoccio primaveral e inicio de esta estación—, ya que a finales de diciembre, en la zona de Belén, el excesivo frío y las todavía abundantes lluvias invernales impedían cualquier posibilidad de pernoctar al raso con el ganado.

Forzando la escena relatada por Lucas

El nacimiento de Jesús, centro de la Navidad cristiana, según una pintura de Lorenzo da Costa (c. 1490).

hasta el límite de la sutileza, otras Iglesias cristianas ajenas a la católica —como la Iglesia armenia— fijaron la conmemoración de la Natividad en el día 6 de enero ya que, según su deducción, aunque no es posible situar el relato de *Lucas* en la estación más fría y lluviosa del año en las tierras de Judea, sí puede ser creíble situando el nacimiento de Jesús un poco más tarde, en enero y en el Oriente Medio, un tiempo y un lugar donde es muy probable la existencia de cielos nocturnos claros y sin borrascas, aunque todavía haga frío, eso sí. Con el mismo argumento, en otras Iglesias orientales, egipcios, griegos y etíopes propusieron fijar el natalicio en el día 8 de enero. Eutiquio, patriarca de Alejandría, en el siglo X aún defendía esta fecha como la única verdadera.

Basándose también en *Lucas,* la Iglesia oriental empleó otro argumento todavía más peculiar para defender la fecha del 6 de enero. Cogiendo al vuelo la afirmación de Lucas cuando escribió que «Jesús, al empezar, tenía unos treinta años» (*Lc* 3,23), dedujeron, de alguna manera sin duda milagrosa, que Jesús murió cuando tenía «exactamente» treinta años, contados éstos desde el día de su concepción, y, dado que la fecha de la crucifixión la habían fijado el 6 de abril (¡¿?!), sólo tuvieron que añadir los nueve meses exactos de gestación para llegar hasta el tan celebrado 6 de enero.

Dejando al margen la vía para calcular tan preciado día, lo cierto es que la fecha del 6 u 8 de enero —la primera que la cristiandad celebró— tenía mucho sentido ya que, en la Alejandría egipcia (cuna de aspectos fundamentales de la doctrina cristiana), se festejaba con toda pompa el festival de Core «la Doncella» —identificada con la diosa Isis— y el nacimiento de su nuevo *Aion,* que era una personificación sincrética de Osiris.

Durante el pontificado de Liberio, en el siglo IV, se adoptó el 25 de diciembre como natalicio de Jesús.

San Epifanio, refiriéndose al festival de Core, escribió en *Penarion* 51: «la víspera de aquel día era costumbre pasar la noche cantando y atendiendo las imágenes de los dioses. Al amanecer se descendía a una cripta y se sacaba una imagen de madera, que tenía el signo de una cruz y una estrella de oro marcada en las manos, rodillas y cabeza. Se llevaba en procesión, y luego se devolvía a la cripta; se decía que esto se hacía porque *la Doncella* había alumbrado al *Aion*».

Entrado ya el siglo IV, cuando ya se había concluido lo substancial del proceso de trasvase de mitos desde los dioses solares jóvenes precristianos hacia la figura de Jesús-Cristo[6], se decidió fijar una fecha concreta —y acorde a su nueva concepción mítica— para el natalicio de Jesús. Dado que al judío Jesús histórico se le había adjudicado toda la carga legendaria que caracterizaba a su máximo competidor de esos días, el dios Mitra, lo lógico fue hacerle nacer el mismo día en que se celebraba el advenimiento de ese joven dios.

A más abundamiento, cabe recordar que la figura de Jesús no fue oficialmente declarada como consubstancial con Dios hasta el año 325, cuando el emperador Constantino convocó el concilio de Nicea y ordenó a todos los obispos asistentes que acatasen el entonces muy discutido y discutible dogma de que el Padre y el Hijo compartían la misma substancia divina[7].

De esta forma, entre los años 354 y 360, durante el pontificado de Liberio (352-366), se tomó por fecha inmutable la de la noche del 24 al 25 de diciembre,

El papa Juan I, en el siglo VI, proclamó que la Encarnación de Jesús se produjo un 25 de marzo del año 754 de la fundación de Roma.

día en que los romanos celebraban el *Natalis Solis Invicti,* el nacimiento del Sol Invencible —un culto muy popular y extendido al que los cristianos no habían podido vencer o proscribir hasta entonces— y, claro está, la misma fecha en la que todos los pueblos contemporáneos festejaban la llegada del solsticio de invierno.

Según algunos autores, en la elección del 25 de diciembre —hecho que sitúan en el año 345, bajo el papa Julio I— tuvo una influencia decisiva Juan Crisóstomo (del que sabemos que defendió esta fecha, frente a la del 6 de enero, en, al menos, escritos del año 375) y Gregorio Nacianceno —uno de los tres padres capadocios que elaboraron la doctrina trinitaria clásica a finales del siglo IV—, pero lo más plausible es que ambos personajes no intervinieran en la datación del natalicio aunque sí actuasen como fervientes defensores del 25 de diciembre a posteriori.

En cualquier caso, san Agustín (354-430) sí debía tener muy claro el verdadero origen de la Navidad católica, sobrepuesta al *Natalis Solis Invicti,* cuando exhortó a los creyentes a que ese día no lo dedicasen «al Sol, sino al Creador del Sol».

Con la instauración de la Navidad también se recuperó en Occidente la celebración de los cumpleaños, aunque las parroquias europeas no comenzaron a registrar las fechas de nacimiento de sus feligreses hasta el siglo XII.

A pesar de haberse fijado ya como inmutable la fecha del 25 de diciembre —o quizá por esa misma razón—, las especulaciones en torno al natalicio de Jesús prosiguieron durante muchos siglos después. El papa Juan I (523-526), decidido a averiguar la verdad, le encargó una investigación al monje Dionysius *Exiguus* (Dionisio el Pequeño) que, tras un curioso proceso de *razonamiento,* concluyó que el año de la Encarnación había sido el 754 de la fundación de Roma, y que la Encarnación misma había tenido lugar el 25 de marzo y el nacimiento, el 25 de diciembre, eso es después de una gestación matemáticamente exacta de nueve meses.

La peculiar datación de Dionisio el Pequeño también dejó en herencia otra fecha famosa, la de los 33 años de Jesús en el momento de ser crucificado, pero hoy ya está bien demostrado que los cálculos del monje romano fueron errados hasta en lo más evidente y que Jesús tenía entre 41 y 45 años cuando fue ejecutado[8].

En el siglo XVI, un erudito como José Scaligero aún se ocupó del asunto y afirmó que Jesús había nacido a finales de septiembre o principios de octubre. Más prudente, el gran sabio y teólogo Bynaeus (1654-1698), después de analizar todo lo escrito al respecto, concluyó que «puesto que la Escritura calla sobre esto, callemos también nosotros»[9]. La fecha del 25 de diciembre, fijada a finales del siglo IV, ya era inamovible para el orbe católico (aunque no fuese aceptada por las Iglesias cristianas orientales que siguen celebrando el natalicio de Jesús el 6 de enero).

En un principio, la festividad de la Navidad tuvo un carácter humilde y campesino, pero a partir del siglo VIII comenzó a celebrarse con la pompa litúrgica que ha llegado hasta hoy, creando progresivamente la iluminación y decoración de los templos, los cantos, lecturas, misterios y escenas piadosas que dieron lugar a representaciones al aire libre del nacimiento del portal de Belén.

NOTAS

1. En el solsticio de verano, desde milenios atrás, había igualmente grandes celebraciones paganas en torno al fuego, pero esa tradición fue ahogada por la Iglesia católica cuando le implantó encima la festividad de San Juan (que en muchas regiones, como en todo el Levante español, aún tiene las hogueras como rito festivo central).

2. *Cfr.* Blázquez, J. M., Martínez-Pinna, J. y Montero, S. (1993). *Historia de las religiones antiguas. Oriente, Grecia y Roma.* Madrid: Cátedra, p. 311.

3. A propósito de la continuidad mítica de la figura de Jesús-Cristo en relación a los modelos anteriores de dioses solares jóvenes, puede consultarse el estudio publicado en Rodríguez, P. (1997). *Mentiras fundamentales de la Iglesia católica.* Barcelona: Ediciones B., pp. 113-151.

4. Vohu-Manah, al igual que Horus y demás dioses-hijo, entre los que cabe situar a Jesús-Cristo, cumplía un papel fundamental como intermediario entre los humanos y el dios-padre con respecto al «Juicio final», así, según se creía, cuando un alma llegaba al cielo, Vohu-Manah se levantaba de su trono, la tomaba de la mano y la conducía hasta el gran dios Ahura-Mazda y su corte celestial.

5. Salvo indicación en contra, todas las citas bíblicas referenciadas en este libro pertenecen a la 36.ª edición de la versión Nácar-Colunga de la *Biblia* [*Cfr.* Nácar, E. y Colunga, A. (1979). *Sagrada Biblia.* Madrid: Edica].

6. *Cfr.* Rodríguez, P. (1997). *Mentiras fundamentales de la Iglesia católica.* Barcelona: Ediciones B., pp. 137-151.

7. *Ibid.*, pp. 207-222.

8. *Ibid.*, pp. 172-174 y 182-183.

9. *Cfr.* Bynaei, *De Natali J.C.*, libro I, capítulo IV, pp. 403-414.

II

MITOS, PERSONAJES Y RITOS BÁSICOS DE LA NAVIDAD SEGÚN LA TRADICIÓN CRISTIANA

2

El nacimiento prodigioso de Jesús de Nazaret

A pesar de todo lo dicho hasta aquí —y, precisamente, porque todo ello fue así—, la celebración de la Navidad, para la cultura cristiana, dejó de tener una connotación solsticial formal y pasó a basarse y centrarse en la conmemoración del natalicio de Jesús de Nazaret.

Para acercarnos al nacimiento de Jesús sólo disponemos de las informaciones que reseñaron Mateo y Lucas en sus

Escena del nacimiento de Jesús, según la representó Fra Angélico a mediados del siglo XV.

respectivos *Evangelios* —escritos hacia el año 90 el primero y a finales del siglo I el segundo—, pero esos relatos, al margen de no aportar ningún dato histórico riguroso, se reducen al ámbito mítico y se contradicen ampliamente entre sí.

En cualquier caso, dado que sobre esos textos se ha fundamentado la Navidad, desde ellos también partiremos nosotros para adentrarnos en la exposición del nacimiento prodigioso de Jesús que, cada diciembre, viene a recordarnos nuestros mejores sentimientos y deseos.

Vista general del pueblo de Belén desde su acceso por la carretera de Jerusalén.

Año 6 a.C., en un lugar desconocido (que no fue Belén)

Aunque la tradición nos ha llevado a creer que Jesús nació en el primer año de nuestra era, lo cierto es que no fue así, ni mucho menos, si nos atenemos a los únicos datos conocidos sobre el particular, eso es a las informaciones vagas y contradictorias reseñadas por sus dos únicos *biógrafos,* Mateo y Lucas, que, además, situaron el domicilio habitual de José y María en dos lugares diferentes y muy distantes entre sí: Belén (Judea) y Nazaret (Galilea).

Según el texto de *Lucas,* «aconteció, pues, en los días aquellos que salió un edicto de César Augusto para que se empadronase todo el mundo. Este empadronamiento primero tuvo lugar siendo Cirino gobernador de Siria (...). José subió de Galilea, de la ciudad de Nazaret, a Judea, a la ciudad de David que se llama Belén, por ser él de la casa y de la familia de David, para empadronarse con María, su esposa, que estaba encinta. Estando allí, se cumplieron los días de su parto, y dio a luz a su hijo primogénito, y le envolvió en pañales y le acostó en un pesebre, por no haber sitio para ellos en el mesón» (*Lc* 2,1-7).

Dado que el censo al que se refiere Lucas fue llevado a cabo por Publio Sulpicio Cirinio en el año 6-7 d.C. —y sólo se aplicó en Judea (súbdita de Roma) y no en Galilea (que dependía del tetrarca Herodes Antipas)—, según consta en la crónica histórica de Flavio Josefo[1], parece claro que ésa fue la fecha del nacimiento de Jesús. Pero, sin embargo, si hacemos caso a unos versículos anteriores del propio Lucas, en los que trata de la anunciación a la madre de Juan Bautista y a la de Jesús, vemos que sitúa ambos, con seis meses de diferencia (*Lc* 1,26), «en los días de Herodes, rey de Judea» (*Lc* 1,5), monarca que murió en el año 4 a.C. De esta forma, un mismo evangelista, en las cuatro primeras páginas de su texto, dató el nacimiento de Jesús en dos fechas separadas entre sí un mínimo de diez años.

Mateo fijó el natalicio de Jesús «en los días del rey Herodes» (*Mt* 2,1) y, por tanto, antes del año 4 a.C., aunque, según él, José y María se establecieron en Galilea después del nacimiento de Jesús y no antes[2]. Así pues, de acuerdo a las dos únicas fuentes disponibles, el nacimiento de Jesús quedó situado dentro de un arco que abarca diez años o más de diferencia, y se localizó la residencia de sus padres en dos puntos opuestos de Palestina.

Los principales expertos actuales fechan el natalicio de Jesús entre el año 9 y el 5 a.C., habiendo un gran consenso alrededor del año 7 o 6 a.C., lo sitúan en el contexto de la población judía de Palestina, y piensan que Jesús residió en Nazaret (Galilea), hasta una edad de cuarenta años, poco más o menos, trabajando en el oficio familiar de carpintero-albañil —una actividad que le sitúa entre las clases medias palestinas— hasta que lo dejó todo para irse al encuentro de Juan el Bautista, tras lo cual inició el corto período —alrededor de dos años— de vida pública que relatan los *Evangelios*.

Sin embargo, el lugar de nacimiento de Jesús sigue siendo todavía muy discutido por los expertos. Aunque la opinión predominante rechaza Belén y señala Nazaret como el pueblo más probable, no se descarta del todo Cafarnaún, situada en Gue Netsareth, eso es en el valle junto al

Iglesia de Belén, construida sobre el lugar donde una tradición tardía supuso emplazado el famoso portal.

Enclave dentro de la iglesia de Belén que pretende señalar con exactitud el punto que ocupó el pesebre de Jesús.

lago Genesaret. Las razones para hacer estas afirmaciones tan discrepantes de la leyenda canónica son de peso:

Tanto Marcos (*Mc* 1,9) como Juan (*Jn* 1,45) señalaron rotundamente que Jesús era oriundo de Nazaret (Galilea) y no de

Belén (Judea) y Lucas (*Lc* 2,4) situó a José y María viviendo en Nazaret antes del parto. Hijo de galileos, Jesús desarrolló la práctica totalidad de su vida pública conocida en Galilea y sus discípulos también fueron galileos. Si nos remitimos al famoso censo de Cirinio, vemos que se hizo con la finalidad puramente fiscal de proporcionar a los romanos una relación de bienes de los residentes en Judea; no fue un empadronamiento de personas sino, tal como anotó Flavio Josefo, «de todos los bienes de los particulares»[3]. ¿Qué fue a hacer, pues, una familia residente en Galilea, como la de José, yéndose a empadronar a Judea, donde no vivían antes ni lo harían después? Nada, obviamente.

Para la mayoría de los expertos, situar en Belén, la ciudad de David, el nacimiento de Jesús —cosa que sólo hacen Mateo y Lucas— se justifica no porque fuese cierto el hecho, ni mucho menos, sino porque fue necesario para poder forzar el cumplimiento de algunas *profecías* —como las de II *Sam* 7; *Is* 9,5-6; *Miq* 5,1— imprescindibles para otorgar a Jesús la descendencia davídica y, consecuentemente, validar el mesianismo que le adjudicaron sus seguidores[4].

Pero, sin embargo, la candidatura de Nazaret también tiene sus puntos débiles. En la descripción geográfica que el meticuloso historiador Flavio Josefo hizo de Galilea se citan sesenta y tres poblaciones, pero no Nazaret, por lo que muchos suponen que en tiempos de Jesús era absolutamente insignificante o no existía (aunque sí pudo tener alguna entidad cuando se escribieron los *Evangelios* a finales del primer siglo, dado que, por ejemplo, Julio el Africano la citó dos siglos y medio después). Tampoco se encuentra ninguna referencia de Nazaret en el *Antiguo Testamento* ni en el *Talmud,* y los trabajos arqueológicos sobre la actual Nazaret remontan su origen, como máximo, al siglo IV, a la época bizantina.

Las dudas razonables acerca de que Jesús de Nazaret hubiese nacido en la localidad que le dio el apodo llevan a otra conjetura interesante. En la vida conocida de Jesús fue fundamental la zona de Cafarnaún, situada, como ya mencionamos, en Gue Netsareth, eso es en el valle junto al lago Genesaret —denominado también mar de Galilea o lago Tiberíades—, pero si ése fuese su origen tendría que haber sido llamado Jesús de Gue Netsareth —o de Genesaret— y tal posibilidad hubiese resultado demasiado provocadora y peligrosa en la época en que se escribieron los *Evangelios* ya que, en tiempos de Jesús, Genesaret fue el centro geográfico de la actividad revolucionaria y violenta de los zelotes. Llamarle Jesús de Nazaret —y, además, hacerle nacer en Belén— cubría perfectamente las apariencias.

El gran teólogo católico Hans Küng estaba sobrado de razón cuando, en 1975, en su libro *Christ sein,* afirmó que «estos relatos de la natividad, como parte de la proclamación y símbolo de la fe, no pretendían ser históricos sino, ante todo, salvaguardar una verdad: el mensaje de la salvación del hombre».

En Navidad, por tanto, si se quiere ser

El buey y el asno son elementos destacados en todas las figuraciones del natalicio de Jesús. La escena es un detalle de la Adoración de los pastores *de Ghirlandaio (1485).*

algo más riguroso con lo que se conmemora, deberá adelantarse el calendario al menos seis años. Mentalmente tendremos que situarnos en algún lugar de Galilea —¿Nazaret?, ¿Cafarnaún?, ¿¡!?, pero no en Belén, según parece—, en el año 6 antes de nuestra era y, para ser fieles a la fecha impuesta desde finales del siglo IV, imaginarnos un diciembre con climatología excepcional y milagrosamente benigna.

La cueva, el buey y el asno

Si nos atenemos a los textos evangélicos, no hay forma posible de saber dónde nació Jesús ni en qué condiciones. Mateo, al hablar de la estrella de Belén, sólo dijo que «vino a pararse encima del lugar donde estaba el niño» (*Mt* 2,9), pero no dio el menor indicio ni descripción acerca de un lugar tan extraordinariamente importante. Y Lucas, por su parte, se limitó a decir que «dio a luz a su hijo primogénito, y le envolvió en pañales y le acostó en un pesebre, por no haber sitio para ellos en el mesón» (*Lc* 2,7); resultando como mínimo increíble que, en un país donde la hospitalidad con el forastero era sagrada, nadie acogiese en su casa a una mujer a punto de parir.

Sin embargo, a pesar del injustificable silencio de los evangelistas acerca del lugar que vio nacer a Jesús —y de la muy escasa probabilidad de que tal suceso aconteciese en Belén de Judea—, una tradición cristiana tardía dio por cierta la suposición de que el natalicio tuvo lugar en alguna de las muchas cuevas calizas que existen en las cercanías de Belén. Sobre esta leyenda se construyó la basílica de la Natividad de Belén, en la actual Cisjordania, edificada sobre la gruta en la que se cree que nació Jesús (¡¿?!).

Este templo está bajo el cuidado de clero católico (franciscanos), armenio y griego, que se ocupan del culto de la basílica por rigurosos turnos... y, dadas sus discrepancias seculares en casi todo, el edificio se ha ido deteriorando grave y progresivamente ante su incapacidad para tomar acuerdos comunes (es indicativo que la llave de la puerta esté en manos de un musulmán, que es el encargado de abrirla y cerrarla; de otra forma, el templo hubiese dejado de ser operativo hace ya ocho siglos).

Que al futuro Salvador de la humanidad, según la leyenda cristiana, se le hiciese nacer en una cueva no fue nada baladí, ni mucho menos. En la época que se conformó el Jesús-Cristo mítico, tal como se ha dicho, muchos hijos de Dios anteriores —Mitra, Adonis, etc.— ya habían nacido y/o sido criados en grutas. El culto de Mitra —el más importante competidor del cristianismo de aquellos primeros días y fuente directa de la que bebieron muchos de sus mitos y ritos— se celebraba en los mitraeos o cavernas, lugar en el que, entre escenas parecidas a las de la natividad de Jesús, también había nacido, un 25 de diciembre, pero muchos siglos antes, el divino Mitra. De hecho, no faltan los autores que sostienen que la basílica de la Natividad de Belén fue construida sobre la caverna que albergó un antiguo mitraeo[5].

Por otra parte, la mayoría de los mitólogos y estudiosos de las manifestaciones religiosas prehistóricas coincide en señalar que las cuevas no sólo sirvieron como abrigo a los hombres primitivos sino que, mucho más importante, fueron sus primeros templos, el lugar sagrado donde todavía encontramos algunos restos de su arte parietal y mobiliario, cuyo significado real quizá no llegará a descifrarse jamás.

La caverna, gruta o cueva representa un arquetipo de la matriz materna y figura en los mitos de origen, renacimiento e iniciación de muchas culturas antiguas de todo el mundo, siendo también el lugar por excelencia donde se produce el pasaje entre la tierra y el cielo y viceversa. Un lugar obligado, por tanto, para situar la escenificación del nacimiento del niño-dios Jesús.

Habiendo sobrevenido el nacimiento de Jesús, según la tradición católica, mientras sus padres estaban refugiados en una cueva que contenía un pesebre por todo mobiliario, y estando aparentemente faltos de medios materiales y de calefacción (a pesar de que ese diciembre tuvo que ser especialmente benigno, tal como ya tuvimos que aceptar, crédulamente, en el capítulo primero, si se quería hacer coherente el relato de Lucas), se nos aparece como muy *lógica* la escena de los dos animales estabulados que calentaron devotamente al niño recién nacido con su aliento.

Pero tan bella estampa, popularizada por el arte religioso y los belenes navideños, a pesar de ser tan querida por la Iglesia y por sus fieles y de haber sido consagrada por una práctica litúrgica universal,

Lugar dentro de la iglesia de Belén donde se supone que el buey y el asno míticos le dieron calor al niño recién nacido.

no aparece descrita en ninguno de los *Evangelios* canónicos que los católicos veneran como inspirados por Dios. Su origen, curiosamente, hay que situarlo en unos pasajes de un evangelio que la Iglesia declaró falso en el siglo IV.

El texto al que debemos la historia de la Navidad tal como se la conoce hasta el día de hoy es el evangelio apócrifo denominado *Pseudo-Mateo,* donde, en su capítulo XIV, se lee: «El tercer día después del nacimiento del *Señor,* María salió de la gruta, y entró en un establo, y depositó al niño en el pesebre, y el buey y el asno lo adoraron. Entonces se cumplió lo que había anunciado el profeta Isaías: "El buey ha conocido a su dueño y el asno el pesebre de su señor." Y estos mismos animales, que tenían al niño entre ellos, lo adoraban sin cesar. Entonces se cumplió lo que anunció Habacuc: "Te manifestarás entre dos animales." Y José y María permanecieron en este sitio con el niño durante tres días.»[6]

La escena entronca, sin duda, con la tradición agraria de los animales adoradores y/o auxiliadores de personajes extraordinarios que existía ya en todas las culturas anteriores al cristianismo. Desde la cercana leyenda romana de Rómulo y Remo, hijos gemelos de Rea Silvia y del dios Marte y fundadores de Roma, que, al nacer, fueron lanzados al río Tíber dentro de una cesta de mimbre, siendo salvados y amamantados por una loba antes de que el pastor Fáustulo los encontró y crió; hasta las leyendas esparcidas por toda Asia que reproducen tradiciones antiquísimas como las de Tchu-Mong (Corea), Tong-Ming (Manchuria) o Heu-tsi (China). De este último, por ejemplo, se cuenta que «su dulce madre lo trajo al mundo en un pequeño establo al lado del camino; los bueyes y corderos lo calentaron con su aliento. Acudieron a él los habitantes de los bosques, a pesar del rigor del frío, y las aves volaron hacia el niño como para cubrirlo con sus alas»[7].

Los primeros cristianos se limitaron a recoger este tipo de episodio de la exposición a los animales de alguna de las muchísimas tradiciones que circulaban en esa época y la añadieron al conjunto de rasgos míticos con que rodearon a la figura del Jesús divino. Pero, tal como era su inveterada costumbre, intentaron certificar la *verdad* del hecho acudiendo a los profetas.

Revisaron la *Biblia* —dado que eran cristianos helenizados recurrieron a su traducción griega de los *Setenta*— y encontraron un versículo fascinante en medio del texto más minúsculo de las *Escrituras*, en el de *Habacuc*, donde se *profetizaba*: «Te manifestarás en medio de los animales», que era una traducción absolutamente errónea del original hebreo que decía —y sigue diciendo en las biblias actuales— «Yo, ¡oh Yavé!, oí tu renombre y he temido, ¡oh Yavé!, tus obras. Dales existencia en el transcurso de los años, manifiéstalas en medio de los tiempos» (*Hab* 3,2).

El haber partido de un error de bulto en la *profecía* que confundía manifestarse en medio de los tiempos con hacerlo entre las bestias —y que, en todo caso, podría referirse a cualquier «obra de Yahveh» que pudiese suceder en el universo—, se agravó sobremanera cuando relacionaron lo que jamás dijo Habacuc con lo que nunca pretendió afirmar Isaías, del que se tomó como *profética* la primera mitad de una frase que dice: «Conoce el buey a su dueño, y el asno el pesebre de su amo, pero Israel no entiende, mi pueblo no tiene conocimiento» (*Is* 1,3). El sentido crítico hacia Israel de la frase completa de *Isaías* resulta bien obvio, pero para los cristianos se convirtió en la *profecía* que garantizó la veracidad de sus creencias sobre el pesebre navideño.

En los *Evangelios,* por tanto, no hay ningún texto que pueda justificar la escenificación del nacimiento de Jesús en una cueva o la abnegada colaboración del buey y el asno dando calor al niño divino, pero el belén navideño está por encima de esas minucias. Lo que nunca fue, lleva ya unos mil quinientos años siendo, y así seguirá.

La Virgen y el Niño, una alegoría milenaria

Ninguna imagen parece tan originalmente cristiana ni representativa de la Navidad como la bella alegoría de la madre Virgen con el Niño divino recostado en el pesebre o siendo acunado entre sus amorosos brazos. Pero, sin embargo, muchos siglos antes de la llegada del cristianismo, esta misma iconografía ya enternecía los corazones de los creyentes, en buena parte de las culturas del mundo antiguo, cuando llegaba el solsticio de invierno.

Si contemplamos sin prejuicios religiosos las representaciones de Isis amamantando a Horus que se exponen en el museo egipcio de El Cairo, veremos que son un antecedente iconográfico prodigioso de las escenas que, muchos siglos después, representarán a la Virgen y el niño Jesús. Pero puede resultar aún más chocante darse cuenta de que este tipo de escenas, con diosa e hijo, son mucho más antiguas y estaban ya presentes en culturas con cultos agrarios poco desarrollados; en este sentido puede verse, por ejemplo, la llamada «mujer con niño en brazos», una terracota encontrada en Chipre, datada entre el III y II milenio a.C., que se expone en el Museo del Louvre en París.

El dios egipcio Horus, hijo de Osiris e Isis, tal como ya indicamos, era el «gran subyugador del mundo», el que era la «substancia de su padre» Osiris, de quien era una encarnación. Fue concebido milagrosamente por Isis, era una divinidad casta y su papel entre los humanos estaba relacionado con el Juicio ya que presentaba las almas a su padre, el Juez.

En el solsticio de invierno —Navidad—, los sacerdotes de Isis, vestidos con sobrepelliz blanca y con la cabeza tonsurada, sacaban del santuario la imagen de Horus, en forma de niño recién nacido, para exponerla a la adoración pública de las masas y pasearla en procesión. El divino niño Horus, venido al mundo para traer la felicidad, era representado como un bebé de cabello dorado que tenía un dedo en la boca y el disco solar —origen del nimbo cristiano— sobre su cabeza. La imagen más corriente le representaba en brazos de su madre Virgen.

Los antiguos griegos y romanos —muchos de cuyos mitos procedían de los egipcios— adoraron también al niño Horus bajo el nombre de Harpócrates, al que se representaba recostado en el seno materno y con el segundo dedo —el *salutario,* el empleado para imponer silencio— sobre sus labios.

No menos elocuentes eran imágenes como, por ejemplo, la de Hércules siendo amamantado por la diosa Juno; o la de Venus Madre con una manzana en su mano derecha mientras sostiene con su izquierda un niño envuelto en pañales, que es el bellísimo niño divino Adonis, nacido milagrosamente de Mirra. La configuración de esta última imagen la veremos repetida hasta la saciedad en multitud de advocaciones católicas de la Virgen, aunque en ellas la manzana de Venus —salvo pocas excepciones— se ha transformado, según los lugares y épocas, en una esfera de diferentes características, una bola del mundo, una flor o un objeto litúrgico[8].

También durante el solsticio invernal, en el Imperio romano, las cofradías de Dionisos/Baco, al que aclamaban como «el Salvador» e «hijo de la Virgen», sacaban en procesión la imagen del dios recién nacido recostado en su cuna y todos celebraban con gran alegría su llegada.

El 25 de diciembre se conmemoraba igualmente el nacimiento del antiguo dios joven Mitra, prototipo de figura mesiánica que protagoniza las esperanzas escatológicas (acerca del fin, muerte y salvación) y soteriológicas (acerca de la redención), que gozó de un gran auge hasta el siglo IV. Su concepción y nacimiento milagrosos representaban el comienzo de un proceso de redención que acababa con su muerte y ascensión al cielo para tomar el papel de intercesor.

En las cuevas de Ellora (localizadas en Maharashtra Norte, India) aún puede verse la figura de Indranî —la esposa de Indra, que fue el principal dios de la India en la Antigüedad— sosteniendo en sus brazos al niño Dios-Sol y llevando ambos alrededor de sus cabezas un halo similar al de la Virgen y el niño Jesús cristianos.

Tal como ya afirmó Rethoré, en 1894, «todos los dioses solares, Agni, en la India; Mitra, en Irán; Osiris, en Egipto; Baco, Tammuz, Adonis, Apolo, en Siria, en Fenicia y en Grecia; Manú, Buda, tienen el mismo carácter. Nacen el 25 de diciembre, en el solsticio de invierno, de una virgen madre, en una gruta o en un establo, entre animales; curan a los enfermos, resucitan a los muertos. En fin, todos mueren y resucitan, porque el sol, vencido periódicamente por la noche, renace cada mañana y cada primavera»[9].

En la Antigüedad precristiana fue un hecho absolutamente común, aceptado y extendido, que todos los grandes personajes, ya fuesen reyes —desde Mesopotamia y Egipto a China y Japón—, fundadores de grandes filosofías y religiones —Buda, Krisna, Confucio, Lao-Tsé— o pensadores —Pitágoras, Platón, etc.—, gozasen del privilegio de ser considerados hijos de una madre virgen y de Dios[10]. No parecía haber ningún misterio en ello y todas las culturas, desde no menos de dos milenios

Alegórica imagen de la Virgen con el Niño, según detalle de una pintura de Gérard David (1490).

antes de Cristo, lo aceptaron con normalidad.

Unido a esta *normalidad* natal estaban, lógicamente, las anunciaciones del hecho prodigioso a las futuras madres de los grandes personajes de todas las culturas antiguas. Así, por ejemplo, en China, son prototípicas las leyendas acerca de la anunciación a la madre del emperador Chin-Nung o a la de Siuen-Wu-ti; a la de Sotoktaïs en Japón; a la de Stanta (encarnación del dios Lug) en Irlanda; a la del dios Quetzalcoatl en México; a la del dios Vishnú (encarnado en el hijo de Nabhi) en India; a la de Apolonio de Tiana (encarnación del dios Proteo) en Grecia; a la de Zoroastro o Zaratustra, reformador religioso del mazdeísmo, en Persia; a la de las madres de los faraones egipcios (así, por ejemplo, en el templo de Luxor aún puede verse al mensajero de los dioses Thot anunciando a la reina Maud su futura maternidad por la gracia del dios supremo Amón)... y la lista podría ser interminable.

Sirva como ejemplo algo más detallado el caso de los jeroglíficos tebanos que relatan la concepción del faraón Amenofis III (c. 1402-1364 a.C.) de la siguiente manera: el dios Thot, como mensajero de los dioses (en un rol equivalente al que realizaba Mercurio entre los griegos o el arcángel Gabriel en los *Evangelios*), anuncia a la reina virgen Mutemuia —esposa del faraón Tutmés IV— que dará a luz un hijo que será el futuro faraón Amenofis III; luego, el dios Knef (una representación del dios Amón actuando como fuerza creadora o Espíritu de Dios, equivalente al Espíritu Santo cristiano) y la diosa Hator (representación de la Naturaleza y figura que presidía los procesos de magia) cogen ambos a la reina de las manos y depositan dentro de su boca el signo de la vida, una cruz, que animará al futuro niño; finalmente, el dios Nouf (otra representación del dios-carnero Amón, el Señor de los Cielos, en su papel de ángel que penetra en la carne de la virgen), adoptando el rostro de Tutmés IV fecundará a Mutemuia y, aún bajo el aspecto de Nouf, modelará al futuro faraón y su *ka* (cuerpo astral o puente de comunicación entre el alma y el cuerpo físico) en su torno de alfarero. Este relato mítico egipcio, como el resto de sus equivalentes paganos, es más barroco que el cristiano, sin duda, pero todo lo esencial de éste ya aparece perfectamente dibujado en aquél.

En la propia *Biblia*, mucho antes del relato de la anunciación y concepción milagrosa de Jesús, encontramos ya circunstancias paralelas en el nacimiento de Samuel (*Gén* 21,1-4) y en el de Sansón (*Jue* 13) y, por supuesto, seis meses antes de que María conociese su divino destino como madre de Jesús (*Lc* 1,26-38), ya se había producido la misma escena con Isabel, la madre de Juan Bautista (*Lc* 1,5-25).

Según lo cuenta Mateo, «la concepción de Jesucristo fue así: Estando desposada María, su madre, con José, antes de que conviviesen, se halló haber concebido María del Espíritu Santo. José, su esposo, siendo justo, no quiso denunciarla y resolvió repudiarla en secreto. Mientras reflexionaba sobre esto, he aquí que se le apareció en sueños un ángel del Señor y le dijo: José, hijo de David, no temas recibir en tu casa a María, tu esposa, pues lo concebido en ella es obra del Espíritu Santo. Dará a luz un hijo a quien pondrás por nombre Jesús, porque salvará a su pueblo de sus pecados. Todo esto sucedió para que se cumpliese lo que el Señor había anunciado por el profeta, que dice: "He aquí que una virgen concebirá y parirá un hijo, y que se le pondrá por nombre *Emmanuel, que quiere decir Dios con nosotros.*" Al despertar José de su sueño hizo como el ángel del Señor le había mandado, recibiendo en casa a su esposa, la cual, sin que él antes la conociese [eso es sin haber mantenido todavía relaciones sexuales con ella], dio a luz un hijo y le puso por nombre Jesús» (*Mt* 1,18-25).

De estos versículos, los católicos gustan destacar especialmente que la virginidad de María y el nacimiento de Jesús ya habían sido profetizados por Isaías muchos siglos antes, aunque, lamentablemente, no fue así. El texto de Isaías en que se apoya *Mateo* es el siguiente: «El Señor mismo os dará por eso la señal: He aquí que la virgen grávida da a luz, y le llama Emmanuel. Y se alimentará de leche y miel, hasta que sepa desechar lo malo y elegir lo bueno. Pues antes que el niño sepa desechar lo malo y elegir lo bueno, la tierra por la cual temes de esos dos reyes será devastada. Y hará venir Yavé sobre ti, sobre tu pueblo y sobre la casa de tu padre días cuales nunca vinieron desde que Efraím se separó de Judá» (*Is* 7,14-17); aunque, obviamente, *Mateo* solamente escogió la primera frase —*reproduciéndola* como «He aquí que una virgen concebirá y parirá un hijo, y se le pondrá por nombre "Emmanuel"»—, añadiéndole seguidamente «que quiere decir [Emmanuel] "Dios con nosotros"».

La «virgen» de la que tratan estos versículos no es tal, ya que la palabra original *almah* se tradujo erróneamente por virgen cuando lo que significa es mujer joven. Isaías, en su texto, no le dio ninguna importancia a la «virgen», que poco después presentó como una profetisa contemporánea suya que ya había parido (*Is* 8,3-4), y sólo empleó el niño Emmanuel —nacido hacia el año 735 a.C.— como una metáfo-

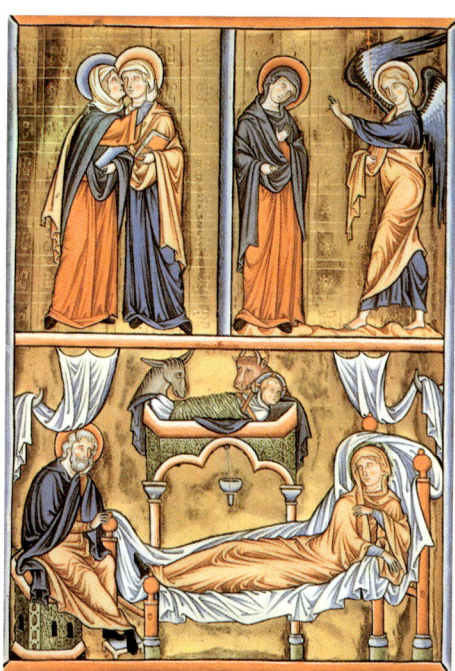

Escenas de la Anunciación, Visitación y Natividad del Salterio de Ingeburg de Dinamarca, *del siglo XIII.*

ra para describir hechos que sucedieron durante el reinado de Acaz (735-715 a.C.). Así pues, la *almah* de *Isaías* ni era virgen ni preconizaba el milagro de la Virgen María, y su hijo Emmanuel fue también absolutamente ajeno a cualquier anuncio del nacimiento prodigioso de Jesús[11].

Aunque no tengamos ninguna profecía sobre el hecho que anida en el corazón mismo de la Navidad, los antecedentes históricos ya esbozados nos indican, sin lugar a dudas, que la iconografía de la Virgen junto al niño divino es una alegoría milenaria importantísima. Pero cuando miramos hacia ese mítico «portal de Belén» no deberíamos pasar por alto que allí también estuvo José, el carpintero, uno de los hombres más injustamente tratados por la historia cristiana.

José, en las primitivas representaciones de la familia de Jesús, aparecía como un hombre joven, fuerte y sin barba, pero como consecuencia del inicio del culto mariano, instaurado en el concilio de Éfeso (431) por Cirilo de Alejandría —vehemente impulsor del título de *Mater Dei* para María—, la figura del carpintero fue postergada y relegada al papel de «padre putativo», encargado de la simple provisión de alimentos. Junto a ese proceso también se le hizo envejecer hasta la senectud, de forma que, siendo ya nulo su vigor desde el momento de los esponsales, no fuese obstáculo ni sombra de sospecha que impidiese proclamar la virginidad perpetua de María.

De esta forma se configuraron los personajes centrales del pesebre navideño.

Los ángeles cantores y la adoración de los pastores

Según el relato de *Lucas*: «Había en la región unos pastores que pernoctaban al raso, y de noche se turnaban velando sobre el rebaño. Se les presentó un ángel del Señor, y la gloria del Señor los envolvía con su luz, quedando ellos sobrecogidos de gran temor. Díjoles el ángel: No temáis, os traigo una buena nueva, una gran alegría, que es para todo el pueblo; pues os ha nacido hoy un Salvador, que es el Mesías Señor, en la ciudad de David. Esto tendréis por señal: encontraréis un niño envuelto en pañales y reclinado en un pesebre. Al instante se juntó con el ángel una multitud del ejército celestial que alababa a Dios diciendo: "Gloria a Dios en las alturas y paz en la tierra a los hombres de buena voluntad"» (*Lc* 2,8-14).

Al margen de la incongruencia, ya señalada, de hacer pernoctar a los pastores al raso en una época fría y lluviosa, resulta curioso, cuando menos, que el ángel del Señor que aparece en *Lucas* no orientase a los pastores en referencia a la estrella brillante que, según *Mateo*, estaba parada sobre el lugar donde reposaba el niño, ya que, incluso dirigiéndose a lugareños conocedores del terreno, era mucho más lógico haberles dado como señal la luz de una estrella anormal que mandarles buscar, en plena noche, un bebé en pañales oculto en alguna de las muchas cuevas de la zona. Y no resulta menos pintoresco que los tres «Reyes Magos», después de las molestias tomadas para realizar su largo viaje, no fueran mencionados por *Lucas,* ni se los hiciese testigos y partícipes del glorioso concierto dado por las huestes celestiales a los pastores.

Las diferencias de bulto que aparecen entre los relatos del nacimiento hechos por Mateo y Lucas —omitimos a *Marcos y Juan,* que ni se ocupan de ello— pueden deberse a que ambos no se conocieron jamás y escribieron sus evangelios en tierras muy diferentes —Egipto y Roma respectivamente—, por lo que adornaron su narración sobre Jesús inspirándose en leyendas ya existentes pero que gozaban de diferente prestigio en un lugar u otro; por eso Mateo tiñó de orientalismo el nacimiento de Jesús mientras que Lucas se adaptó a tradiciones míticas que eran más creíbles en la capital del Imperio.

La narración de *Lucas* que dio lugar a la parte del belén navideño que nos ocupa ya tenía antecedentes bien ilustres y conocidos en todo el mundo de entonces cuando el evangelista cristiano incorporó un tipo ya clásico de leyenda al personaje de Jesús. Así, por ejemplo, cuando nació Buda (c. 565 a.C.), según el texto del *Lalita Vistara,* la tierra tembló, oleadas de lluvias perfumadas y de flores de loto cayeron de un cielo sin nubes, mientras que los *devas* —o «divinidades resplandecientes», equivalentes a los ángeles y arcángeles católicos—, acompañados de sus instrumentos, cantaban en los aires: «hoy ha nacido Bodhisattva sobre la tierra para dar paz y alegría a los hombres y a los *devas,* para expandir la luz por los rincones oscuros y para devolver la vista a los ciegos».

En el momento del nacimiento de Krisna todos los *devas* dejaron sus carros en el cielo y, haciéndose invisibles, fueron hasta la casa de Mathura en la que estaba por nacer el niño divino y, uniendo sus manos, se pusieron a recitar los *Vedas* y a cantar alabanzas en honor de Krisna y aunque nadie los vio, según apunta la leyenda, todo el mundo pudo oír sus cantos; después del nacimiento, todos los pastores de la región le llevaron felicitaciones y regalos a Nanda, el criado encargado de cuidarle.

Durante el nacimiento de Confucio (551 a.C.) aparecieron dos dragones en el aire por encima de su casa y cinco venerables ancianos, que representaban a los cinco planetas conocidos entonces, entraron en la habitación del parto a honrar al recién nacido; una música armoniosa llenó los aires y una voz proveniente del cielo exclamó: «éste es el hijo del cielo, el divino infante, y es por él por lo que la tierra vibra en melodioso acorde». Cabe señalar

El papel de los ángeles quedó destacado en este mural de Pinturicchio (1501), de Santa María Maggiore de Spello.

que las tradiciones relacionadas con Buda, Krisna y Confucio se habían desarrollado entre pueblos agrarios y en un momento en que el «hijo del cielo» aún presidía cada año la sagrada ceremonia de la siembra[12].

El erudito Pierre Saintyves, al comparar el relato de *Lucas* con los mitos de las

Una función de los ángeles es propagar la buena nueva, y así los representó Robert Campin en el siglo XV.

culturas agrarias acerca de nacimientos prodigiosos, no pudo menos que exclamar: «Cómo es posible no señalar el papel destacado que juegan los pastores en estas leyendas. ¿Acaso no es su auténtica fiesta la epifanía del Sol naciente que anuncia el próximo retorno de la primavera? Tras muchos tanteos, la Iglesia, al situar la fiesta de la Navidad en el solsticio de invierno, creyó poder conectar las alegrías de esta gran solemnidad con las antiquísimas prácticas religiosas; remozando, con cada retorno del Sol y en una universal solidaridad, la alegría de los siglos pasados. Y es por eso por lo que, cuando los cristianos entonan el himno de la Navidad, nadie puede escucharlo sin sentir una profunda emoción. Parece como si los viejos gritos paganos resucitasen de los siglos pasados. Es la voz de nuestros hermanos, y también la de millares de nuestros antepasados que se levantarían de nuevo para unírseles a su coro cantando: ¡Navidad, Navidad, nos ha nacido un dios, el joven Sol sonríe en su cuna!»[13]

La Iglesia católica, nacida y desarrolla-

La escena de la adoración de los pastores, como ésta pintada por Hugo van der Goes (c. 1475) en la Galería de los Uffizi (Florencia), ha sido fundamental en los rituales navideños.

La estrella de Belén aparece destacada en esta Adoración de los Magos *de Juan Bautista Maíno (1611-1613).*

da en contextos urbanos, pero asentada sobre culturas agrarias, tuvo muy clara la importancia de los pastores en los rituales navideños, por eso la conmemoración de su acto de adoración —representado en vivo en los dramas litúrgicos populares que se celebraban junto a los templos más importantes desde al menos el siglo X— pasó a formar parte de su fundamental misa de medianoche (Nochebuena).

Hasta principios del presente siglo, esta misa, conocida como la misa del gallo —ver capítulo 5—, mantuvo como acto central la participación litúrgica de unos pastores (vecinos de cada pueblo), acompañados de una oveja o carnero, que llegaban hasta el pie del altar mayor para rendir adoración a una figura del Niño Jesús recostada sobre un pesebre.

La estrella de Belén, entre el mito y el hecho astronómico

En el *Evangelio* de Mateo podemos leer el único relato neotestamentario que habla de la famosa «estrella de Navidad». Dice así: «Nacido, pues, Jesús en Belén de Judá en los días del rey Herodes, llegaron del Oriente a Jerusalén unos magos, diciendo: ¿Dónde está el rey de los judíos que acaba de nacer? Porque hemos visto su estrella al oriente y venimos a adorarle (...) y reuniendo [Herodes] a todos los príncipes de los sacerdotes y a los escribas del pueblo, les preguntó dónde había de nacer el Mesías. Ellos contestaron: En Belén de Judá, pues así está escrito por el profeta (...). Después de haber oído al rey, se fueron [los magos], y la estrella que habían visto en Oriente les precedía, hasta que vino a pararse encima del lugar donde estaba el niño...» (*Mt* 2,1-12).

Orígenes (c. 185-253), teólogo fundamental para el desarrollo del cristianismo, defendió la veracidad de esta señal celeste argumentando: «Yo creo que la estrella que apareció en Oriente era de una especie nueva y que no tenía nada en común con las estrellas que vemos en el firmamento o en las órbitas inferiores, sino que, más bien, estaba próxima a la naturaleza de los cometas (...).

»He aquí las pruebas de mi opinión. Se ha podido observar que en los grandes acontecimientos y en los grandes cambios que han ocurrido sobre la Tierra siempre han aparecido astros de este tipo que presagiaban: revoluciones en el Imperio, guerras u otros accidentes capaces de trastornar el mundo (...). Así pues, si es cierto que se vieron aparecer cometas o algún otro astro de esta misma naturaleza con ocasión del establecimiento de alguna nueva monarquía, o en el transcurso de algún cambio importante en los asuntos humanos, no debemos extrañarnos de que haya aparecido una nueva estrella con ocasión del nacimiento de una persona que iba a originar un cambio tan radical entre los hombres (...).

»Por lo que se refiere a los cometas, podría decir que nunca se vio que ningún oráculo haya predicho que aparecería tal cometa en tal ocasión, o con el establecimiento de tal imperio; mientras que, en lo que respecta al nacimiento de Jesús, ya Balam lo había predicho.»[14]

En el relato de *Mateo* citado se aplicó una práctica, habitual entre los cristianos de los primeros siglos, consistente en dar por verdadero cualquier hecho procedente de la tradición que pudiese ser relacionado con algún texto bíblico que anunciase su realización; en este caso lo «escrito por el profeta» se refiere a Miqueas cuando dijo «Y tú, Belén, tierra de Judá, de ninguna manera eres la menor entre los clanes de Judá, pues de ti saldrá un caudillo, que apacentará a mi pueblo, Israel»[15].

Poco importaba que Miqueas se estuviese refiriendo al contexto de la invasión asiria (siglo VIII a.C.); tal como ya se dijo, era preciso relacionar Belén con Jesús. Esta forma de *autentificación* no sólo llevó a sacar de contexto decenas de frases supuestamente proféticas sino que, a menudo, forzó la invención de sucesos para validar lo que con anterioridad se consideraban profecías.

En la misma línea que el evangelista Mateo, Orígenes también cargó de sentido como «profecía mesiánica» a una sola de entre las muchas frases inocentes y metafóricas pronunciadas, al estilo oracular, por Balam mientras estaba en Bamot Baal; la frase, que fue usada desligándola de su contexto, dice: «Álzase de Jacob una estrella,/ Surge de Israel un cetro...» (*Núm* 24,17). Pero, en cualquier caso, la presencia en el relato de *Mateo* de los «magos», que no pueden representar más que sacerdotes astrólogos persas, aporta una pista inmejorable para ratificar que el origen de la «estrella de Navidad» debe buscarse en el contexto pagano de adoración a los astros que pervivía aún en el substrato de muchas leyendas dadas por ciertas en esa época.

De este contexto astrólatra son ejemplos bien conocidos tradiciones como la egipcia que, desde época inmemorial, consideraba la aparición de la estrella brillante Sotis (Sirio), en una parte determinada del firmamento, como el anuncio del nacimiento anual de Osiris y de la llegada al mundo de su poder vivificante (materializado en la crecida del Nilo); o rituales como los efectuados en Persia, donde, desde tiempos del rey Darío I (521-486 a.C.) y probablemente desde cientos de años antes, los magos/sacerdotes ya solían ofrecer a Ahura-Mazda (el dios solar principal)[16] los presentes del oro, incienso y mirra que se citan en *Mt* 2,11.

San Ignacio de Antioquía, obispo y padre de la Iglesia, que vivió durante el siglo I d.C. en el mismísimo centro de expansión de las creencias mágicas y astrológicas caldeas, aportó una versión complementaria del relato de *Mateo* en la que se destaca aún más su carácter astrológico pagano: «Un astro brillaba en el cielo más que todos los restantes, su situación era inexplicable, y su novedad causaba asombro. Los demás astros, junto con el Sol y la Luna, formaban un coro en torno a este nuevo astro, que los superaba a todos por su resplandor. La gente se preguntaba de dónde vendría este nuevo objeto, diferente de todos los demás.»[17] Resulta bastante claro que el origen sirio —país cuna de los maestros en el arte astrológico— del obispo de Antioquía le hizo ser un poco más explícito que a Mateo.

Con profecías o sin ellas, resulta innegable que la mayoría de los relatos acerca del nacimiento de dioses o de héroes antiguos refieren la aparición de estrellas u otras señales celestes que anuncian la calidad sobrenatural del recién nacido. Así, por ejemplo, en la leyenda china de Buda se habla de una milagrosa luz celeste que anunció su concepción; en el *Bhâgavata-Purâna* se cuenta cómo un meteoro luminoso anunció el nacimiento de Krisna; según un relato hindú, una estrella llamada *SaVaNaGRaHa* anunció el nacimiento del dios solar Agni, estando situado el niño-dios en un pesebre junto a su madre Virgen Maya, su padre Twastri «el Carpintero», la Vaca mística y el Asno portador del *Soma* (néctar sagrado).

El día del nacimiento de Hércules resonó el trueno en Tebas con doble estrépito y muchos otros prodigios anunciaron la gloria del hijo de Júpiter; el historiador Justino refiere cómo la grandeza futura del rey Mitríades ya había sido anunciada por la aparición de un cometa en el momento de su nacimiento y en el de su ascensión al trono; el día que Julio César nació apareció la estrella Ira en el firmamento y, según Suetonio, no volvió a aparecer hasta la víspera de la batalla de Farsalia; según recogió Servio del marino Varrón, Eneas, tras su salida de Troya, vio a diario la estrella Venus y al dejar de verla, llegado ya a los campos Laurentinos, supo así que ésas eran las tierras que le asignaba el destino...

Sin embargo, aunque parece obvio el origen y sentido de la inclusión de la estrella en el relato del natalicio prodigioso de Jesús, también resulta posible que en esa época aconteciese un fenómeno astronómico real, aunque muy poco frecuente. No menos de media docena de hipótesis científicas han intentado explicar el «milagro de la estrella de Belén».

Unas hipótesis apuntan hacia el brillante planeta Venus, pero, como ya era conocido por todos los astrónomos/ astrólogos de aquellos tiempos, difícilmente pudo ser tomado como algo extraordinario. Otros señalan el paso de un cometa, concretamente del *Halley*, pero éste había transitado ya por nuestro sistema solar el año 11 a.C., bastante antes del natalicio de Jesús. Los hay también que atribuyen la «estrella» a una supernova —explosión de un sol cuya brillante luz puede verse durante meses, incluso de día—, pero no hay ningún registro histórico de esa época al respecto pese a que sí lo hay de novas observadas en el 135 a.C. y el 173 d.C. por caldeos, egipcios, griegos y chinos. En cualquier caso, la opinión más razonable y aceptada la propuso el astrónomo Johannes Kepler en el año 1606.

Para Kepler, la estrella de los magos no fue otra cosa que la rara triple conjunción de la Tierra con los planetas Júpiter y Saturno, estando el Sol pasando por Piscis[18]. En esta *conjunctio magna* los planetas aparecen en el mismo grado de longitud, de modo que a ojos de un observador terrestre se presentan como una sola estrella muy brillante.

La última vez que se dio este esquivo fenómeno fue en 1940-1941 y no volverá a repetirse hasta el año 2198.

Los cálculos de Kepler determinaron que una triple conjunción como la apuntada se produjo en el año 7 a.C. —lo que resulta compatible con la fecha del 6 a.C., dada como la más probable para el nacimiento de Jesús—, y que la «estrella brillante» que resultó de la *conjunctio magna* debía de ser visible desde Persia y Mesopotamia en las horas que preceden al crepúsculo, por ello, dado que en esa época y región se viajaba al atardecer, es posible que los magos, que venían del sur, la vieran *marchar* ante ellos.

De todos modos, por magna que fuese esa conjunción, ni podía recorrer el horizonte marcando un camino, ni pasó rozando las palmeras, ni se detuvo sobre Belén o, menos aún, sobre una cueva en particular. Los astros tienen sus reglas gravitatorias irrenunciables, aunque la fe y los espejismos de las leyendas se empeñen en desviarlos de ellas.

Quizás el redactor de *Mateo* no hizo más que aprovechar, con intención mítica, un suceso cósmico contemporáneo del natalicio del niño divino que, sin duda, debió de impresionar sobremanera a todos los habitantes de la región mediterránea y del Oriente Medio. Lo más probable es que la *conjunctio magna* no coincidiese exactamente en el tiempo con el nacimiento de Jesús, pero ¿qué importa un año o más de desfase, si la luz de la «estrella» —que la tradición ha disfrazado de cometa— sirvió para iluminar del modo más bello posible la idea de la Navidad?

NOTAS

1. *Cfr. Antigüedades judaicas*, XVIII.1,1.
2. «Muerto ya Herodes, el ángel del Señor se apareció en sueños a José en Egipto y le dijo: Levántate, toma al niño y a su madre y vete a la tierra de Israel, porque son muertos los que atentaban contra la vida del niño (...). Mas habiendo oído que en Judea reinaba Arquelao en lugar de su padre Herodes, temió ir allá, y, advertido en sueños, se retiró a la región de Galilea, yendo a habitar en una ciudad llamada Nazaret, para que se cumpliese lo dicho por los profetas, que sería llamado Nazareno» (*Mt* 2,19-23). Lo «dicho por los profetas» es: «Cuando Israel era niño, yo le amé, y de Egipto llamé a mi hijo» (*Os* 11,1). Dado que la huida a Egipto que refiere Mateo (*Mt* 2,13-18) no está recogida ni por Lucas —y que la persecución de Herodes no existió, tal como veremos más adelante, ni tampoco aparece en *Lucas*—, es evidente que este texto se incluyó en *Mateo* para forzar el *cumplimiento* del texto de *Oseas* recién citado. Por otra parte, respecto a lo de ser «llamado Nazareno», no hay ninguna referencia exacta en el *Antiguo Testamento*, salvo que tenga que ver con un juego de palabras que relacione la localidad de Nazara con el término hebreo *zara*, que significa «semilla» y aparece en *Gén* 21,12 (habitualmente traducido por «descendencia»). Otro juego de palabras posible es con el término «nazirita» usado para designar a alguien consagrado a Dios por un voto especial y que figura en *Ex* 13,2; *Jue* 13,5 y *I Sam* 1,20. O con *netzer*, el famoso retoño o rama de *Is* 11,1.
3. *Cfr. Antigüedades judaicas*, libro XVII, cap. XV y libro XVIII, cap. I.
4. *Cfr.* Fricke, W. (1993). *El juicio contra Jesús.* Barcelona: Martínez Roca, pp. 54-98, y Rodríguez, P. (1997). *Mentiras fundamentales de la Iglesia católica.* Barcelona: Ediciones B., pp. 152-154 y 223-231.
5. *Cfr.* Malvert (1896). *Ciencia y religión.* Madrid: Fuencarral, p. 86.
6. *Cfr. El Evangelio del Pseudo-Mateo*, XIV, 1-2; en Kaydeda, J. M. (1986). *Los Apócrifos Jeshúa y otros Libros Prohibidos.* Madrid: Rea, p. 684.
7. *Cfr.* Saintyves, P. (1985). *Las madres vírgenes y los embarazos milagrosos.* Madrid: Akal. Y Rodríguez, P. (1997). *Mentiras fundamentales de la Iglesia católica.* Barcelona: Ediciones B., pp. 128-131.
8. Entre los muchos ejemplos posibles están: Nuestra Señora de la Cabeza (Sierra Morena), Santa María de Salas (Huesca), La Virgen Grande (Torrelavega), Nuestra Señora de Atocha (Madrid), Nuestra Señora de Begoña (Bilbao) o Nuestra Señora de Valvanera (La Rioja), en la que aún se aprecia perfectamente que sostiene una fruta en su derecha. En otras vírgenes, la manzana/esfera se transformó en una flor o en algún objeto litúrgico. No faltan tampoco advocaciones —como la de Nuestra Señora de la Capilla (Jaén), Nuestra Señora de los Reyes (Sevilla), Virgen del Rocío (Almonte), Nuestra Señora de la Alegría (Monzón), Virgen de la Grada (Palma de Mallorca), Nuestra Señora de la Merced (Barcelona), Nuestra Señora de la Antigua (Guadalajara), Nuestra Señora del Rosario (La Coruña), Nuestra Señora de la Fuensanta (Murcia), Nuestra Señora de las Nieves (Vitoria), Nuestra Señora de Sales (Sueca)— en las que la esfera la lleva el ni-

ño en lugar de la Virgen y, en general, se transformó el pedículo o rabillo de la *manzana* en una cruz latina basada sobre la esfera. El cuadro se completa con las advocaciones en las que —como en la de la Virgen de Montserrat (Barcelona), Nuestra Señora del Mar (Santander), o Nuestra Señora de Cantonad (Mena)— tanto la Virgen como el niño llevan sendas esferas.

9. *Cfr.* Rethoré (1894). *Science des religions.* París: Pedone éditeur.

10. *Cfr.* Rodríguez, P. (1997). *Mentiras fundamentales de la Iglesia católica.* Barcelona: Ediciones B., pp. 117-123.

11. *Cfr. Ibid.* pp. 152, 154-158 y 224.

12. *Cfr. Ibid.* pp. 123-137.

13. *Cfr.* Saintyves, P. (1907). *Les Saints successeurs des dieux.* París: Librairie Critique, p. 358.

14. *Cfr. Contra Celso*, I, pp. 58 y ss.

15. Éste es el texto según *Mateo*, pero el versículo original de Miqueas es algo diferente: «Pero tú, Belén de Efratá, pequeño entre los clanes de Judá, de ti me saldrá quien señoreará en Israel, cuyos días serán de antiguo...» (*Miq* 5,2).

16. En la inscripción de Naqsh i Rustam, de tiempos de Darío I, se afirma que «Ahura-Mazda es un gran dios. Ha creado esta tierra. Ha creado el cielo. Ha creado el hombre. Ha creado la felicidad del hombre. Ha hecho rey a Darío».

17. *Cfr. Ad. Eph.*, XI, 2.

18. Diferentes autores fechan el acontecimiento en días distintos del año 7 a.C., a saber: 29 de mayo, 29 de julio, 3 de octubre y 4 de diciembre.

3

Los Reyes Magos, una existencia tan cambiante como agitada

Capítulo aparte merecen los tan celebrados como desconocidos «Reyes Magos». De ellos, en realidad, sólo sabemos lo que mencionó Mateo en su *Evangelio*, pero la tradición ha hecho maravillas con esos pocos datos.

La doración de los Reyes Magos no sólo ha sido una de las escenas más celebra-

La escena de la Adoración de los Magos ha sido el objetivo de muchísimas obras maestras de la pintura europea. Ésta salió del pincel de Durero (1504).

das por la iconografía religiosa hasta el siglo XVII sino que, fundamentalmente, para lo que a nosotros concierne, ha sido la fiesta infantil por excelencia durante parte del siglo pasado y del actual.

Una de las más notables esperanzas que atesoramos durante nuestra infancia fue la de la venida de los Reyes Magos, con su majestuosa cabalgata callejera y sus sacos repletos de juguetes. Pero a ellos debemos también nuestra más temprana decepción cuando descubrimos que su identidad nos era más familiar de lo que suponíamos.

Los Magos según Mateo, cuando aún no eran tres ni tampoco reyes

En el *Evangelio* de Mateo se cuenta que «nacido, pues, Jesús en Belén de Judá en los días del rey Herodes, llegaron del Oriente a Jerusalén unos magos, diciendo: "¿Dónde está el rey de los judíos que acaba de nacer? Porque hemos visto su estrella al oriente y venimos a adorarle (...). Entonces Herodes, llamando en secreto a los magos, les interrogó cuidadosamente sobre el tiempo de la aparición de la estrella; y, enviándolos a Belén (...). Después de haber oído al rey, se fueron [los magos], y la estrella que habían visto en Oriente les precedía, hasta que vino a pararse encima del lugar donde estaba el niño. Al ver la estrella sintieron grandísimo gozo, y, llegando a la casa, vieron al niño con María, su madre, y de hinojos le adoraron, y, abriendo sus cofres, le ofrecieron como dones oro, incienso y mirra. Advertidos en sueños de no volver a Herodes, se tornaron a su tierra por otro camino» (*Mt* 2,1-12).

Si releemos estos versículos concluiremos que de esos «magos» sólo conocemos que eran varios, visitaron a Herodes, adoraron al niño Jesús ofreciéndole presentes y tuvieron un sueño que les hizo regresar a alguna parte por otro camino también desconocido. No hay forma alguna de saber cosas tan elementales como pueden ser su número, edad, aspecto, raza, nombre, atuendo, estatus —¿cómo pasaron de magos a reyes?, ¿magos de qué?, ¿reyes por qué y de dónde?—, procedencia, etc. En el texto de Mateo no se responde a nada de esto, tampoco en el resto del *Nuevo Testamento*, ni en las crónicas históricas de la época. ¿De dónde salieron, pues, Melchor, Gaspar y Baltasar? Veamos...

En un principio su número fue indeterminado. Las representaciones de la adoración de los magos halladas en templos del siglo III mostraban sólo a dos personajes; en las catacumbas romanas hasta el siglo IV aparecían dos o cuatro magos, según los casos; la media docena tampoco faltó en algunas pinturas de la época; en la Iglesia siria y armenia siempre se defendió la docena puesto que, según ellas, los magos prefiguraban los doce apóstoles y representaban a cada una de las tribus de Israel; para la Iglesia copta fueron sesenta y citaban los nombres de más de una docena de ellos...

Hacia el primer cuarto del siglo III, Orígenes afirmó de modo taxativo que los magos habían sido sólo tres (a fin de cuentas, en *Mateo* no se citó más que tres presentes); fue el primer teólogo cristiano que tomó esta postura. En el siglo IV, de modo progresivo, comenzó a prevalecer el número de tres. Por algo había que empezar.

Nuestros personajes, durante los dos primeros siglos, no fueron nada más que magos, eso es *mogu* —vocablo persa que significa astrólogo—, que se representaban tocados con el gorro frigio de los sacerdotes-astrólogos del dios persa Mitra[1]. Pero, como la práctica de la magia estaba prohibida por los textos bíblicos y el concepto de mago adquirió rápidamente un significado muy peyorativo —particularmente gracias al caso de Simón Mago, identificado con el Anticristo—[2], no se consideró edificante que unos sujetos de tan dudosa reputación deambulasen por el portal de Belén.

Entrado ya el siglo III, esta imagen comprometedora fue sorteada con descaro por el abogado y teólogo cartaginés Quinto Septimio Florencio Tertuliano (c. 160-220), que fue el primero en hacer una afirmación tan gratuita como afortunada: «*Nam et Magos reges habuit fore Oriens*», eso es, «se ha sostenido que los Magos eran reyes de Oriente». Nadie había sostenido tal cosa antes de él, pero eso era un detalle sin importancia para un apologeta cristiano consciente de su deber. Al fin y al cabo, sacando de su contexto un versículo de los *Salmos* podía leerse: «Los reyes de Tarsis y de las islas le ofrecerán sus dones, y los soberanos de Seba y de Saba le pagarán tributo» (*Sal* 72,10); una frase que ni remotamente se refería a los magos de Belén, pero se tomó como otra profecía más.

Gracias a Orígenes y Tertuliano la cristiandad se encontró con tres —ni uno más ni menos— reyes, que no magos, aunque hubo que denominarles «Reyes Magos» para casar la tradicional nomenclatura de Mateo con su supuesta personalidad real. La nueva imagen requería un cambio simbólico fundamental: los tres magos dejaron de ir tocados con el gorro frigio, que les acreditaba como sacerdotes persas de Mitra, y en su lugar se les colocó sendas coronas reales a la usanza latina. De todos modos, en un importante mosaico bizantino del siglo VI (año 520 aproximadamente), localizado en San Apollinare Nuovo (Rávena, Italia), los tres magos aún van ataviados a la usanza persa, con su capa y gorro frigio.

Sus nombres no aparecieron hasta el siglo VI

En el mosaico bizantino recién mencionado también aparece un detalle capital: en su parte superior figura la leyenda «+SCS BALTHASSAR +SCS MELCHIOR +SCS GASPAR», eso es, sagradísimos o veneradísimos Baltasar, Melchor y Gaspar. El primero, Baltasar, de unos 30-40 años, con barba oscura, lleva en sus manos un recipiente para mirra; Melchor, como de 20-25 años e imberbe, transporta una bandeja para incienso; y Gaspar, de más de 50 años, con pelo y barba largos y

En este importante mosaico de San Apollinare Nuovo (Rávena), del siglo VI, los Reyes Magos aún conservan su ropaje persa y se menciona por primera vez sus nombres actuales.

blancos, presenta una canasta con oro. Todos ellos son de piel blanca, ninguno se ha convertido aún en negro.

Este mosaico de San Apollinare Nuovo desmiente también la afirmación ya clásica de que los nombres *secretos* de los Reyes Magos no se conocieron hasta el siglo VII o principios del VIII, bajo los nombres de *Bithisarea, Melichior* y *Gathaspa* que en el siglo IX se transformaron en los que conocemos actualmente.

En un texto atribuido a Beda el Venerable (673-735), erudito anglosajón, monje y doctor de la Iglesia, se lee: «El primero de los magos fue Melchor, un anciano de larga cabellera cana y luenga barba (...) fue él quien ofreció el oro, símbolo de la realeza divina. El segundo, llamado Gaspar, joven, imberbe, de tez blanca y rosada, honró a Jesús ofreciéndole incienso, símbolo de la divinidad. El tercero llamado Baltasar, de tez morena [en latín lo califica de *fuscus*], testimonió ofreciéndole mirra, que significaba que el Hijo del hombre debía morir.» Si comparamos esta descripción con la del mosaico bizantino, observaremos que las descripciones y nombres de Melchor y Gaspar se han invertido.

Por otra parte, hacia el año 845, en el *Liber Pontificalis* de Rávena —citado a menudo como el primer texto en que aparecen los tres nombres—, se mencionó a *Bithisarea, Melichior* y *Gathaspa,* pero tres siglos antes, en el mosaico bizantino de la misma ciudad, los Reyes Magos ya se llamaban *Balthassar, Melchior* y *Gaspar.*

Estos tres nombres, aunque ya quedaron instituidos de cara al futuro, fueron tan arbitrarios y ficticios como los que pretendieron adjudicarles en otras partes del orbe cristiano: *Apellicon, Amerim* y *Serakin* entre los griegos cristianizados; *Kagpha, Badadilma* y *Badadakharida* en Siria; *Ator, Sater* y *Paratoras* en Etiopía, etc.

Sus supuestas edades no fueron menos irreales y cambiaban substancialmente en función de los gustos particulares de cada uno de los artistas que los representaban. Finalmente, en el siglo XV, Petrus de Natalibus, en su *Catalogus Sanctorum,* fijó que Melchor tenía sesenta años, Gaspar cuarenta y Baltasar veinte. Una nueva descripción física de los Reyes Magos que discrepaba de la aportada por Beda el Venerable y de la imagen del mosaico de San Apollinare Nuovo.

En el siglo XV, el arte pictórico del Renacimiento le concedió una importancia central a dos motivos religiosos: el nacimiento de Jesús en Belén, que permitía representar la piedad popular de una manera sencilla y directa, y la adoración de los Reyes Magos, que simbolizaba el poder y majestad de una Iglesia que en esos días ya había triunfado.

Los Médicis fueron los principales avaladores de la representación de los Reyes Magos y bajo su mecenazgo se encargó la mayoría de ellas. En algunas de esas pinturas pueden identificarse sin dificultad los rostros de los propios miembros de la dinastía florentina, así, por ejemplo, en la *Adoración* pintada por Botticelli, en 1475, en el Palacio de los Uffizi, el rey Baltasar estaba representado por Pedro el Gotoso (muerto en 1463); Melchor era Cosme (fallecido en 1464); Juan, muerto en plena juventud, encarnaba a Gaspar; Lorenzo y Juliano, herederos de la casa Médicis, aparecen formando parte de la comitiva, etc.

Entre las obras maestras de los pintores de esa época que representan la «Adoración de los Magos» cabe resaltar las salidas del pincel de Tommaso Masaccio (panel de la grada del altar del Políptico de Pisa, 1426, Museo de Berlín), de Rogier van der Weyden (*Altar de los tres Reyes,* óleo, sección central del altar de San Colombo, c. 1455, Colonia, Pinacoteca de Munich), Benozo Gozzoli (*El cortejo de los Magos,* fresco de la Capilla del Palacio Médici-Riccardi, Florencia, 1459-1461), de Hugo van der Goes (panel central del altar de Monforte de Lemos, Lugo, c. 1470, Museo de Berlín), de Sandro Botticelli (panel, Palacio de los Uffizi, Florencia, 1475), de Leonardo da Vinci (composición sobre lienzo, Palacio de los Uffizi, Florencia, 1481-1482), o de Domenico Ghirlandaio (tabla de altar, Hospital de los Inocentes, Florencia, 1487).

Representación de la Adoración de los Magos pintada por Rogier van der Weyden (c. 1455).

Del talento de todos esos grandes pintores nacieron representaciones de los tres Reyes Magos bastante diferentes entre sí, pero todos coincidieron en un mismo aspecto: los tres personajes eran de raza blanca o, lo que viene a ser lo mismo, no existía aún, en el siglo XV, ninguno que fuese negro.

Baltasar no fue negro hasta el siglo XVI

A partir del siglo siguiente —el XVI—, sin embargo, en todas las representaciones pictóricas de la «Adoración de los Magos» ya se adjudicó a Baltasar la raza negra, tal como puede verse, por ejemplo, en las obras de Albrecht Durero (*Tríptico Paumgärtner*, 1504, Pinacoteca de Munich), de Hieronymus Bosco (*Tríptico de la Epifanía*, óleo, c. 1510, Museo del Prado de Madrid), de Paolo Veronés (óleo, c. 1583, Museo de Bellas Artes, Lyon), de Pieter Paul Rubens (óleo, 1609, Museo del Prado de Madrid), de Giambattista Tiépolo (óleo, 1753, Pinacoteca de Munich), etc.

A pesar de que, en el siglo VII, el texto de Beda el Venerable ya describió a Baltasar como de tez morena *(fuscus),* el peso de la tradición, que fijaba el origen de los magos en Persia, impidió, hasta finales del siglo XV, que nadie pudiese imaginar tan siquiera un cambio de raza para este rey. Sin embargo, en el siglo XVI, las nuevas necesidades ecuménicas de la Iglesia católica llevaron a implantar un simbolismo inédito, identificando a los tres magos con los tres hijos de Noé —Sem, Cam y Jafet— que, según el *Antiguo Testamento,* representaban las tres partes del mundo y las tres razas humanas que lo poblaban, según se creía en esos días.

De este modo, Melchor, el anciano de cabello y barba canos, pasó a simbolizar a los herederos de Jafet, eso es los europeos, y ofreció al Niño divino el noble oro; Gaspar, rubio y lampiño, representaría a los semitas de Asia y su don era el preciado incienso; Baltasar, negro y barbado, personificaría a los hijos de Cam, los africanos, participando en la adoración universal con su entrega de mirra.

Con el descubrimiento y comienzo de la cristianización del continente americano, surgió un buen problema cuando las autoridades eclesiásticas católicas se plantearon representar a los habitantes de esas nuevas tierras en el cortejo de adoración de los Reyes Magos, pero, dado que ya no podían añadir un cuarto monarca a la comitiva —ni, menos todavía, inventarle

Retablo del Altar de los Reyes Magos *de la catedral de Halle, obra de Hans Baldung (1507).*

Panel central de la Adoración de los Magos *de Hieronymus Bosco (c. 1510), en el Museo del Prado de Madrid.*

otro hijo a Noé—, se tomó la razonable decisión de mirar hacia otra parte y dar por zanjada tan espinosa cuestión.

El único intento de establecer la representación de los amerindios aún puede contemplarse en un retablo portugués de la catedral de Viseu, donde el rey negro fue substituido por un jefe indio amazónico portando una lanza ricamente emplumada, pero esa modificación no tuvo éxito ninguno, a fin de cuentas, para la mentalidad racista de la época, un negro bien podía representar también a un indio, y la todavía reciente tradición del Baltasar negro era ya inamovible.

Adoración de los Magos *de Rubens (c. 1617-18), en el Museo de Bellas Artes de Lyon. En esta obra, como en todas las pintadas a partir del siglo XVI, Baltasar ya es negro.*

Simbolismo del oro, el incienso y la mirra

El folklore religioso europeo también acabó por identificar a los Reyes Magos como representantes de la Trinidad en función de la calidad de sus regalos: el oro provenía del Padre glorioso; la mirra —usada como ungüento funerario desde la Antigüedad y, por tanto, asociada con la muerte y resurrección—[3], del Hijo; y el incienso —elemento purificador esencial en todo ritual—, del Espíritu Santo.

Complementariamente, la tradición popular occidental adjudicó al oro el simbolismo de la realeza de Jesús-Cristo, al incienso, el de su divinidad, y a la mirra, el de su pasión y resurrección. Según el papa san Gregorio I Magno (540-604), se ofrece oro a Jesús-Cristo cuando se le venera como a rey del mundo, incienso cuando se le adora como a verdadero Dios, y mirra cuando se conmemora su humanidad.

Algunos astrólogos modernos, basándose en la suposición de que la «estrella de Belén», tal como ya comentamos, pudo ser una triple conjunción de la Tierra con los planetas Júpiter y Saturno, estando el Sol pasando por Piscis, interpretan los tres presentes de los magos del modo siguiente: «oro por el Sol (reyes), incienso por Júpiter (religión, dios supremo) y mirra por Saturno (regente de la muerte), los tres planetas mayores del *stellium* característicos del niño», añadiendo que «en astrología clásica, Jesús sería un tipo Piscis muy claro (se propagó el símbolo a comienzos del Cristianismo), pues el *stellium* está en el Signo»[4].

En esta Adoración de los Magos *de Hugo van der Goes puede apreciarse la ofrenda de oro, incienso y mirra.*

Leyenda de los Reyes Magos después de abandonar Belén

Tras la adoración de Belén, según la tradición, un ángel del Señor se acercó hasta el lecho donde dormían los Reyes Magos —que la imaginería medieval, de forma tan tierna como ingenua, representó durmiendo juntitos en una sola cama, sin camisas, pero con su corona ceñida sobre la cabeza— y, tocando suavemente a Gaspar, le despertó para advertirle que no regresaran a ver a Herodes, tal como le habían prometido con anterioridad, y que

El viaje de los Magos *(mosaico del siglo XIII del Baptisterio de Florencia). Los tres reyes eran aún blancos.*

partieran hacia sus tierras con rapidez y sigilo.

La leyenda posterior les hizo emprender el viaje de retorno a sus países por mar, embarcando en Tarso, aunque, curiosamente, en lugar de dirigirse hacia sus respectivos reinos, que hubiese sido lo esperable y sensato para *monarcas* tan sabios, la travesía marítima les condujo hasta la India, donde el apóstol Tomás les bautizó y consagró obispos (otras versiones aseguran que tales hechos acontecieron en tierras medas o persas).

Los magos, ya como *Summus presbyteri Orientes,* siguieron dedicados a la evangelización de los impíos hasta que murieron ¡y fueron enterrados juntitos, como cuando compartían lecho, en un mismo sarcófago! De un modo que la tradición medieval no explica, la emperatriz Elena[5] localizó sus restos en Saba y ordenó que fuesen trasladados a Constantinopla (en una época en que se hicieron aparecer en la capital bizantina las reliquias más absurdas y pintorescas).

Sepulcro de Milán donde reposaron los supuestos huesos de los tres Reyes Magos hasta finales del siglo XII.

Pero el viaje de los magos aún no había concluido. En el siglo IX, el clero de Milán, recurriendo a la estrategia más habitual en esos tiempos —la de adjudicarse la posesión de los restos de algún apóstol o santo—, quiso prestigiar su ciudad afirmando que las reliquias de los Reyes Magos se encontraban en la iglesia de San Eustorgio.

Para justificarse, el clero milanés inventó una leyenda según la cual, el obispo Eustorgio, cuando se trasladó hasta Constantinopla para que Constantino aprobase su nombramiento como sucesor de san Ambrosio, le solicitó al emperador el favor de poder llevarse consigo los restos de los magos, cosa que al parecer consiguió, regresando a su ciudad cargado con un sarcófago de mármol que, obviamente, instaló en su iglesia.

En el año 1164, cuando Federico Barbarroja saqueó Milán, su archicanciller y arzobispo de Colonia, Raynaud Dassel, no desaprovechó la ocasión y robó las supuestas reliquias de los magos, que reposaban a la derecha del altar mayor de la iglesia de San Eustorgio, para trasladarlas a su diócesis. Tan venerables y viajados huesos fueron depositados en un sarcófago labrado en oro y plata y, en su honor, en el siglo XIII, fue construida la catedral dedicada a los «Tres Reyes de Colonia».

Con el nuevo emplazamiento también llegaron leyendas aún más estupendas. Una de ellas asegura que cada calavera aún mantiene su respectiva corona real y, según se cuenta que dijo Pedro de Gumiel, abad cisterciense castellano al que dejaron per-

Catedral de Colonia erigida en honor de los tres Reyes Magos durante el siglo XIII.

manecer a solas y en silencio en la morada alemana de los magos, dentro de la tumba se oye música de flauta y el relinchar de briosos caballos. En el año 1903, el cardenal de Colonia devolvió al de Milán una pequeña parte de esos huesos milagrosos, pero no se dejó constancia sobre cuál de las dos ciudades goza ahora de los servicios del flautista de ultratumba.

Si se quiere otra versión sobre el destino de los cuerpos de los Reyes Magos, puede recurrirse también a lo relatado por el viajero Marco Polo, según el cual, a finales del siglo XIII, en la ciudad persa de Sava (la actual Saveh, próxima a Teherán), fueron hallados sus reales despojos, enterrados en tres tumbas contiguas, en estado incorrupto y conservando aún el cabello y la

La fiesta del 6 de enero

A principios del siglo III —o antes del año 194, según otras fuentes—, las Iglesias orientales, coincidiendo con el día de la celebración pagana del nacimiento del *Aion,* símbolo del Tiempo Nuevo, instauraron la fiesta de la Epifanía (del griego *epifaneia,* apariencia). Esa jornada, el 6 de enero, los cristianos orientales no sólo conmemoraban el natalicio de Jesús —tal como pretendían hacer también sus correligionarios de Occidente, aunque en otra fecha—, sino, también, su bautismo, su primer milagro y la adoración de los magos persas.

En Occidente, en cambio, no comenzó a celebrarse la adoración de los magos hasta el siglo V y, entonces, dado que ya se había fijado la Navidad en el 25 de diciembre, se decidió separar ambas festividades y se reservó el 6 de enero para conmemorar la Epifanía, la manifestación de Jesús-Cristo al mundo a través de los magos de Oriente, su bautizo en el Jordán y el milagro de las bodas de Caná. Para los cristianos, tanto orientales como occidentales, esta festividad siempre ha mantenido una gran importancia en el calendario litúrgico y en la tradición civil.

La tradición de los Reyes Magos como generosos proveedores de juguetes y regalos a los niños es relativamente reciente y sólo fue adoptada en unos pocos países latinos, arraigando particularmente bien en España. El convertir su conmemoración en una fiesta infantil tuvo la finalidad de competir con la muy establecida tradición

Llegada de los Reyes Magos a puerto, el día 5 de enero, en su regreso anual cargados de juguetes y regalos.

La presencia de los Reyes Magos es vivida por los niños como una fiesta en la que las ilusiones pueden realizarse.

barba que permitía distinguirlos en vida.

En fin, así, tal como acabamos de resumir, unos personajes de los que nada se supo nunca y cuya existencia real fue, como mínimo, muy dudosa, acabaron con *sus* huesos en Colonia y, en virtud de su mito, fueron encargados de protagonizar una tan larga como anhelada travesía anual para colmar de regalos a los niños buenos.

de san Nicolás, un obispo de la Iglesia oriental que vivió en el siglo IV y se caracterizó por su generosidad para con los débiles y los niños, virtud que le llevó a ser especialmente mitificado en el medievo, época en la que se le adjudicó el papel de dejar regalos a los niños mientras iba viajando por todas partes en un burro y vestido de obispo.

Los Reyes Magos no comenzaron a traer juguetes a los niños hasta mediados del siglo XIX, con anterioridad sus regalos se limitaban a cosas relacionadas con las necesidades de la vida cotidiana antes que con las del ocio. El rey Gaspar era el encargado de obsequiar con algunas golosinas, requesón, miel o frutos secos; Melchor tendía más a lo práctico y su fuerte era la ropa o zapatos nuevos; Baltasar jugaba el peor papel al tener que ocuparse de *castigar* a los niños traviesos dejándoles carbón o leña por todo regalo (aunque su dureza se suavizó bastante en este siglo, cuando transformó sus odiados presentes de carbón, leña, patatas y piedras en otros similares... pero hechos de azúcar y mazapán).

Para poder llevar a cabo su labor con justicia, los Reyes Magos disponían de la ayuda de unos duendes que espiaban a los niños y les contaban a sus jefes hasta los más mínimos detalles de su comportamiento, algo que muchos lamentaban cuando se encontraban con menos regalos de los solicitados. En este aspecto, la leyenda festiva de los Reyes Magos copió el mismo esquema que ya regía, desde hacía siglos, en las tradiciones nórdicas y centroeuropeas —o, también, en la leyenda italiana de la *Beffana,* una especie de bruja buena que deja obsequios a los niños durante la víspera de Reyes—, en las que duendes buenos y malos se encargaban de dar a cada niño lo merecido, y que también acabaron por ser nombrados colaboradores de san Nicolás y Santa Claus en su anual reparto navideño.

La costumbre, que se ha mantenido viva hasta algo más de la primera mitad del presente siglo, exigía que los niños depositasen sus zapatos limpios en el balcón, la noche de Reyes, para recibir junto a ellos, durante la madrugada, los presentes de los magos. En la mayoría de los pueblos se ponía también, junto a los zapatos, un plato de agua y un manojo de

Los Reyes Magos no dejan de repartir sus obsequios a los niños a pesar del difícil acceso a las viviendas.

La entrega de las cartas de los niños solicitando regalos a los Reyes Magos es uno de los momentos estelares de la festividad.

algarrobas, o un poco de paja o yerba, para alimentar a los caballos reales, y se dejaba alguna pieza de fruta para Sus Majestades.

Para justificar la tradición de poner los zapatos en el balcón —que también se había copiado de las costumbres nórdicas y centroeuropeas para recibir los regalos navideños depositados por gnomos o por san Nicolás—, la Iglesia se inventó leyendas como la que sigue: dos compañeros de juegos del niño Jesús, apenados de verle siempre descalzo, debido a la pobreza de su familia, decidieron darle sus propios zapatos; para que tuvieran mejor aspecto, los generosos niños lavaron sus zapatos y los dejaron por la noche en el balcón para que se secaran… pero, al día siguiente, los zapatos aparecieron rodeados por los regalos que habían dejado los Reyes Magos a tan buenas criaturas.

La actualmente imprescindible «carta a los Reyes» comenzó a popularizarse durante el primer cuarto del siglo XIX. En un principio, los niños españoles dejaban en el balcón de sus casas las cartas petitorias destinadas a los Reyes Magos, y no fue hasta el último cuarto del siglo pasado cuando empezó a implantarse la costumbre de enviar tan importantes misivas por correo (Santa Claus ya las recibía por este medio desde al menos un par de décadas antes).

Mucho más reciente aún es la costumbre de los regalos de Reyes para los adultos, que no ha sido más que la consecuencia lógica de la sociedad industrial moderna, que nos ha dotado de mayores posibilidades económicas para poder adquirir bienes superfluos, al tiempo que necesita forzar las ventas para mantener su frágil prosperidad, y que nos ha hecho volcar más y mejor hacia el consumismo —cualquier ocasión es buena excusa para comprar, regalar y gastar— que hacia el respeto o mantenimiento de las tradiciones. Y la fiesta de Reyes, desde hace dos siglos, no tiene otro sentido que el ser una celebración en beneficio exclusivo de los niños.

Sin embargo, aunque se trate de una festividad infantil, la función educadora de los padres debería contribuir algo más a evitar la irrefrenable ansia consumista que, por estas fechas, parece adueñarse de la mayoría de los menores actuales. Una carta escrita por un niño y dirigida a los Reyes Magos —recogida por José Manuel Esteve, profesor de pedagogía de la Universidad de Málaga—[6] resulta suficientemente elocuente y paradigmática a este respecto:

«A S.S. M.M. los Reyes Magos de Oriente, Melchor, Gaspar y Baltasar. Mis queridos Reyes:

»Yo soy Iván Darío y quiero todo lo que hay en El Corte Inglés. Soy muy bueno.»

Por muy obediente y bondadoso que hubiese sido el tal Iván Darío, parece obvio que a tan temprana edad ya había extraviado el sentido de la mesura, quizá como consecuencia de que sus padres y su entorno habían olvidado ya, desde mucho antes, el verdadero sentido de las celebraciones navideñas.

La emoción de encontrarse junto a un Rey Mago es tan intensa que apenas pueden salir las palabras.

En este contexto, además, desde hace un par de decenios, la lucha entre los Reyes Magos y Papá Noél es cada día más encarnizada. Las dos celebraciones se han impuesto colmar de regalos a grandes y pequeños, sólo que los que trae Papá Noél pueden disfrutarse durante todas las vacaciones y los de los sufridos Reyes no, puesto que llegan al final del período festivo; ésa es la fuerza del primero sobre los segundos. No obstante, mientras el presupuesto familiar aguante, los comercios podrán seguir poniendo una vela al barbudo *mago* pagano de las nieves y otra a los *magos* cristianos del desierto.

Herodes y la inexistente matanza de los inocentes

Directamente relacionado con la presencia de los magos en Belén está un suceso que ha dado pésima fama al rey Herodes: la famosa matanza de los niños inocentes, conmemorada por la Iglesia católica el 28 de diciembre, una fecha absolutamente imposible si es que se quiere creer que los Reyes Magos visitaron el pesebre el 6 de enero.

Según el relato de *Mateo*, «partido que hubieron [los magos, por un camino que evitaba pasar por el palacio de Herodes], el ángel del Señor se apareció en sueños a José y le dijo: "Levántate, toma al niño y a su madre y huye a Egipto, y estáte allí hasta que yo te avise, porque Herodes va a buscar al niño para matarlo." Levantándose de noche, tomó al niño y a la madre y se retiró hacia Egipto, permaneciendo allí hasta la muerte de Herodes, a fin de que se cumpliera lo que había pronunciado el Señor por su profeta, diciendo: "De Egipto llamé a mi hijo." Entonces Herodes, viéndose burlado por los magos, se irritó sobremanera y mandó matar a todos los niños que había en Belén y en sus términos de dos años para abajo, según el tiempo que con diligencia había inquirido de los magos. Entonces se cumplió la palabra del profeta Jeremías, que dice: "Una voz se oye en Ramá, lamentación y gemido grande; es Raquel, que llora a sus hijos y rehúsa ser consolada, porque no existen"» (*Mt* 2,13-18).

La narración muestra a un Herodes ciertamente estúpido que, aún «turbado» al saber del nacimiento del rey mesías que podía destronarle (*Mt* 2,3-5), fue incapaz de mandar a sus soldados a Belén, situado a poca distancia de su palacio, para prenderle y, en lugar de enviar, al menos, a alguno de sus espías para que le informasen con diligencia, se quedó esperando las noticias de tres magos desconocidos que se habían declarado adoradores del recién nacido. Un *recién nacido* que, según cabe deducir de *Mateo,* podía tener hasta dos años, puesto que ésa fue la edad que el rey le indicó a sus sicarios.

En fin, los datos históricos reales acerca de Herodes y de su tiempo denuncian que este suceso nunca existió, dado que, por ejemplo, no fue reflejado por el historiador judío Flavio Josefo (c. 37-103 d.C.) en sus *Antigüedades judías* o en cualquier otra de sus documentadas obras; este autor, que luchó contra los romanos en la guerra judaica, nunca dejó de dar noticia de las persecuciones o masacres cometidas contra su pueblo, resultando del todo imposible que no recogiera la noticia de la matanza de los niños si ésta hubiese acontecido de verdad.

Por otra parte, dado que los judíos, sometidos al Imperio romano, no podían aplicar la pena de muerte contra sus conciudadanos sin el preceptivo permiso del gobernador imperial, resulta tan imposible que Herodes pudiese ordenar la matanza como que el rey judío hubiese quedado sin castigo por parte de la autoridad romana si los hechos se hubiesen producido realmente.

Esta leyenda, que fue tomada de anti-

En esta miniatura del siglo XIII se representa el viaje a Egipto de Jesús y sus padres tras el inicio de la persecución de Herodes.

guas y conocidas tradiciones paganas, fue intercalada en *Mateo* —único texto canónico en que aparece— con una función muy concreta: reforzar la credibilidad del mito básico del cristianismo dando *cumplimiento* a dos supuestas *profecías* sobre Jesús.

En toda la Antigüedad fueron muy comunes las leyendas de reyes que, prevenidos por alguna profecía, perseguían a muerte a «hijos de Dios» nacidos de una virgen, con la intención de evitar su anunciada entronización[7]; un empeño que, lógicamente, la estructura mítica del relato convertía en vano. Fundadores de dinastías reales de todo el planeta y reformadores religiosos cuentan en su haber mítico con un episodio de persecución siendo aún recién nacidos. Sirva de ejemplo prototípico la descripción sucinta de una parte de la leyenda del nacimiento de Krisna, octava encarnación de Vishnú, segunda persona de la trinidad brahamánica, que hacemos seguidamente:

Los astrólogos —o un *diablo,* según otra versión del mito— habían pronosticado a Kansa, el tirano de Mathurâ, que un hijo de su hermana Devakî le arrebataría la corona y le quitaría la vida, por lo que el soberano ordenó la muerte de su sobrino Krisna tan pronto naciese, pero éste, gracias a la protección de Mahâdeva (el Gran Dios o Shiva), pudo ser puesto a salvo por sus padres con la colaboración de la familia de su fiel servidor Nanda, un pastor de vacas que vivía al otro lado del río Yamunâ. Cuando se enteró de la desaparición del recién nacido Krisna, el rey Kansa, para asegurarse de la muerte del niño, ordenó la matanza general de cuantos niños varones habitasen en su reino, siendo asesinados todos menos el divino Krisna.

El origen de la historia mítica de la persecución de Jesús y la matanza de los inocentes pudo proceder de Oriente, tal vez de la propia India o de Egipto —lugar donde fue redactado el *Evangelio* de Mateo hacia el año 90 d. C.—, y la encontramos en leyendas tan dispares como la de Moisés, salvado de la matanza de niños hebreos ordenada por el faraón (*Ex* 1,15-22; 2,1-25) para, según la tradición recogida por Flavio Josefo, impedir «la llegada de un niño hebreo destinado a humillar a los egipcios y glorificar a los israelitas»; la de Abraham, muy similar a la de Moisés, según una tradición judía recogida en un *Midrash* tardío[8]; o la del emperador romano Augusto (62 a.C.-14 d.C.), que se libró de la muerte a la que el Senado condenó a todos los varones nacidos en un mismo año para evitar la aparición de un monarca profetizado[9].

Antes que todos ellos, aunque dentro del contexto de un universo simbólico diferente, Zeus —padre de los dioses y de los mortales—, según se refiere en la *Teogonía* de Hesíodo (c. 750 a.C.), ya había escapado de ser devorado al nacer por su propio progenitor, Cronos —que había sido advertido de que uno de sus hijos le arrebataría el trono—, gracias a su madre Rea y a una argucia de su abuela Gea (la Tierra), que lo escondió en Creta y engañó al poderoso Cronos dándole a comer una piedra envuelta en los pañales del nuevo niño-dios. Resulta evidente, pues, que tanto en Oriente como en Occidente la base de esta leyenda circulaba ampliamente y desde muy antiguo.

Parece obvio, por tanto, que la leyenda de la «persecución y huida» existía ya previamente en la mítica pagana y que estaba asociada al destino triunfante de grandes personajes; pero queda por tratar un argumento de peso para los creyentes, eso es que dos profetas, Oseas y Jeremías, habían anunciado este suceso. De hecho, si repasamos el texto de *Mateo* antes citado (*Mt* 2,13-18), encontraremos que la *veracidad* del relato se basa en que viene a dar cumplimiento a lo dicho en *Os* 11,1 y en *Jer* 31,15, una presunción que carece de fundamento.

El texto de Oseas —que dice exactamente: «Cuando Israel era niño, yo le amé, y de Egipto llamé a mi hijo. Cuanto más se les llama, más se alejan. Ofrecen sacrificios a los baales e incienso a los ídolos...» (*Os* 11,1-2)— sólo puede ser entendido dentro del contexto histórico de la época del profeta, durante los reinados de Jeroboam II y Azarías, cuando Judá estaba sometida al dominio asirio y los cultos paganos (a Baal y otros dioses) ganaban fuerza merced a la debilidad de los monarcas hebreos. Oseas, como su contemporáneo Isaías, rechazó y denunció con fuerza esa situación y tal es el único sentido que tienen los versículos reproducidos y cuantos les siguen. En caso de querer personalizar la frase «de Egipto llamé a mi hijo», que está escrita en tiempo pasado, ésta podría atribuirse, quizás, a Moisés, pero nunca jamás a Jesús.

La otra supuesta profecía en la que *Mateo* pretende apoyar su interesada invención de la «matanza de los Inocentes» la encuentra el evangelista en los siguientes versículos de *Jeremías*: «Así dice Yavé: una voz se oye en Ramá, un lamento, amargo llanto. Es Raquel que llora a sus hijos y rehúsa consolarse por sus hijos, pues ya no existen» (*Jer* 31,15).

Ramá, que significa altozano, era la palabra hebrea empleada para designar a los santuarios paganos, que estaban situados en pequeñas elevaciones del terreno. La *Ramá* de este pasaje bíblico, que en la *Vulgata* aparece traducida como *in excelso* (lugar en lo alto), había sido tomada por el nombre de una localidad en la *Biblia de los Setenta* y desde este error partió *Mateo* para identificarla con Belén, ciudad en la que, según *Gén* 35,19, había sido enterrada Raquel, la mujer del patriarca Jacob.

Pero aún aceptando la equivocación de considerar a Ramá como un lugar, éste nunca podía ser Belén, situado al sur de Jerusalén, dado que un poco más al norte existía realmente una ciudad denominada Ramá (o Rama); por otra parte, si bien la tradición sitúa la tumba de la esposa de Jacob en Belén, la Raquel a que se refiere *Jeremías* no pudo ser la Raquel de Jacob ya que a ésta la sobrevivieron sus hijos y, por ello, nunca pudo haber llorado su muerte.

Si se quiere encontrar algún «amargo llanto» relacionado con niños y con *Ramá*, habrá que remontarse muy atrás en el tiempo, hasta los esporádicos sacrificios de niños realizados en los altozanos por los cananeos —de quienes tomaron los israelitas el ritual de sacrificar sobre un altar, aunque evitaron las *ofrendas* humanas—, con la finalidad de intentar aplacar a sus dioses ante el anuncio de alguna futura amenaza o catástrofe pronosticada por los adivinos y astrólogos de esos reyes orientales. Estos hechos fueron perfectamente conocidos por los hebreos[10] y sin duda se sumaron al fondo común de las leyendas paganas acerca de la persecución a muerte de «hijos del Cielo» y las consiguientes masacres de «niños inocentes» ordenadas por viejos reyes tiranos.

Aunque la persecución de Jesús por Herodes nunca aconteció y los niños inocentes tampoco perdieron la vida a manos de los soldados del rey, debe resaltarse que esta leyenda tiene un trasfondo profundamente conectado con la época navideña.

Lo que el mito muestra es, de nuevo, el ciclo estacional de la Naturaleza. El perseguidor, siempre viejo, terrible y hostil, es la representación del invierno, que pretende eternizarse para siempre. El perseguido, recién nacido, es el sol —en su solsticio hiemal— que promete crecer hacia la primavera, llenando de dones, esperanza y posibilidad de supervivencia a la humanidad. Un año tras otro, el Niño Sol vence al Viejo Invierno desbaratando sus negros propósitos. Eso es la Navidad.

NOTAS

1. Un dios que, como ya comentamos, se desarrolló a partir de la antigua divinidad funcional indoirania Vohu-Manah. Para los expertos, los magos fueron una corporación sacerdotal que se originó en una tribu meda, especialmente dedicada a la práctica de un ritual propio en el que se manifestaba un viejo culto ario. Los magos, que frente a la hegemonía persa se mantuvieron fieles a los ideales medos, estuvieron vinculados a la región montañosa de Azerbaidján, donde aún se conservan muy puras las primitivas prácticas arias. Sólo fueron, quizás, una secta, hasta que, bajo los sasánidas, se convirtieron en el sacerdocio oficial que organizó el mazdeísmo; aunque antes fueron sacerdotes del fuego —que en todas las culturas está vinculado a los ritos del solsticio de invierno— que celadores de Ahura-Mazda. *Cfr.* Guirand, F. (1960). *Mitología General*. Barcelona: Labor, pp. 429-430.

2. Según se refiere en los *Hechos de los Apóstoles*, Simón Mago le pidió a Pedro que le vendiese la capacidad de hacer que el Espíritu Santo descendiese sobre quien él quisiese mediante la imposición de manos (*Cfr. Act* 8,9-24). De este personaje derivó el término «simonía».

3. Respecto a la mirra cabe recordar una leyenda precristiana según la cual, Mirra, portando en sus entrañas al dios Adonis, fue transformada por los dioses en el árbol de la mirra que, cuan-

do llegó el momento del nacimiento, se abrió y alumbró al niño divino, que fue recogido por las ninfas de la región y criado en las cuevas de Arabia. El mito de Adonis le hace ser muerto y resucitado, igual como el ciclo anual de la Naturaleza que simboliza, y en una de sus iconografías aparece envuelto en pañales en brazos de Venus Madre, un claro precedente, como ya mencionamos, de las representaciones cristianas de la Virgen y el Niño.

4. *Cfr.* Santos, D. (1992, diciembre). Jesús: mesías irrepetible. *Más Allá* (46), Especial Navidad, p. 10.

5. Madre de Constantino y, en realidad, una pagana que trabajó como tabernera *(estabularia)* y no pasó de ser la concubina de Constancio Cloro, padre del emperador, aunque la Iglesia la nombró santa por orden de su hijo. *Cfr.* Rodríguez, P. (1997). *Mentiras fundamentales de la Iglesia católica.* Barcelona: Ediciones B., p. 249.

6. *Cfr.* Esteve, J. M. (1993). *Influencia de la publicidad en Televisión sobre los niños. Los anuncios de juguetes y las cartas a los Reyes.* Madrid: Narcea, p. 157. Ver también Rodríguez, P. (1993). *Qué hacemos mal con nuestros hijos (El drama del menor en España).* Barcelona: Ediciones B., pp. 171-180.

7. *Cfr.* Rodríguez, P. (1997). *Mentiras fundamentales de la Iglesia católica.* Barcelona: Ediciones B., pp. 132-135.

8. Reproducido en Campbell, J. (1992). *Las máscaras de Dios: Mitología occidental* (vol. III). Madrid: Alianza Editorial, pp. 370-371.

9. *Cfr.* Suetonio, *De vita Caesarum,* capítulo dedicado a la vida de Octavio.

10. Se ha mantenido que los sacrificios de niños fueron practicados de nuevo en Judá en tiempos del rey Ajab o Ajaz (c. 735-715 a.C.), aliado de los asirios, y que se celebraban en el valle de Ben-Hummonm (más conocido como valle de Hinnom), cercano a Jerusalén, pero los historiadores actuales piensan que este dato no tiene base real; dado el contexto histórico de esos días, del que son testigos críticos Oseas, Isaías y otros profetas, es muy probable que se trate de una leyenda negra nacida para desacreditar al monarca que se había aliado con los enemigos paganos. Conviene recordar que el sucesor de Ajab fue Ezequías y que éste emprendió una profunda reforma religiosa para eliminar de Judá el paganismo de origen asirio.

4

Montar el belén, una costumbre nacida en el siglo XIII

Una de las manifestaciones navideñas más típicamente latina es la de instalar el belén, eso es montar una escenografía del nacimiento de Jesús mediante el concurso de figuritas de barro, u otros materiales, dispuestas en medio de un imaginario paisaje construido a base de arena, piedras, piezas de corcho, musgo, papel de plata arrugado imitando el curso de un río, harina o algodón haciendo las veces de nieve, fondos de cartulina azul con minúsculos agujeros que dejan pasar destellos de

Los belenes hogareños son una hermosa tradición navideña propia de los países católicos mediterráneos.

una iluminación posterior con tal de poder fingirse un firmamento estrellado..., en fin, todo resulta apropiado si se muestra adecuado para centrar y magnificar la escena del portal de Belén.

La escenificación del belén llegó por primera vez a España en el siglo XVIII, cuando el rey Carlos III hizo traer esa tradición italiana desde Nápoles. A pesar de tan reciente incorporación a nuestras Navidades, un siglo después, sin embargo, los belenes ya habían arraigado con fuerza de costumbre por todo el país.

La tradición belenística, estrella indiscutible de la Navidad hasta mediados de este siglo, se ha mantenido vigente entre las familias católicas practicantes, en las instituciones eclesiales y en los actos festivos populares de la mayoría de nuestros pueblos y ciudades, pero, en lo tocante a su implantación hogareña, ha pasado por una época de fuerte declive debido a la secularización y notable pérdida de práctica religiosa de la sociedad española, y a la imparable inclinación de los usos populares modernos hacia los nuevos hábitos *paganos* venidos del Norte (poner el abeto navideño, Papá Noël, etc.).

De todos modos, el belén, actualmente, está recuperando muchos adeptos entre los hogares españoles, que hacen compatible esta costumbre católica con las tradiciones ancestrales precristianas del resto de pueblos europeos. Hoy, los belenes, si bien aún están muy lejos de poder reconquistar el gran espacio familiar que vinieron ocupando hasta hace apenas cuatro décadas, son cada vez más frecuentes en nuestros hogares, aunque, eso sí, adoptando formas reducidas —y mucho menos artísticas y vivas que las de antaño— que, a menudo, comparten protagonismo con su *enemigo* moderno, el árbol navideño, al ser instalados junto al tronco de ese símbolo tradicional de la Navidad nórdica.

Cuando el belén era el centro decorativo de la Navidad en los hogares, las familias, después de que todos sus miembros hubiesen contribuido a su montaje, solían inaugurarlo, durante la Nochebuena, reuniéndose todos a su alrededor y cantando villancicos. Tras haber cumplido con su papel simbólico, el belén se desmontaba el día después de Reyes, aunque no eran pocos quienes seguían dejándolo expuesto hasta el día de la Candelaria (2 de febrero).

La iconografía que san Francisco de Asís convirtió en un belén

Las representaciones figurativas del nacimiento de Jesús arrancaron más o menos al mismo tiempo que la Iglesia católica comenzó a hacerse con el control de la *ortodoxia* cristiana tras el concilio de Nicea (325). Así, por ejemplo, en un pedazo de sarcófago, datado en el año 343, ya encontramos representada la adoración de los pastores, el buey y el asno. Y en otro fragmento de sarcófago[1], también del siglo IV, figura una escena de la Epifanía, con la Virgen, el Niño y los Reyes.

Esas primitivas representaciones del natalicio de Jesús, ya fueran esculpidas o pintadas, se basaron en la descripción de

Los nacimientos vivientes gozan de una gran tradición y aceptación popular en toda España.

los acontecimientos de Belén tal como fueron relatados en los *Evangelios* de Mateo y Lucas, pero, en algunos aspectos básicos, tal como ya vimos, también recurrieron a los textos mucho más evocadores de evangelios apócrifos como el *Pseudo-Mateo*.

Una curiosa característica de las pinturas *naturalistas* de la Natividad que fueron realizadas, en el interior de diversidad de iglesias, a partir del siglo VI, es que en ellas la Virgen suele estar representada como una mujer que está descansando sobre una litera después de haber parido con esfuerzo y dolor, teniendo a su lado a las dos parteras —que el texto apócrifo identificó como Zeloní y Salomé—, lavando al niño recién nacido dentro de un barreño. Desde el siglo XIV, sin embargo, las dos comadronas desaparecieron de la escena y la Virgen dejó de ser una mujer debilitada por el parto para ser representada como una noble matrona, arrodillada en actitud de adoración y servicio hacia su divino hijo.

En la sucesión de elementos iconográficos y manifestaciones populares que acabaron inspirando la creación de los belenes, debió tener mucha importancia la aceptación que alcanzaron los dramas litúrgicos que, desde principios del siglo XI, se celebraban durante la misa de la medianoche de Navidad; en esas representaciones, pastores auténticos llegaban hasta el altar para adorar a una figura del niño Jesús en medio de un todavía tímido e inmaduro intento de pesebre viviente.

Pero, en cualquier caso, el mérito de los belenes debe atribuirse al pío san Francisco de Asís que, unos tres años antes de su fallecimiento, tras haber asistido a la celebración de la Natividad en la ciudad de Belén, regresó a su pueblo tan profundamente impresionado por lo que había vivido allí que quiso celebrar en Greccio una fiesta de Navidad que fuera lo más solemne y brillante posible a fin de exaltar la devoción popular hacia esa conmemoración.

Para realizar su propósito, Francisco de Asís solicitó autorización al papa Honorio III y, una vez obtenida, hizo instalar un pesebre con paja dentro de una cueva, colocó en él una imagen en piedra del Niño Jesús y puso un buey y un asno vivos junto al mismo. Al oficiar en ese mismo lugar la misa de la medianoche de Navidad del año 1223, san Francisco invitó a los congregados a rezar por el nacimiento del rey de los pobres y, según la leyenda, la figura del niño Jesús que había en el pesebre cobró vida, un *milagro* que, naturalmente, sirvió de catapulta para impulsar la costumbre de poner un belén por esas fechas.

Esta iniciativa de san Francisco de Asís alcanzó un inesperado éxito en la Toscana ya que, a diferencia de las representaciones iconográficas anteriores, ese primer pesebre mostraba en todo su realismo el entorno humilde del nacimiento de Jesús. La escenificación fue rápidamente adoptada en la región de Umbría y pronto lo fue en toda Italia, con especial fuerza en la meridional Nápoles.

Santa Clara logró que en todos los conventos e iglesias de los franciscanos se comenzara a instalar un pesebre —muy a menudo mezclando imágenes de madera policromada, ataviadas con ropa verdadera, con actores humanos— durante la Navidad. De esta forma fue descartándose la iconografía fastuosa de la Natividad propia de los pintores medievales para imponerse la visión rústica y sencilla del belén franciscano.

Una tradición que no arraigó hasta el siglo XIX

Con el tiempo, la representación de la Natividad penetró en las casas nobles europeas, que no perdieron ocasión de rivalizar entre sí y acabaron incrementando y sofisticando la modesta representación franciscana hasta llegar a elaborar impresionantes dioramas de la vida de Jesús.

Desde lo alto de la escala social, el belén se extendió progresivamente hacia los hogares particulares de funcionarios, comerciantes, profesionales, artesanos, etc., aunque, de todos modos, este tipo de representación siempre ha sido una costumbre urbana, muy escasamente seguida en las zonas rurales ya que en éstas jamás perdieron su protagonismo los ritos paganos cristianizados y adaptados (como el *tió* de Navidad y otros).

Hasta el siglo XVII, las figuras del pesebre solían ser de trapo, seda, algodón, madera o papel recortado; las elaboradas con arcilla, yeso o porcelana no aparecieron hasta el siglo XVIII y se difundieron desde Nápoles.

En la primera mitad del siglo XVIII, Carlos III, rey de España que también lo era de Nápoles, importó la tradición del belén desde esa ciudad italiana. De la mano del monarca llegó a la capital española el llamado «belén del príncipe» —compuesto por san José, la Virgen María, el Niño Jesús, el buey y el asno—, que aún se conserva en el salón de Columnas del Palacio Real de Madrid.

Nuestros actuales festejos de la Navidad no sólo le deben a Carlos III la presencia de los belenes; el mismo rey, por esa época —tal como veremos en el capítulo 19—, introdujo también desde Nápoles el juego de la lotería.

Con la exportación del belén napolitano hacia la península Ibérica, también un notable grupo de imagineros italianos decidió abandonar su país para ir a instalar sus talleres junto al nuevo mercado que, sin duda, iba a conformarse. Así, desde la segunda mitad del siglo XVIII, comenzaron a destacar importantes centros productores de imaginería belenista en Cataluña, Baleares, Murcia y en diversas localidades portuguesas.

Durante el último tercio del siglo XVIII, en grandes ciudades como Barcelona, los belenes se convirtieron en exposiciones relativamente habituales tanto en algunos templos como en determinados talleres artesanos o en casas particulares. El peculiar ambiente y expectación que se formaba alrededor de la naciente tradición belenística quedó muy bien reflejado, por ejemplo, en una crónica barcelonesa, fechada el 1 de enero de 1788, en la que se lee lo siguiente:

«En cuanto a Belenes, aparte del tan memorable, antiguo y muy frecuentado por la gente, de la iglesia de los P.P. Capuchinos, por la mañana y por la tarde, durante estas Navidades, son dignos de ser visitados los de las casas particulares siguientes: el del sacerdote Vilellas, de Santa María; el del señor Jerónimo Puig y su hermano, cerrajeros, en la calle Condal; el de Vehils, al lado de la capillita de San Sebastián, en la misma calle Condal; el del tejedor de las escaleras de la Catedral; el de

El rey Carlos III introdujo en España el belén y la lotería.

Los puestos de venta de figurillas para el belén son siempre muy concurridos en todos los mercadillos navideños.

un tal Manuel, comprador del Hospital. El del tejedor, digno de ser visto por la propiedad de las montañas, figuras de pastores, casitas, senderos, cueva con Nacimiento del Divino Salvador. Y en el de Manuel, la cueva con el Niño Jesús, María Santísima, San José, el buey y la mula, pastores y ángeles; figuras de bastante tamaño y en actitudes naturales que parecen animadas. A cuyos Belenes acude mucha gente de día y más todavía por las noches de los días festivos, por aparecer aquéllos iluminados.»[2]

En la España del siglo XIX, la nueva costumbre de representar el nacimiento de Belén fue extendiéndose rápidamente por parroquias y domicilios particulares —primero en los adinerados, naturalmente— para, finalmente, convertirse en algo habitual en las instituciones públicas, escuelas, corporaciones privadas, fábricas, talleres, etc., tal como aún era muy común verlo a mediados del presente siglo por todas las ciudades.

Durante esa misma época, en la vecina Francia, desde la que tantas costumbres navideñas europeas han pasado hasta nosotros, los belenes todavía no habían arraigado. Tal como señala Michelle Perrot[3], en 1863 aún no había belenes en las casas francesas; algunos años después sólo se mencionan los nacimientos vivientes y parlantes de las iglesias, en especial las provenzales; pero a principios del siglo XX ya son frecuentes en los hogares católicos y cuentan ya con figuritas profanas como el afilador, el tamborilero, el extasiado, el molinero, el panadero, etcétera.

La tradición de montar belenes, con sus más y sus menos, pervive actualmente en Italia, España, Francia, región del Tirol, Alemania, Austria, la antigua Checoslovaquia católica, toda Latinoamérica —por herencia de los misioneros españoles que llevaron la costumbre belenística hasta ese continente—, en Estados Unidos y en unos pocos países más que también han recibido fuertes oleadas de inmigración latina.

Los cagones y otros paisanos, una contribución popular para humanizar el belén

Las figuras de los belenes españoles suelen ser de barro —mientras que en las de los países centroeuropeos es más común la madera como materia prima—, y entre ellas, además de las figuras básicas que encarnan la esencia del nacimiento de Belén, aparecen otras que no guardan relación directa ninguna con la tradición iconográfica religiosa con la que se ha venido representando ese momento.

Así, en muchas regiones, una parte notable de las figuras del belén no van vestidas a la usanza bíblica, sino que aparecen con ropas típicas de cada lugar, al igual que se incluye también en la representación algunos edificios o utensilios marcadamente locales (como, por ejemplo, los molinos de viento en los pesebres de Mallorca).

En cuanto a los personajes, son bien conocidos los que representan diferentes oficios, incluso modernos, que todavía ni habían sido imaginados en los días de Belén. Por otra parte, entre los pastores del pesebre, la tradición mediterránea ha aportado figuras tan características como el tradicional «encantado» o «extasiado» —*l'encantat,* según se le conoce en Cataluña—, cuyo nombre alude a la expresión de sorpresa de su rostro tras haber sido el primero en haber visto la estrella de Belén y en haber llegado hasta el pesebre con el niño Jesús.

Pero, sin duda alguna, la figura más popular y polémica del belén navideño es la del *caganer,* indispensable en las representaciones del nacimiento en Cataluña y común en las de otras partes de España y Europa o, también, de Latinoamérica (México, Bolivia, Brasil, Puerto Rico, etc.).

El *caganer* o *cagón,* creación procedente de la imaginería popular, es un pastor al que se representa agachado, con los calzones bajados y las nalgas al aire, en posición de defecar. En los pesebres murcianos se denomina *cagones* a esas figuras, así como

Figurillas de cagones representando, de forma más bien tópica, a un catalán, un navarro, una mujer y un andaluz.

en los de Andalucía, Aragón, País Vasco y Navarra; en Portugal son conocidos como *cagoes* o *caganeiros;* en los nacimientos napolitanos se les llama *caconi* o *pastori che caca;* etc. Desde la década de los años sesenta, creadas por el figurinista barcelonés Lluís Vidal, también se han sumado al pesebre las *caganeras,* mujeres en idéntica postura que sus colegas varones.

El origen de la figura del *caganer* o *cagón* como personaje de belén se remonta a finales del siglo XVIII o principios del XIX, pero su existencia es muy anterior, puesto que la encontramos esculpida en lugares tan diferentes como la fachada de una casa del pueblo de Illa (Rosellón, Francia), construida en el siglo XIV, o en la sillería de la catedral de Ciudad Rodrigo (Salamanca).

«Con todo —tal como apuntan Jordi Arruga y Josep Mañá en su magnífico libro sobre el *caganer*—, el precedente más directo que conocemos del *caganer* de pesebre es, sin duda, un relieve de mármol del siglo XVII y de autor anónimo, denominado *La Virgen y la montaña de Montserrat,* que se encuentra expuesto en el Museo de Bellas Artes de Valencia. El mencionado relieve representa la Madre de Dios con el Niño, y el macizo de Montserrat con todos sus caminos transitados por una serie de personajes y romeros. En uno de estos caminos que circundan la montaña, y en su parte posterior, escondido tras una revuelta, se puede ver al lado de un árbol un individuo defecando. Éste es el testimonio más atrás en el tiempo de que disponemos sobre la presencia de un *caganer* dentro de un paisaje perteneciente a la iconografía religiosa.»[4]

Hoy en día, aunque los *cagones* se siguen representando como pastores ataviados con los vestidos y gorros típicos de la región donde se encuentren, puede elegirse también entre una gran diversidad de ellos con la figura de cura, monja, fraile, policía, guardia civil, ejecutivo —el llamado «ministro de Hacienda»—, pescador, preso, nazareno, futbolista, Papá Noél, etc. Todos estos personajes, cualquiera que sea su oficio o sexo, sucumbieron a la imperiosa necesidad de su organismo mientras se dirigían hacia el portal de Belén; con su presencia, semiescondidos tras un arbusto o roca, para no ser vistos desde el pesebre, recuerdan cuán humanos somos frente al prodigioso acontecimiento de la Navidad.

De entre las muchas interpretaciones pintorescas que han pretendido encontrarle sentido a la presencia de los *cagones* en medio del belén nos quedamos con la del gran folklorista catalán Joan Amades[5], según el cual, la figura del *cagón* es una forma de invocar la fortuna ya que se le atribuye a su función orgánica la facultad de abonar la tierra del pesebre, haciéndola fecunda y asegurando así, a quienes confeccionaron el belén hogareño, la salud y felicidad que tradicionalmente se demanda durante la Navidad. Al menos resulta una justificación que suena hermosa y esperanzadora.

NOTAS

1. Hallado en las excavaciones que se realizaron en la barcelonesa calle Condes de Barcelona y actualmente expuesto en el Museo de Historia de la Ciudad.

2. *Cfr.* Noticias de Belenes, pp. 3-4; volumen III, p. 94, de la recopilación de noticias efectuada por Rafael Amat Cortada i Santjust, en 1940, bajo el título de *Calaix de sastre*.

3. *Cfr.* Perrot, M. (1989). *Historia de la vida privada* (vol. IV). Madrid: Taurus, pp. 222-224.

4. *Cfr.* Arruga, J. y Mañá, J. (1992). *El caganer. La figura més popular del pessebre català*. Barcelona: Alta Fulla, pp. 39-40.

5. *Cfr.* Amades, J. (1959). *El pessebre*. Barcelona: Aedos, p. 440.

5

LA MISA DEL GALLO, UN CANTO POR EL NACIMIENTO DIVINO

Para los católicos de todo Occidente y Latinoamérica, la misa que se oficia a partir de la medianoche de Navidad, conocida popularmente como misa del gallo, es la más entrañable del año y, en general, también es la más concurrida de cuantas se celebran. El significado que esta misa tiene para los creyentes lo encontramos adecuadamente descrito en un texto como el del famoso *Catecismo holandés*[1]:

«En la noche más larga del año, la Iglesia rememora el nacimiento de Jesús. Y lo hace celebrando la eucaristía tres veces: a medianoche, al alba y a mediodía, cada vez con cantos y plegarias nuevos. Esta costumbre nos viene de Jerusalén. Allí se celebraba la vigilia en Belén. Al despuntar el día la procesión llegaba a Jerusalén. Hacia mediodía se acudía a la iglesia más importante de la ciudad. De aquí viene la triple celebración de misas del día de Navidad.

»A medianoche, cuando los fieles se reúnen, las órdenes contemplativas de todo el mundo ya han cantado largos maitines de Navidad, dos horas largas de salmos, lecturas de Isaías, del papa León el Grande, de Gregorio el Grande, de Agustín y de Ambrosio, todo un largo clamor de admiración. De esta manera se prepara la Iglesia contemplativa, mientras la mayoría de nosotros acabamos los últimos toques preparativos entre nuestras familias, en esta noche en que las profecías se cumplieron y en que María y José hacían los preparativos para el nacimiento.

»La misa de medianoche comienza con un canto que nos habla del nacimiento eterno del Hijo en el seno del Padre. "El Señor me dijo: Tú eres mi Hijo, hoy yo te he engendrado." La lectura de la epístola está extraída de la carta a Titus: "Sí, se ha manifestado ya el amor de Dios, que es capaz de salvar a todos los hombres" (*Tit* 2,11-15). Después de los cantos de meditación, sacados de los salmos reales, la liturgia de la palabra de esta noche llega al clímax con la simple narración del nacimiento: un censo llevó a José y María a la ciudad de David, Belén. "Y sucedió que, estando ellos allí, se cumplieron los días de su parto. Ella dio a luz a su primogénito, le envolvió en pañales y le reclinó en un pesebre, porque no había lugar para ellos en la posada" (*Lc* 2,6-7) (...). Acabada esta narración del nacimiento viene la homilía sobre el misterio del día. Después, el Ágape del Señor.»

El recogimiento y sobriedad con que los creyentes actuales participan en esta misa tiene muy poco que ver, sin embargo, con la manera en que se vino celebrando el oficio de la medianoche de Navidad entre la Edad Media y principios de este siglo. En el pasado, el acto litúrgico quedaba sumergido bajo una alegría popular desbordada que solía resultar escasamente respetuosa con el entorno eclesial en que se daba rienda suelta.

Un gallo fue el primero en ver el nacimiento

La denominación de misa del gallo para la eucaristía de medianoche parte de una antiquísima fábula que afirma, en diferentes versiones, que el primer ser vivo que presenció el nacimiento del niño Jesús, en la cueva de Belén, y lo comunicó al mundo, fue un ave. En unos casos el afortunado fue un pájaro —de los llamados *ermitaños* o *cabañeros*, por ser ésos sus lugares habituales para anidar— que vivía en la cueva y voló raudo para avisar a todas las otras aves de tan fausto acontecimiento; el gallo, debido a su potente voz y a su función diaria como encargado de notificar a los humanos el nacimiento del sol en el horizonte, acabó representando al conjunto de las aves.

En otros relatos, el primer testigo del hecho prodigioso fue un gallo que estaba instalado en lo alto del establo y se ocupó inmediatamente de pregonar —o, más bien, cacarear— la buena nueva a los cuatro vientos de la madrugada, comenzando por el buey y el asno, evidentemente, siguiendo por los pastores y sus ovejas, y acabando por la gente que vivía en la región. Este orden de aviso dio lugar también a las denominaciones populares que han recibido las tres misas del día de Navidad: la primera es la «del gallo», «del sol» o «de la aurora», la segunda es la misa «de los pastores», y la tercera es la «de la gente».

Desde el punto de vista simbólico, el gallo representa un signo solar en la mayoría de las culturas, está íntimamente asociado a la fecundidad y al renacimiento (tanto del sol como de los muertos). En el Cristianismo se le hizo emblema de Jesús-Cristo, precisamente por su antiguo significado como mensajero o portador de la luz y la resurrección.

En cualquier caso, en los templos, hasta principios del presente siglo, fue habitual que la llegada de la medianoche de Navidad fuese anunciada y remarcada con un canto de gallo que, según los lugares, solía ejecutar un niño situado en el coro, un pastor de entre los asistentes a la misa o un gallo de verdad que se llevaba a la iglesia para este fin. De ahí le viene, también, el nombre de misa del gallo a este oficio de medianoche.

El canto coral dentro de las iglesias ensalza la devoción popular ante el misterio cristiano del nacimiento divino.

Los jolgorios tradicionales de la misa del gallo

La base litúrgica de las tres misas de Navidad tiene su origen en los dos primeros siglos de existencia de la Iglesia católica propiamente dicha. La misa del día de Navidad data de finales del siglo IV, la misa del alba fue instituida a comienzos del siglo V, y la misa de la medianoche (Nochebuena) apareció después del concilio de Éfeso (431). Con el paso del tiempo, todas ellas fueron modificadas y enriquecidas con nuevas liturgias y, también, con aportaciones profanas de todo tipo. La celebración que más popularidad ha alcanzado y conservado es la de medianoche, la misa del gallo.

A pesar de que en toda la península Ibérica esta misa se vino celebrando tradicionalmente en la medianoche de Navidad, tal como ocurre hoy, en algunas zonas se produjeron cambios de horario importantes. Así, por ejemplo, Ramón Violant, al hablar de la misa del gallo, en 1948, escribía que «en un principio se celebraba al punto de la medianoche, tal como en algunos lugares aún se hace, pero después en muchos pueblos se trasladó hasta las primeras horas matinales, generalmente al apuntar el día, y así se celebra todavía en casi todas nuestras zonas rurales [se refiere a las de Cataluña, pero sucedía lo mismo en otras regiones españolas].

»Esta misa —prosigue Violant— era una de las más animadas y concurridas del año; puesto que acudía todo el mundo, grandes y pequeños y de todos los estamentos, muchas veces acompañados de panderos, triángulos, castañuelas, pitos, vejigas de gallo y de cerdo infladas, que reventaban, etc., dispuestos a armar jarana abusando un poco de la libertad que se concedía en esta primera misa de las que se celebran por Navidad. En los pueblos ganaderos, además, acudían los pastores vestidos con toda la indumentaria típica de su oficio, la más nueva en uso, el cayado o el vergajo en la mano y generalmente acompañados de un cordero o carnero guarnecido que hacían que les siguiese en el momento de adorar al Jesusito; creándose así el proverbio: *"Per Nadal el bon pastor va a adorar amb el seu moltó"* ["Por Navidad el buen pastor va a adorar con su carnero"]. En este acto se adelantaban a todos, en recuerdo de que los humildes pastores fueron los primeros en enterarse de la venida del Mesías entre los hombres, así como también tuvieron preferencia para adorarlo y reverenciarlo dentro del establo de Belén»[2].

La adoración de los pastores durante la misa de medianoche tuvo su origen en los dramas litúrgicos que se celebraban a comienzos del siglo XI. En un principio se empezó por intercalar tropos o expresiones figuradas en los textos litúrgicos, como, por ejemplo, cuando el oficiante, antes del introito de la misa, se preguntaba: *«Quem quo-eritis in prosepe, pastores, dicite?»* («Decidme, pastores, ¿qué buscáis en el pesebre?»), afirmando acto seguido: *«Respondent: Salvatorem Christum Dominum...»* («Ellos responden: al Salvador Cristo Señor...») De esa figuración verbal, ya en el siglo X se pasó a dramatizar mediante pastores reales la escena de la adoración del niño Jesús en el pesebre; una práctica que ya estaba sólidamente asentada y primorosamente cuidada en el siglo XVI y que pervivió hasta el primer cuarto del presente siglo.

La misa del gallo, desde la Edad Media, se transformó en una celebración multitudinaria en la que lo sacro y lo profano acabaron confundidos en medio de escenificaciones populares y muestras de júbilo que, en general, eran poco o nada respetuosas con el lugar y la ocasión en que se realizaban.

Una de las costumbres, extendida por todas las regiones mediterráneas, desde Cataluña hasta Andalucía, y presente también en tierras de Castilla, requería instalar en la iglesia a una joven que acabase de parir, junto a su bebé —en caso de no haber ninguna en el pueblo era sustituida por una jovencita virgen y una imagen del niño Jesús—, acompañada del hombre más barbudo del lugar, al que un tiempo antes se le requería para que descuidara su barba y la dejara crecer a su aire.

Durante la misa, presidida por esta representación de la *Sagrada Familia*, la madre debía acariciar y besar muy a menudo al bebé, recibiendo el beneplácito de toda la parroquia, pero cuando el pobre *san José* se disponía a hacer lo propio con su divino *hijo*, todos los fieles, una vez tras otra, estallaban en gritos de protesta contra él y le exigían, a voces, bajo amenazas y burlas, que se cortase la barba. En muchos lugares, además, se organizaba una especie de baile o charanga que pretendía afeitarlo en medio de la misa.

Algunas de las figuras del niño Jesús que se exponían a la adoración popular en esos días tuvieron un éxito poco común, tal como sucedió con una instalada en La Seu d'Urgell (Lérida), que le gustó tanto al rey Fernando VII —monarca entre 1814 y 1833— y a su esposa que éste le regaló una minúscula banda de general, hecha a su medida, y le concedió el título de capitán general, razón por la cual esa imagen se conoció como la del «General de los niños». Y en no pocos lugares, como es el caso de la iglesia de los capuchinos de la Rambla barcelonesa, se contaba en el pesebre con una reliquia de indudable valor: ¡una pajita! (procedente de la cueva de Belén, obviamente).

El jolgorio era la nota predominante de esta misa y nadie estaba dispuesto a renunciar a su parte de diversión, realizada en honor del niño Jesús, claro está. Los jóvenes, como ya citamos, iban pertrechados con todo tipo de instrumentos musicales navideños y objetos ruidosos, que, en muchos momentos, pero especialmente al llegar a la liturgia de la adoración, hacían sonar al tiempo que silbaban y cantaban; los menores llevaban diversos tipos de silbatos o reclamos para imitar el canto de pájaros y gallos; gente de todas las edades acudía hasta la iglesia con pájaros enjaulados, para que sus trinos alegrasen la larga misa, y los que habían sido cazados para la ocasión, eran puestos en libertad en el momento de entonar el *Gloria in ex-*

celsis Deo, provocando una tremenda algarabía.

Los organistas también tenían licencia para completar las piezas sacras con tonadas populares que eran coreadas con gran animación por los feligreses. Y los más pequeños —y no pocos adultos— acababan revolcándose por el suelo del templo compitiendo entre sí por recoger los frutos secos que les tiraban desde el coro, a modo de una tan supuesta como celebrada lluvia celeste de las golosinas «que habían sobrado en el convite del bautizo del niño Jesús».

En el primer cuarto del siglo XIX, los pastores aún tenían en todas partes un papel fundamental en la misa del gallo y se les reservaba el privilegio de ser los primeros en adorar al niño Jesús, una ocasión que provocaba empujones y conflictos entre ellos ya que el primero que lograba llegar hasta el pesebre recibía la felicitación de todos... y tan gran honor requería que convidase a torta y vino dulce a sus aduladores. Con algunas variaciones, en las regiones de pastoreo esta costumbre pervivió hasta principios del siglo XX.

También durante la adoración, las mujeres asistentes a la misa del gallo depositaban cestas con pastas dulces caseras que luego, al acabar la ceremonia, iban a recoger a la sacristía, recibiendo pan bendecido a cambio del dulce presente, era el llamado «pan de Jesús», «torta de María» o, simplemente «pan de Navidad», del que trataremos en el capítulo 14.

La costumbre de repartir el «pan de Navidad» bendecido en la misa, en alguna de sus muchas variantes, era muy antigua; se distribuía entre los asistentes a la misa y éstos podían comerlo allí mismo o llevarlo hasta su hogar para comerlo en la cena posterior a la misa. En cualquier caso, la tradición mandaba dejar un sobrante de ese pan o torta para ser guardado como una especie de amuleto terapéutico al que sólo podía recurrirse en caso de enfermedad grave. Durante el último tercio del siglo XIX todavía estaba vigente este uso.

De esos días de sacra jarana partió también la costumbre de tener que estrenar alguna prenda de vestir, por pequeña que fuese, para asistir a la misa del gallo. Una frase catalana resume a la perfección la importancia social de hacerlo: *«Per Nadal, qui res no estrena, res no val»,* eso es «Por Navidad, quien nada estrena, nada vale». La razón para ello, según se afirmaba, es que tal comportamiento servía para atacar al demonio, envidioso por excelencia, tal como todo el mundo sabe; la norma suponía que cuanto más importante fuera la prenda nueva, mayor sería también el daño infligido al maligno, un estrago que, en general, consistía en hacerle perder algún dedo, un ojo, o la cola.

Esta tradición, extendida al día de Navidad, sigue estando hoy tan vigente como siglos atrás, aunque actualmente ya nadie se acuerda del verdadero motivo que le ha llevado a gastarse medio sueldo en la ropa que *debe* estrenar en esta fecha. A pesar de haber olvidado el fundamento de esa costumbre, el diablo debe de estar ya hecho polvo, o algo peor, si tenemos en cuenta el cuantioso gasto en ropa que la gente realiza anualmente por esta fiesta.

En fin, con el auge de la cultura urbana, desde hace apenas un siglo, los jolgorios populares habituales que caracterizaron la misa del gallo —perfectamente lógicos dentro del contexto de las ancestrales celebraciones agrarias del solsticio de invierno— fueron finalmente proscritos, dando paso a liturgias ordenadas y burocratizadas, completamente al gusto de la influyente burguesía urbana que comenzó a desarrollarse de la mano de la revolución industrial.

Del gallo legendario que dio nombre a la misa de la medianoche de Navidad ya no quedó más que eso, el nombre. Lo eclesial desterró completamente a lo popular, de la misma forma en que el mito cristiano navideño, entre los siglos IV y X, había desbancado progresivamente —de forma nominal al menos— a sus precedentes, las celebraciones agrarias ante la llegada del solsticio de invierno. Tras muchos siglos sin lograrlo, se quiso dejar claro que, aunque el niño Jesús y el niño Sol encarnen un mismo mito cosmogónico, del que ambos proceden, la conmemoración del primero no debía *contaminarse* con las formas festivas del segundo.

En todo caso, la misa del gallo católica cumple con la misma función de las liturgias que, en todos los contextos culturales, se erigen en un canto de admiración y agradecimiento por el mítico nacimiento divino —cualquiera que sea el nombre de ese recién nacido— que, un año tras otro, hace renacer en los creyentes la esperanza en el futuro.

NOTAS

1. *Cfr. Nou Catecisme per a adults. Versió íntegra del Catecisme holandès.* Barcelona: Herder, 1969, pp. 79-80.

2. *Cfr.* Violant, R. (1948). *El llibre de Nadal.* Barcelona: Impremta de Salvador Salvadó, pp. 66-67. La edición facsímil que hemos empleado es la de Editorial Alta Fulla (1983).

6

Villancicos, el sonido de la Navidad

Si la Navidad actual tiene algún sonido que la identifica, ése es, sin duda ninguna, el de los villancicos.

Grandes y pequeños (aunque más éstos que aquéllos), armados con panderetas, zambombas y demás instrumentos adecuados para la ocasión, cantan con júbilo conmemorando el nacimiento de Jesús:

«En el Portal de Belén/ hacen lumbre los pastores/ para calentar al Niño/ que ha nacido entre las flores./ Gloria, gloria en el bien nacido;/ vaya, vaya otro villancico.

La Navidad siempre ha sido una época de cantos populares. En la imagen se recoge un fragmento de La Natividad *de Piero della Francesca (c. 1470).*

»En el Portal de Belén/ en invierno es primavera;/ que el Mesías esperado/ en Jesús baja a la tierra./ Gloria, gloria en el bien nacido;/ vaya, vaya otro villancico.

»En el Portal de Belén/ hay estrellas, sol y luna,/ la Virgen y san José/ y el Niño que está en la cuna./ Ande, ande, ande, la marimorena,/ ande, ande, ande, que ya es Nochebuena.»

Los coros infantiles cantando villancicos son una más de las tradiciones festivas navideñas.

Actualmente se ha perdido ya la costumbre —habitual hasta la década de los sesenta— de que niños y adolescentes deambulen por las calles, en grupos, cantando villancicos y, si se tercia, solicitando aguinaldos. Hoy, los únicos villancicos que suenan por las calles —y no son pocos— proceden de los altavoces de los comercios y de los instalados por los ayuntamientos junto a la imprescindible decoración luminosa que corona las vías urbanas en esta época festiva. Pero, sin embargo, en el interior de los hogares —y también en colegios y otras institucio-

nes—, los niños siguen celebrando la llegada de la Navidad cantando los villancicos de siempre.

Es más que probable que la tradición de los villancicos navideños sólo sobreviva hoy gracias a los niños y a los comercios: ansiosos de ilusión y alegría los primeros, ávidos de despertar el júbilo que fomenta las compras, los segundos; pero quizá no pueda pedirse mucho más a una sociedad mercantilizada que no se caracteriza precisamente por su fe en los antiguos mitos.

En los hogares donde no hay niños, la Navidad apenas si significa un período de vacaciones, compras y compromisos gastronómicos familiares. Quienes tienen hijos pequeños, en cambio, suelen abordar estas fechas con un espíritu bastante más navideño o, al menos, lúdico, reservando un espacio para que padres e hijos —a menudo con los abuelos y otros familiares—, reunidos ante el belén, el árbol de Navidad o alrededor de la mesa, durante la cena de Nochebuena, canten unos pocos villancicos aptos para oficiar a modo de un sortilegio que acerca la esperanza a quienes creen en ella.

Cantar villancicos en familia, a fin de cuentas, no es más que un acto de amor. Una forma de cerrar el círculo, ya que el origen de los villancicos hay que situarlo, precisamente, en los poemas cortesanos sobre asuntos amorosos que, entre los siglos XV y XVI, hicieron las delicias de las elites en los salones de la nobleza española. Luego pasarían a formar parte de las cantatas eclesiásticas para, finalmente, ser apropiados por el pueblo de a pie, que fue quien les dio la vida y la fuerza que les ha permitido llegar hasta hoy. Una cuestión de amor, tal como hemos dicho.

Nacidos de los poemas cortesanos profanos del siglo XV

El villancico es un género de composiciones poético-musicales españolas que se extendió entre los siglos XV y XVI. En un principio fueron monódicos —recitados o cantados por una sola persona— pero pronto pasaron a ser polifónicos. La temática básica de casi todos los primeros villancicos fue profana, particularmente referida a los asuntos amorosos, y sólo más tarde, a causa de la tendencia a *sacralizar* la lírica, comenzaron a tratarse en ellos algunos argumentos religiosos, entre los que destacaron los relacionados con la Navidad.

Un ejemplo de los villancicos corrientes en los siglos XVI-XVII es el siguiente: «O quan lindo es el donzel/ y quan linda es la donzella/ lindo es el, y linda es ella./ Lindo sin comparación/ lindo que no tiene cuento/ lindo fue su nacimiento/ linda fue su concepción,/ o quan alindados son/ el donzel y la donzella,/ lindo es el, y linda es ella./ (...)./ El donzel aca entre nos/ desta donzella nacido/ nunca tal cosa se vio/ Virgen madre de hombre y Dios/ o que lindos son los dos/ el donzel y la donzella/ lindo es el, linda es ella./ El es el Señor que es/ el que rige el cielo y mar/ y ella aca no tiene par/ ni tiene cosa al reves/ si creeis saber quien es/ el donzel y la donzella/ lindo es el, y linda es ella.»[1]

La forma de los villancicos fue fijada por los poetas de los cancioneros de finales del siglo XV y su nombre, según algunos expertos, parece derivar del *villançete* de Carvajales, un poeta cortesano del rey Alfonso V. Cuando el villancico se sujetaba a una métrica rigurosa recibía el nombre de *cortés* y llegaron a ser exquisitamente refinados.

Su estructura clásica se compone de un estribillo inicial de medida variable (entre uno y cuatro versos, dependiendo del tema tratado), al que siguen una o más estrofas musicalmente tripartitas, cada una de ellas con una *coda* que retoma la melodía, el tema y la rima final del estribillo. Su forma, por tanto, era análoga a la del *virelai* francés antiguo, un género emparentado con la balada y el rondó que nació hacia la segunda mitad del siglo XIII, alcanzó su máxima difusión en el XIV y, en el siglo siguiente, fue rechazado por anticuado por los poetas de la Pléiade.

El diminutivo que originó la palabra villancico aludía a la gracia y frescor de este tipo de composición, pero la etimología *villano* —paralela a la de la *villanella* italiana, un tipo de composición de origen popular, sobre temas amorosos, que se extendió en el siglo XVI— llevaría a pensar en una procedencia rústica que está lejos de ser verdad. Contra la leyenda de la «tradición popular» del villancico cabe oponer una evidencia incontestable: toda la documentación de los siglos XV al XVII indica que este género se difundió básicamente en los ambientes cortesanos y fue musicado por algunos de los compositores más famosos de la época.

De las cantatas sacras al villancico popular

Durante los siglos XVII y XVIII el término villancico pasó a denominar una especie de cantata religiosa para solistas y coro, con acompañamiento instrumental, que se ejecutaba en los principales templos de cada ciudad durante las liturgias celebradas desde el día de la Inmaculada Concepción (8 de diciembre) al de Reyes, incluyendo la celebración de la Navidad, claro está. Estos villancicos sacros, escritos en latín y cantados durante la celebración solemne de los misterios, fueron popularizándose progresivamente por todo el orbe católico a lo largo del siglo XVII, pero las iglesias más pequeñas y modestas, que no disponían de medios para poder representar las solemnes cantatas, no tuvieron más remedio que fijarse en los ya muy celebrados villancicos *cortesanos,* adoptándolos como una especie de versión humilde y popular de la música sacra, y logrando así una buena alternativa que tanto servía para poder musicar los oficios religiosos de las clases menos afortunadas, como para fortalecer en ellas la tradición oral de los mitos navideños.

Sin embargo, la buena intención inicial acabó desbordándose en representaciones *teatrales* más bien licenciosas, que añadieron bailes a los cantos, transformando la celebración sacra en un alegre festejo popular (que, ciertamente, es el núcleo expresivo real de la celebración solsticial). Tal como ya mencionamos en el capítulo anterior, en la misa de Nochebuena, los jóvenes, en especial, armaban jarana —principalmente durante el momento de la adoración— cantando, silbando y haciendo sonar los instrumentos musicales con los que habían estado rondando por las calles hasta antes de asistir a la misa. La consecuencia de tal exceso de júbilo fue que las autoridades eclesiásticas acabaron por prohibir los villancicos dentro de los templos, quedando reservados

En los christmas *de los años sesenta, como éstos de Ferrándiz, abundaron los niños cantando villancicos.*

éstos para ser cantados por las calles y en el interior de los hogares y locales públicos.

En 1948, Ramón Violant escribía «el pueblo cantaba villancicos típicos de la fecha que, si bien el canto gregoriano ha ido alejando de los templos de ciudades y villas, hasta hace poco aún se cantaban en la misa del gallo de nuestras zonas rurales, como aún se cantan poco o mucho en los hogares, coreados por pequeños y mayores llenos de unción, respeto y sana alegría, delante del pesebre, sobre todo al inaugurarlo y cerrarlo, durante las largas veladas del ciclo navideño y después del almuerzo y la cena del día de Navidad. Eso es que las ingenuas y festivas *canciones de Navidad* que antaño cantaban en todas partes, del 24 de diciembre al 6 de enero, o sea de la vigilia de Navidad a la festividad de Reyes, aún perduran y perdurarán poco o mucho, a pesar de la vida moderna»[2].

Cinco décadas después, en puertas del siglo XXI, durante la época de Navidad, las emisoras de radio y los altavoces instalados en comercios y calles siguen avivando la tradición de los villancicos «a pesar de la vida moderna». Quizás ahora los cantamos bas-

Puesto de venta de panderetas y otros instrumentos musicales populares para acompañar los villancicos.

tante menos que a mediados de siglo, pero, sin duda alguna, los oímos mucho más.

En el libro *Guiness* de los récords figura una canción navideña, *White Christmas (Blanca Navidad)*, cantada por Bing Crosby, como el tema que más tiempo ha permanecido en cabeza de las listas de éxitos: 72 semanas. Y todavía hoy, *Noche de paz*, obra creada en la Navidad de 1818 por un sacerdote y un compositor aficionado de Oberndorf (Austria), sigue siendo el villancico más cantado en todo el mundo.

NOTAS

1. *Cfr. Cancionero de coplas del Nacimiento de nuestro Señor Jesu Christo, para cantar la noche de Navidad. Compuesto por Francisco de Velasco, hermano mayor de los niños de la doctrina, de la ciudad de Granada. Ahora nuevamente con licencia impreso en Burgos, en calle de Juan Bautista Varesio: Año de MDCIIII.*

2. *Cfr.* Violant, R. (1948). *El llibre de Nadal*. Barcelona: Impremta de Salvador Salvadó, pp. 105-106.

III

MITOS, PERSONAJES Y RITOS BÁSICOS DE LA NAVIDAD PROCEDENTES DE TRADICIONES NO CRISTIANAS

7

Papá Noél, la prodigiosa metamorfosis de san Nicolás en Santa Claus

Con la llegada de la Navidad, grandes y chicos se visten de ilusión en torno a la figura entrañable de Papá Noél. Es tiempo de dar y recibir regalos. Las tremendas aglomeraciones en los grandes almacenes, aun poco rato antes de la cena de Nochebuena, parecerían indicar que ese vejete generoso es poco previsor, que lo deja todo para el final, pero no, lo que sucede en realidad es que se le acumula el trabajo y no puede dar abasto a tanto derroche de paquetes, tarjetas y buenas intenciones.

Montado en su trineo volador, tirado por ocho renos, Papá Noél viene de lejos, muy lejos, dicen que del Polo Norte —¡que ya son ganas, con el frío que debe de hacer allí!—, llevando un saco repleto de regalos; pero su costal es tan inmenso, aunque no lo parezca, que en él cabe todo, absolutamente todo, lo que cualquiera pueda ser capaz de encontrar en todas y cada una de las tiendas y grandes almacenes del mundo.

Diríase que su saco se llama consumismo desenfrenado, pero él no lo denomina así ni de ninguna otra forma, sólo sonríe y guiña un ojo. «¡Sed felices! —vocifera mientras sobrevuela los tejados de las ciudades—, pensad que hoy es una noche mágica, irrepetible. Disfrutad del amor y la compañía de los vuestros. Gozad los regalos que estáis recibiendo.» Es probable que Papá Noél, en su inocente bondad, ignore que el humo que echan todas las tarjetas de crédito no es la mejor forma de encaminarse hacia un nuevo año, pero sentirse rico y generoso es una gran sensación, aunque sólo pueda experimentarse en Navidad.

Nadie sabe exactamente cuándo nació Papá Noél, ni cuál es su edad, pero sí conocemos bien que su leyenda creció incorporando lo más esencial de los ancestrales mitos vinculados al solsticio de invierno dentro de los parámetros y necesidades de la sociedad industrializada moderna. Quizá por eso se ha convertido en una figura de consenso, aceptada por todos, grandes y pequeños, con independencia de sus creencias religiosas y de sus costumbres tradicionales en torno a la Navidad.

Sin embargo, antes de ser quien hoy es, Papá Noél, que había sido obispo en Asia Menor en el siglo IV, santo en buena parte de Europa desde la Edad Media, y gnomo en el Nueva York de mediados del siglo XIX, se vio forzado a viajar por medio mundo antes de poder encontrarse a sí mismo en la maravillosa imaginación de otros.

En cualquier caso, el proceso de metamorfosis real que nos ha llevado hasta el Papá Noél actual es tan o más fantástico y apasionante que su propia leyenda.

San Nicolás, un obispo turco convertido en protector de los niños

De san Nicolás se sabe bien poco acerca de su biografía histórica —hasta el punto de que muchos dudan de su existencia real—, ya que las informaciones sobre él surgen de una apologética desenfrenada y de relatos legendarios no menos incontinentes. En general se acepta que nació alrededor del año 280 en Patara, una ciudad del antiguo distrito de Licia, en Asia Menor, emplazada al sudoeste de la actual Turquía, que era hijo de una familia adinerada y que gozó de una buena educación.

A la muerte de sus padres, a causa de una epidemia, regaló todos sus bienes y se decantó por la vida religiosa, ingresando en el monasterio de Sión. Fue ordenado sacerdote a los diecinueve años por su tío, el arzobispo de Myra, al que muy pronto sustituyó en el cargo tras su deceso. Se le atribuye una gran fogosidad en la defensa de los dogmas católicos que se establecieron en el siglo IV —se le supone participante en el crucial concilio de Nicea— y falleció siendo arzobispo de Myra en alguna fecha cercana al año 350. Algunas tradiciones, como la neerlandesa, fundamental, tal como se verá, para la creación del personaje central de este capítulo, hacen nacer a san Nicolás en el año 271 y sitúan su muerte el 6 de diciembre del año 342 o 343.

El llamado «niño obispo», por su juventud al ser ordenado, u «obispo de los niños», por su amor a los pequeños, se hi-

San Nicolás entregando obsequios a los niños, según la imagen de una postal de principios de este siglo.

zo muy popular por su gran generosidad y amabilidad para con los más necesitados y los niños, a quienes hizo beneficiarios de su propia fortuna personal. Su fama se extendió más allá de las fronteras de su región y comenzó a ser el protagonista de leyendas sin fin, atribuyéndosele desde salidas nocturnas para repartir regalos entre quienes los necesitaban, hasta milagros tan portentosos como el de calmar una tempestad y resucitar a un marinero egipcio ahogado durante un viaje que el obispo realizó a Tierra Santa.

De entre todos los relatos legendarios acerca de san Nicolás destacan dos historias: una, conocida como la de «las tres hermanas», es la base sobre la que se construyó el mito que le convertiría en generoso repartidor de regalos y, finalmente, en Santa Claus; la otra, llamada la de «los tres hermanos» o «la resurrección de los tres niños», le hizo acreedor del título de patrón protector de los niños.

La leyenda de «las tres hermanas» supone la quintaesencia de la proverbial generosidad del obispo católico oriental. En su ciudad, Patara, había tres niñas de buena familia que no podían llegar a casarse porque su padre se había arruinado y no tenía medios para asignarlas una dote, razón por la cual, el hombre, con todo su pesar, había decidido venderlas a medida que fueran alcanzando la edad para ser desposadas (otras versiones del mismo relato hablan de prostituirlas).

Cuando iba a ser vendida la hermana mayor, san Nicolás se enteró del inminente hecho y se apresuró a correr en su ayuda, entregándole, en secreto, una bolsa llena de monedas de oro, para su dote, que le permitieron casarse rápidamente; una posibilidad que la jovencita ya había descartado completamente por haberse resignado al triste e inevitable destino que le reservaba su padre. Y otro tanto sucedió cuando la segunda hermana llegó a la edad matrimonial.

Según la leyenda, san Nicolás, para guardar en secreto su intervención, tiraba la bolsa con oro a través de una ventana de la casa de las chicas y la hacía caer dentro de uno de los calcetines que la jovencita afectada en cuestión había colgado frente a la chimenea para que se secasen. Otra versión de la misma historia afirma que el obispo tiraba la bolsa de oro por la chimenea. Ambos aspectos, calcetín y chimenea, serán también centrales en el rito de los regalos protagonizado por Santa Claus. Otros relatos, en cambio, sostienen que el obsequio que el obispo le hizo a cada chica fue el de una manzana de oro (tradición que, como veremos en el capítulo 12, tendrá su influencia a la hora de diseñar las bolas que adornan el árbol de Navidad).

Al llegar la tercera hermana a la edad para ser desposada, el padre quiso descubrir al benefactor de sus hijas, por lo que decidió vigilar toda la noche desde un escondite; cuando llegó san Nicolás y tiró la correspondiente bolsa con oro, el padre le reconoció y ese mismo día, desde el amanecer, su generosidad fue pregonada y llegó a conocimiento de todo el mundo. Junto a la expansión de esta fábula por diferentes países, también *viajó* una tradición que perdurará hasta mediados de nuestro siglo: cuando alguien recibía un obsequio inesperado, inmediatamente debía darle gracias a san Nicolás.

En la segunda leyenda, la de «los tres hermanos», san Nicolás, que iba de viaje hacia Nicea, se detuvo en una posada a pernoctar y, mientras descansaba, soñó que se cometía un terrible crimen en aquella hostería: tres hermanos muy jóvenes, hijos de una rica familia, que se encontraban de camino hacia Atenas para iniciar sus estudios y que también estaban alojados en la misma casa, habían sido asesinados por el dueño de la posada con el fin de robarles sus pertenencias.

Al despertarse, san Nicolás, recordando su sueño, se encaró con el posadero y le forzó a confesar su crimen, que no era el primero, puesto que antes había hecho lo mismo con otros huéspedes, a los que había troceado y puesto en salmuera, para, finalmente, servirlos a sus clientes como salazón de cerdo. En este caso, los tres niños, que estaban ya dentro de un barril de salmuera, aunque todavía sin descuartizar, fueron resucitados tan pronto como san Nicolás hizo la señal de la cruz sobre ellos. Otra versión relata que los tres niños ya llevaban siete años despedazados y en salazón cuando el santo les devolvió la vida con sólo preguntar por ellos al hostelero asesino.

Tanta eficacia protectora para con los niños, máxima en un tiempo en que éstos no gozaban de derecho ninguno ni importaban demasiado a nadie, hizo de san Nicolás el candidato ideal para ser designado como su santo patrón, y su generosidad hacia ellos no pudo menos que acabar por situar en la supuesta fecha de su onomástica —o de su muerte, según las diferentes tradiciones— la conmemoración práctica de su amor por los niños, instaurándose la costumbre de darles regalos en esa fecha.

De sus múltiples y variados milagros surgieron vías que le convirtieron en pa-

Grabado que evoca la leyenda de san Nicolás devolviendo la vida a tres hermanos descuartizados por un posadero.

trón de casi todo: al amainar una tormenta y resucitar a un marinero fue tomado como protector de los navegantes, por liberar a tres presos inocentes pasó a ser el patrón de los inocentes —en algunas zonas alemanas aún se le denomina el «obispo de los santos inocentes» y es la figura central de la conmemoración del 28 de diciembre, fiesta de los inocentes—, y otros tantos prodigios le llevaron a ser nombrado el santo patrón de las hijas casaderas y muchachas en general, de los boticarios, comerciantes, constructores de puentes y otros oficios, y, claro está, de los niños, siendo aclamado como *episcopus puerorum,* el obispo de los niños.

Bari, siglo XI: los huesos del santo, robados en Myra, promocionaron su fama en Europa

Poco después de la muerte del obispo, su aura legendaria subió como la espuma y el fervor popular se encargó de auparlo hasta los altares, consagrándose decenas de templos a su figura en todo el Oriente católico; de hecho, en el mundo, hay muchísimos más templos dedicados a su memoria que no a la de los propios apóstoles. Convertido en «remedio universal», invocado y venerado por todos, san Nicolás fue adoptado como protector por los vikingos —pueblo navegante por excelencia— y a través de ellos la devoción al obispo pasó a Rusia, a principios del siglo X, convirtiéndose rápidamente en el santo nacional.

Con el matrimonio del emperador Otto II con la princesa bizantina Theofania, en el año 972, el culto a san Nicolás penetró en el Occidente católico por Alemania, pero su difusión por Europa no comenzó, de hecho, hasta poco más de un siglo después, cuando unos marineros robaron sus sagrados restos del sepulcro que los contenía, en la catedral de Myra, y los trasladaron hasta la ciudad italiana de Bari, donde fueron depositados, con pompa y honores, el 9 de mayo de 1087, en la iglesia de San Esteban. Ese mismo día el santo ya comenzó a obrar milagros en Bari y su fama corrió como un reguero de pólvora, atrayendo peregrinos de todo el continente.

Hasta el siglo XIII se conmemoró a san Nicolás durante la primavera, añadiendo a su capacidad milagrera casi universal una clara función relacionada con la fertilidad, pero a partir de mediados de ese siglo su celebración se trasladó al día 6 de diciembre y comenzó a relacionarse con una festividad centrada en los obsequios a los niños, a quienes dejaba regalos presentándose vestido de obispo mientras viajaba en burro por todos los pueblos[1].

No hay razones objetivas que expliquen el proceso protagonizado por san Nicolás y su éxito popular, salvo, quizá, pensar que se potenció su culto expresamente para sobreponerlo al de otras figuras paganas de tradición muy arraigada. Así, por ejemplo, aprovechando la proximidad fonética de su nombre, pudo reemplazar al dios Koleda, que los rusos festejaban durante todo el mes de diciembre en demanda de paz, y a las fiestas de Kollok, celebradas en el norte europeo en honor del despertar de las divinidades de la fecundidad —dormidas aún en diciembre— responsables de la prosperidad que debía llegar con las cosechas de primavera.

El principal centro de culto del obispo oriental en los países germanos fue el de San Nicolás de Port, en Lorena, lugar desde donde, a partir del año 1254, se instauró la festividad del santo el día 6 de diciembre, que perduró en el calendario litúrgico universal hasta 1970, fecha en la que el papa Paulo VI pasó la celebración al ámbito local y envió las reliquias del santo al obispo de Brooklyn (Nueva York) quien, a su vez, el 5 de diciembre de 1972, se las cedió a la Iglesia católica ortodoxa con sede en la ciudad de los rascacielos.

No deja de ser muy remarcable que los supuestos restos de san Nicolás, como los de los no menos imaginarios huesos de los Reyes Magos, tuvieran que sufrir el robo y traslado de su sarcófago, con setenta y siete años de diferencia, y padecer varios viajes, antes de que ambos mitos fuesen adoptados en Europa como los generosos proveedores de regalos infantiles durante la época de Navidad.

Desde mediados del siglo XIII hasta los días de la Reforma protestante, a mediados del siglo XVI, san Nicolás distribuía sus obsequios y juguetes durante la noche del 5 al 6 de diciembre, pero tras la Contrarreforma católica, materializada en el concilio de Trento (1545-1563), surgió otro personaje, *Christkind* o, en su forma diminutiva, *Christkindel*, el niño Jesús, que también repartía regalos, pero lo hacía el día de Navidad.

El avance de la tradición de los regalos del niño Jesús forzó a que san Nicolás, sin cambiar el día de su festividad, el 6 de diciembre, pasase a entregar sus regalos el día 25, sumándose así a la conmemoración del nacimiento de Jesús. De esta forma quedaron solapados dos personajes

San Nicolás con su burro, según la leyenda medieval. Esta imagen publicitaria fue usada en París hacia 1890.

muy diferentes pero caracterizados con una misma función. En cualquier caso, como ironía del destino, el término *Christkindel* evolucionó hasta convertirse en *riss Kringle,* que es uno de los apodos germanos de Papá Noél.

La agradable misión de llevar regalos a los niños durante el solsticio de invierno fue adoptada por toda Europa, y el personaje encargado de hacerlo fue desarrollándose a partir de la figura básica del san Nicolás medieval mezclada con diferentes leyendas locales —como los gnomos, el «Padre Invierno» nórdico, la bruja buena italiana *Beffana,* los generosos ancianos alemanes Berchta y Knecht Ruprecht, etc.— que ya estaban relacionadas con los obsequios invernales.

Así nacieron, por ejemplo, los legendarios *Kolya* (Rusia), *Niklas* (Austria y Suiza alemana), *Pelze-Nichol* (Baviera), *Semiklaus* (Tirol), «gran *Klaus*» o *Bonhomme Noël* [Buen hombre Navidad] (Alsacia), *Svaty Mikulas* (antigua Checoslovaquia), *Sinter Klaas, Sinterklaas* o *Sint Nicolaas* (Países Bajos), *Father Christmas* [Padre Navidad] (Gran Bretaña), *Santa Claus* (Estados Unidos), *Père Noël* [Padre Navidad] (Francia), *Sanct Herr Nicholaas* o *Sanct Herr'Cholas, Sankt Nikolaus, Sinter Claes, Sint Nocoloses, Nickel, Klas, Nikolaus...* y otras muchas variantes del mismo mito y nombre básico (Nicolás).

La Iglesia católica, aunque pretendió combatir la fiesta de san Nicolás implantando, con éxito moderado, la figura del niño Jesús portando regalos en Navidad, no puso nunca demasiados impedimentos a la adopción popular de las variantes míticas del santo oriental, ya que esta figura,

Grabado germano que funde en una sola función a san Nicolás y Christkindel *(el niño Jesús), que aparece sosteniendo un «árbol de luz» o abeto navideño.*

a pesar de que encarnaba costumbres paganas, entroncaba con un personaje religioso real.

Holanda, cuna de la tradición moderna basada en san Nicolás

La tradición de san Nicolás arraigó de forma especialmente intensa en los Países Bajos a partir del siglo XIII, quizá debido a que los marineros holandeses llevaron hasta sus hogares las muchas y fascinantes leyendas sobre la generosidad del santo que corrían por los principales puertos de Asia Menor, Rusia, Grecia o Italia. Los navegantes y comerciantes neerlandeses lo adoptaron como su patrón y Amsterdam, entre otras ciudades, le nombró su santo protector.

Por aquellos días, san Nicolás era representado habitualmente con barba blanca y vestido con ornamentos eclesiásticos, incluyendo mitra y báculo, montando un animal de carga —un burro o mulo—, y llevando un saco o cesta con regalos para los niños buenos y un manojo de varas para los desobedientes.

En los Países Bajos, durante el siglo XIV, los niños cantores de las 23 iglesias dedicadas a san Nicolás disfrutaban del privilegio de ganar una cierta cantidad de dinero y libraban el día 6 de diciembre. Un tiempo después, en el día del santo, «los alumnos de las escuelas conventuales eran recompensados (o castigados) en ese día por un profesor, un monje disfrazado para representar al venerable Obispo tal como todavía hoy en día se lo puede ver en Holanda: con una larga barba blanca, un manto escarlata, la mitra y el báculo dorado. Muy probablemente fueron los propios niños los que llevaron a sus casas la devoción hacia San Nicolás. La corruptela que llevó a denominarlo *Sinterklaas* fue incorporada al vocabulario doméstico, su fiesta adquirió una dimensión nacional y el Obispo se transformó en ese símbolo popular del moralista severo pero bondadoso»[2].

Al llegar el siglo XVII la tradición de san Nicolás ya estaba fuertemente arraigada en toda Holanda y su celebración reunía a niños y mayores en una fiesta alegre, caracterizada, además, por el intercambio de regalos y bromas. En la actualidad —a pesar de que la vida moderna ha amainado un poco el ímpetu de décadas anteriores—, el día 6 de diciembre, los niños holandeses aún celebran su festividad más importante y excitante, la de la llegada del santo obispo cargado de regalos, dulces y juguetes. Una semana antes de esa fecha, desde el último sábado de noviembre, cualquier niño puede tener ya la buena fortuna de avistar en el puerto de Amsterdam el buque en el que, según la tradición, arribará *Sinterklaas,* gran amante del mar, como protector de los marinos que es.

Tras desembarcar en el puerto de Amsterdam, con ayuda de la barcaza *Spanje (España),* san Nicolás monta un caballo blanco y, presidiendo su cortejo, inicia un solemne desfile a través de las calles principales de la ciudad. Ataviado con su manto escarlata de prelado y tocado con una mitra, lleva guantes morados —o blancos— sobre los que resalta, en su mano derecha, un enorme anillo de obispo.

Le acompaña su fiel sirviente moro *Zwarte Piet* (Pedro el Negro), un siempre sonriente personaje que lleva una vara de abedul y un saco lleno de golosinas que es lo suficientemente grande como para que, cuando se queda vacío, pueda meterse en él a todos los niños que se han portado mal durante el año. La recepción del cortejo está encabezada por las autoridades municipales y la llegada de tan ilustres figuras es aclamada por el griterío y aplausos de los muchos niños y adultos congregados para recibirle.

El barco en que ha llegado san Nicolás, según manda la tradición, procede de España; Pedro el Negro y los pajes del cortejo van vestidos a la usanza española del siglo XVI; y Pedro el Negro, en particular, tiene la misión de llevarse para España, dentro de su saco, a todos los niños y niñas que han sido desobedientes o malos. Tan peculiar origen del barco y destino —se entiende que horrible— para los críos díscolos, tiene su razón de ser en la famosa «leyenda negra» que dejó en aquellas tierras la brutal soldadesca española durante su época de dominio. Todavía hoy, cuando se quiere asustar a una criatura se le grita «¡que vienen los españoles!», perfecto equivalente de nuestro «¡que viene el lobo [o el coco]!».

Quienes siguen la tradición en todos sus detalles, tras el desfile regresan a sus casas para esperar la llegada de san Nicolás y su ayudante. Si el atareado obispo no tiene tiempo suficiente para hacer una primera visita a una casa, su ayudante *Piet* se encarga de hacer sonar el timbre de todos y cada uno de los hogares, de desparramar un montón de caramelos y confites en las puertas entreabiertas, y de dejar una cesta con regalos en la entrada.

En algunas casas, sin embargo, después de que los niños hayan extendido por el suelo del salón una sábana blanca, san Nicolás y Pedro el Negro, bien puntuales, llaman a la puerta y arrojan dulces y frutos secos sobre la tela, a modo de tarjeta de presentación; luego entran en la estancia y san Nicolás interroga a fondo a los niños presentes, para averiguar si han sido buenos o no, mientras *Piet* observa la escena con su gran saco siempre presto para cerrarse sobre los más traviesos. Acabada su inspección, el obispo parte, pero no sin antes prometer que regresará con los regalos solicitados por los menores.

Aquella misma noche *Sinterklaas* recorre toda la ciudad por encima de los tejados y, tras escuchar a través de las chimeneas, averigua el comportamiento de cada cual y decide el regalo apropiado para cada uno. A la mañana siguiente, los niños, que habían dejado en el salón de la casa —junto a la chimenea, si la hay— sus zuecos tradicionales (o sus zapatos de calle) con un poco de alfalfa, una zanahoria o azúcar en su interior, para el caballo de san Nicolás, se encuentran con todas las sillas revueltas —señal de la presencia del caballo blanco del santo— y con que *Piet* ha cambiado la alfalfa por dulces y un pequeño regalo. Los niños desobedientes, en cambio, sólo reciben una vara, aunque ya pueden estar más que agradecidos de que Pedro el Negro no se los haya llevado a España.

La costumbre neerlandesa obliga que todos los regalos se presenten camuflados de alguna forma divertida e ingeniosa y que vayan acompañados de un verso, mejor o peor, que haga hincapié en «algún detalle quisquilloso, en algún interés de índole amorosa, en un incidente reciente, o en cualquier cosa que pueda causar embarazo al destinatario, tratando siempre de expresarlo en forma gentil, con buen humor y buen gusto. La finalidad de la broma es que quien recibe el regalo debe abrir el paquete en público y leer en voz alta los versos en medio de la hilaridad general, haciendo gala habitualmente de una gran entereza»[3].

Dado que *Sinterklaas* conoce bien los secretos de todo el mundo, los destinatarios de los versos deben dar por supuesto que los ha escrito el santo y le dan gracias en voz alta después de haberlos leído. Esta posibilidad de decirle a los demás lo que se piensa realmente de ellos, ¡y hacerlo de forma anónima!, ha instaurado esta broma en todos los rincones de la sociedad neerlandesa, desde los hogares, escuelas y lugares de trabajo, hasta la Prensa y el propio Parlamento holandés.

Esta tradición familiar de san Nicolás, tan vivida por todos, grandes y chicos, traspasó el Atlántico, en el siglo XVII, junto a los colonos neerlandeses que fueron a instalarse en la prometedora costa Este de Norteamérica. Cuando los holandeses, en 1621, desembarcaron en «Nueva Amsterdam» (la isla de Manhattan, en lo que hoy es Nueva York), erigieron una estatua de san Nicolás en agradecimiento a su protección para realizar con bien la travesía oceánica. En esa primera colonia holandesa, así como en las posteriores que se fundaron a orillas del Hudson, los recién llegados comenzaron a vivir y a festejar del modo tradicional que siempre hicieran en su país de origen y, claro está, cada 6 de diciembre celebraban el día de *Sinterklaas*.

Según un grabado sobre madera pintada, realizado en 1810 por encargo de la *New York Historical Society*, el san Nicolás que los holandeses llevaron a América era visto como un hombre alto y no exento de arrogancia, vestido con ropa obispal, que sostenía un saco en una mano y una vara en la otra. A su alrededor aparece una colmena y un perro, y justo a su lado hay dos niños, uno de aspecto bueno, alegre y querubínico, que lleva un calcetín lleno de regalos, y otro con pinta de malo y aire triste que no sostiene más que un puñado de varas. En la pintura no figura Pedro el Negro, que probablemente se quedó para siempre en la otra parte del océano, entre Holanda y España.

En esos días, otros colonizadores europeos de Norteamérica también celebraban al mismo san Nicolás legendario que los holandeses, pero lo hacían con muchísima menos intensidad y aparato festivo, asociándolo apenas al hecho ya tradicional de intercambiarse obsequios durante el 6 de diciembre, el día de Navidad o el de Año Nuevo.

Dos escritores neoyorquinos metamorfosearon a san Nicolás en Santa Claus

Charles W. Jones puso el dedo en la llaga del legendario y querido Santa Claus, nuestro Papá Noél, cuando, en octubre de 1954, en el *New York Historical Society Quarterly Bulletin,* escribió: «sin Washington Irving no hubiese habido Santa Claus. Santa Claus fue fabricado por Washington Irving».

Ciertamente, los historiadores cuentan con escasísimas referencias acerca de cómo fueron las celebraciones de los holandeses instalados en las colonias de la costa Este norteamericana, y casi todo lo que sabemos sobre la celebración del día de san Nicolás por ellos se lo debemos al libro titulado *Knickerbocker's History of New York (Historia de Nueva York según Knickerbocker),* escrito en el año 1809 por el brillante autor de *best-sellers* Washington Irving (1783-1859).

El libro *History of New York* se presentó como basado en la narración de un tan supuesto como venerable estudioso holandés-americano llamado Diedrich Knickerbocker, pero en realidad era una aguda sátira y supone el primer ejemplo interesante de la literatura humorística norteamericana. Irving presentó a los holandeses arribando a puerto en un barco que llevaba la imagen de san Nicolás como mascarón de proa. El obispo de Myra fue representado como un holandés cualquiera, tocado con un sombrero de alas, embutido en calzones amplios y fumando una larga y característica pipa holandesa. En el texto aparecen algo más de veinticinco referencias a esta figura, y en una de ellas se lo describe descendiendo por una chimenea, escena que alcanzará gran fama en el futuro y quedará ligada para siempre al entonces todavía no nacido Santa Claus.

Washington Irving, con su fino olfato de narrador, se dio cuenta de que un obispo tenía muy poco que hacer en esas nuevas tierras americanas y despojó a san Nicolás de su vestimenta clerical, transformándolo en un personaje amistoso, alegre, bonachón y generoso, la quintaesencia de los buenos holandeses, solidarios y atentos con sus compatriotas. Con un afortunado toque de imaginación, san Nicolás dejó de montar un caballo blanco, como cuando desfilaba en Amsterdam, para hacerlo sobre un corcel volador, que le permitía cabalgar sobre las copas de los árboles y los tejados de las casas arrojando regalos a sus habitantes a través de las chimeneas. El acierto fue total cuando Irving elevó a san Nicolás a la categoría de «guardián de Nueva York».

La nueva popularidad que el texto de Irving le dio a esta figura provocó que todos los neoyorquinos conociesen rápidamente a san Nicolás y que hasta los colonos ingleses adoptasen encantados la celebración holandesa del día 6 de diciembre, aunque también es cierto que la combinaron con sus propias tradiciones festivas de Navidad y Año Nuevo. En este proceso, la forma popular holandesa para denominar a san Nicolás, *Sinterklaas* o *Sinter Klaas,* acabó siendo pronunciada como *Santa Claus* por los angloparlantes. Estaba naciendo un nuevo personaje.

El siguiente paso decisivo para la transformación definitiva de san Nicolás en Santa Claus aconteció el día 23 de diciembre de 1823, cuando el *Sentinel* de Nueva York publicó un poema anónimo titulado *An Account of a Visit from St. Nicholas (Un relato sobre la visita de San Nicolás)*. El poema comenzaba por la ya clásica frase: «Era la víspera de Navidad...» y, aunque no se sabría con certeza hasta el año 1862, había sido escrito por Clement C. Moore, profesor de estudios bíblicos y de interpretación de las *Escrituras* en Nueva York.

Moore había compuesto ese poema el año anterior, 1822, con el fin de leérselo a sus seis hijos pequeños, cosa que hizo el 22 de diciembre de ese año. Parece ser que su esposa, Eliza, copió el texto y un amigo de la familia que estuvo presente durante la lectura lo hizo publicar anónimamente en el *Sentinel* al llegar la Navidad siguiente.

El profesor Moore, en su poema, no sólo ensalzó el componente mágico del Nicolás de Irving sino que lo hizo más creíble. Así, por ejemplo, el trineo volador de Santa Claus, que ya había sido introducido por Irving, adquirió una dimensión nueva y maravillosa cuando Moore le cambió el caballo blanco que tiraba de él por renos —situación que copió del relato de una publicación llamada *The Children's Friend* que, en 1821, había descrito al personaje acompañado por esos animales, una imagen de inspiración escandinava—;

Washington Irving, el escritor neoyorquino que, en 1809, creó las bases del mito de Santa Claus.

el trineo tirado por un caballo adornado con alegres campanillas era un transporte habitual en esa época y lugar, frecuentemente nevado por Navidad, pero al añadirle un tiro de renos se logró darle al viejo Nicolás un aspecto exótico y mágico, con aura de personaje venido del Norte lejano, de la región misteriosa del frío y la nieve donde nadie osa entrar... ¡y ese trineo sí que podía ser capaz de volar!

Aspectos tan folklóricos como los tradicionales zuecos, que los niños holandeses dejaban junto a la chimenea, para excitar la generosidad de san Nicolás, los convirtió Moore en calcetines, una prenda usual en todas partes, al contrario que los zuecos, con lo que una de las escenas clave

En el poema Visita de san Nicolás, *escrito por Clement Moore en 1822, se inventó al Santa Claus legendario.*

de la nueva leyenda adquirió visos de realidad y se convirtió en familiar para todos los hogares, sin importar su origen o tradiciones anteriores.

El cambio de aspecto físico entre el san Nicolás europeo y el que describió Washington Irving había sido abismal, pero Moore remató el ya notable atrevimiento del gran escritor al convertir a Santa Claus en un tipo alegre, gordo y de pequeña estatura, asimilándolo a un gnomo. Para algunos autores, Moore no sólo diseñó a su personaje sobre el de Irving sino que, además, se inspiró en un amigo suyo, un holandés rechoncho y bajito, que le había relatado algunas historias acerca de san Nicolás en el decurso de sus veladas de charla junto al fuego.

La asociación inicial de la figura de Santa Claus a la de un gnomo no sólo no fue caprichosa sino que guardaba absoluta fidelidad con la leyenda básica que se añadiría a san Nicolás para metamorfosearlo en lo que llegaría a ser. Dentro de la mitología de los pueblos germánicos, los gnomos eran unos enanos fantásticos que actuaban como guardianes de la tierra y de sus tesoros, por eso —fundamentalmente en los países septentrionales—, esos seres, siempre traviesos, a veces malvados pero a menudo obsequiosos, eran protagonistas de mil historias en las que premiaban a los buenos y castigaban o se burlaban de los malos; su actividad era especialmente intensa en invierno, estando relacionados con la ancestral tradición de hacerse regalos durante el solsticio hiemal.

Esta faceta propia de los gnomos, e in-

En tradiciones como las nórdicas, el precedente de la figura de Santa Claus fue un gnomo.

cluso su aspecto físico —recordemos los cuentos de los hermanos Jakob y Wilhelm Grimm, que recogieron algunas de esas leyendas germánicas y las publicaron, entre 1812 y 1822, en sus *Cuentos infantiles y del hogar*—, anidará en el mismísimo corazón de la personalidad que acabará adquiriendo Santa Claus.

No menos decisivo para el futuro de Santa Claus fue el hecho de que Clement C. Moore, en su poema, situase su llegada en la vigilia de Navidad, en lugar de suceder la víspera del 6 de diciembre. Quizá no hizo más que reproducir lo que ya había ocurrido en la Europa de la Contrarreforma —cuando la invención del niño Je-

Los primeros intentos de dibujar a Santa Claus, como éste de Thomas Nast, le identificaban con un gnomo.

Figura de Santa Claus ilustrada por Sherwin & Smith en 1843.

sús *(Christkindel)* como personaje que repartía regalos el día de su natalicio obligó a san Nicolás a trabajar también en esa jornada—, pero no cabe duda que logró imponer la fecha de Navidad en la tradición de Santa Claus.

En este contexto, Washington Irving no sólo no renunció a su criatura sino que hizo todo lo posible por seguir apoyando su desarrollo y expansión, por eso, en 1835, junto a otros colegas, tuvo la iniciativa de crear una sociedad literaria que, desde su inicio, estuvo marcada por la historia de san Nicolás. Irving fue el primer secretario de la asociación y su casa neoyorquina de Sleepy Hollow el lugar de las reuniones oficiales, la primera de las cuales tuvo lugar el 6 de diciembre de ese año, con el fin de honrar al santo holandés. En esos encuentros se fumaba con las largas pipas holandesas (que quedarán unidas a la primera imagen de Santa Claus) y se observaban otras costumbres tradicionales de la comunidad neerlandesa.

Durante esos años del siglo pasado san Nicolás todavía era representado mediante una amplia variedad de tamaños —delgado y alto, corpulento, o bajito como un gnomo—, atuendos —con vestimenta holandesa o abrigo de pieles; gorro de montaña (que aún llevaba en su parte frontal una cruz de obispo) o sombrero con plumas (en recuerdo de su *pasado* español), etc.— y expresiones, que iban desde la severidad más solemne a la jovialidad más familiar y entrañable. La aparición del poema de Moore no sólo desbocó el interés popular por el nuevo san Nicolás transfigurado y aumentó los escritos sobre él, sino que, fundamentalmente, dejó asentado un modelo básico del personaje que contribuyó a fijar el que sería su aspecto definitivo.

A medida que fue extendiéndose la nueva leyenda por las colonias holandesas e inglesas, los inmigrantes de otras nacionalidades europeas no tardaron en reconocer, en la figura que se iba conformando, la sombra de antiguas tradiciones locales suyas asociadas al solsticio de invierno, de esta manera, el Santa Claus *americano* comenzó a fundirse con el folklore de diferentes gnomos, como el *Julenissen* de los escandinavos, o los duendes de los irlandeses, o con el *Pelze-Nichol* de los bávaros, etc.

La nueva figura navideña fue reconocida por la mayoría de la población y adoptada con celeridad ya que, muy oportunamente, venía a constituirse como una especie de símbolo nuevo para un país que estaba naciendo, pero, en cualquier caso, ese símbolo nuevo parecía *viejo,* es decir, le resultaba familiar a todos ya que entroncaba con antiguas leyendas y tradiciones de cada una de las culturas presentes en Norteamérica. Ésta fue una clave decisiva para asegurar el éxito de Santa Claus.

A pesar de circunstancias tan gratas y favorables, Moore no se atrevió a reconocer públicamente la paternidad del popular poema *A Visit of St. Nicholas* hasta 1862, cuando contaba 82 años de edad. Si tardó cuatro décadas en asumir la autoría del relato fue porque, a pesar de ser una historia emocionalmente muy rica, como poema era francamente malo. El profesor Clement C. Moore, que había escrito ese texto para sus propios hijos, siempre temió que la escasa calidad y el contenido *pagano* del poema pudiese dañar su reputación universitaria y afectase a su trabajo como profesor de Teología.

En el segundo cuarto del siglo XIX, la celebración de la Navidad —que no sería reconocida oficialmente por la mayoría de los estados norteamericanos hasta la segunda mitad del siglo— pasó a ser sentida y vivida como un gran festival infantil y Santa Claus, nacido de la ficción literaria de Washington Irving y Clement C. Moore, se convirtió en una figura *real* y querida por toda la población neoyorquina.

Un dibujante satírico a mediados del siglo XIX creó la imagen básica de Santa Claus

Como ya se ha señalado, durante el siglo XIX las imágenes del naciente Santa Claus fueron variopintas. Así, por ejemplo, en una pintura de Robert W. Weir, de 1837, se presentó a *Santa* bajo la apariencia de un amistoso hombrecillo —de pequeña estatura, pero no tipo gnomo— rechoncho, ataviado con una capucha y botas hasta las rodillas, y cargado con un saco repleto de juguetes.

Poco después, en 1843, una ilustración de Sherwin and Smith propuso un Santa Claus de talla pequeña, vestido con chaquetón de piel, pantalón ajustado, botas de caña alta y gorro de invierno (con una cruz latina en su parte delantera), fumando su inseparable pipa holandesa y llevando colgada a su espalda una cesta de mimbre rebosante de juguetes; en la escena se situó al personaje sentado frente a una chimenea, de la que cuelgan dos pares de calcetines con muérdago, mientras estaba llenando de regalos infantiles una de esas prendas. En otro dibujo contemporáneo, realizado por J. G. Chapman, en 1847, Santa Claus, por el contrario, aparecía como un hombretón corpulento, vestido con ropas de piel, botas altas y tocado con un sombrero adornado con plumas...

Mientras todos esos intentos de darle un aspecto físico a Santa Claus se estaban sucediendo, a miles de kilómetros, en la localidad bávara de Landau (Alemania), en 1840, nacía Thomas Nast, hijo de un músico de la Banda del Noveno Regimiento de Baviera que, seis años después, emigraría a Nueva York con toda su familia. El nuevo americano, Thomas, acabó siendo un joven bajito y regordete, incapaz de hablar inglés correctamente, que no parecía llamado a desempeñar tareas destacadas, pero, sin embargo, su única cualidad, el talento artístico, le convirtió en un dibujante famoso. Thomas Nast llegó a ser un caricaturista muy célebre por sus ilustraciones de temas sociopolíticos de la época y, también, por haber sabido crear la imagen básica, aceptada por todos, de Santa Claus.

En 1862, Thomas Nast, con sólo 22 años, fue contratado como corresponsal de guerra por el *Harper's Weekly*, y obtuvo un gran reconocimiento por sus ilustraciones de la Guerra Civil Norteamericana. En el año siguiente, Nast realizó para *Harper's* su primera ilustración sobre Santa Claus, titulada *A Visit from St. Nicholas* e incluida en la serie *Christmas Poems*.

El ilustrador, un enamorado de la celebración de la Navidad por influencia de su familia y de la tradición bávara de la que procedía, era también un muy buen conocedor del texto de Washington Irving y, especialmente, del de Moore, y en ellos se inspiró para dibujar a su personaje.

En su primera aparición en *Harper's*, el Santa Claus de Nast, que fue dibujado en trance de penetrar en una chimenea, incorporó ya algunos de los elementos básicos que darán lugar a su imagen actual, pe-

Thomas Nast, con sus dibujos (1863 a 1886), asentó los aspectos básicos de la figura de Santa Claus.

ro su aspecto todavía era el de un gnomo (tal como era preceptivo por su entronque con las leyendas germánicas). Año tras año, desde 1863 a 1886, las ilustraciones de Nast fueron puliendo la apariencia de *Santa* y esas felicitaciones navideñas, en las que se le representaba inmerso en situaciones muy cotidianas, lograron una gran aceptación entre el público.

La evolución de los dibujos de Santa Claus hechos por Nast puede apreciarse muy bien en la recopilación de los mismos que publicó su editorial neoyorquina, Harper & Brothers, en 1890, en un libro titulado *Thomas Nast's Christmas Drawings for the Human Race (Dibujos de crhistmas de Thomas Nast para la raza humana)*, donde se ve perfectamente cómo la figura original, el gnomo vestido de pieles, va adquiriendo estatura (no demasiada), barriga prominente —contenida por el ancho cinturón con una gran hebilla que aún le caracteriza hoy—, mandíbula ancha, barba y mostacho largo y cano, con los pelos sueltos y bien definidos; pasa a tener una edad inconcreta; incorpora complementos tradicionales de la Navidad como el abeto, el muérdago y el acebo; se confirma el Polo Norte como su lugar habitual de residencia; se le implica en escenas hogareñas, a menudo llenas de ternura (en las que los cinco hijos de Nast y su propia casa fueron usados como modelos); etc.

Otro detalle importante de las ilustraciones de Nast, a efectos históricos, es que muestran claramente cómo, en el segundo tercio del siglo XIX, ya era una costumbre generalizada el que padres e hijos escribiesen cartas a Santa Claus: los primeros para *denunciar* a sus vástagos demasiado revoltosos, los segundos para proclamar su presunta bondad modélica y reclamar regalos en cantidad suficiente como para que su sacrificio hubiese valido la pena.

Con la llegada de la cromolitografía, Nast, decidido a darle un poco de vida y alegría al ya tradicional vestuario de pieles de Santa Claus, se inspiró en las chillonas bayas del acebo y coloreó sus ropas de abrigo de un rojo brillante que, sin duda, no sólo le impedirá por siempre jamás pasar desapercibido cuando transita por las calles durante la Navidad, sino que, además, le hará ganar el sello personal e inconfundible que todavía le caracteriza en el día de hoy.

De todas maneras, sobre el verdadero responsable de la vestimenta roja de Santa Claus existen algunas divergencias. Por una parte, hacia el año 1869, en un libro —*Santa Claus and His Works*, de George P. Webster, editado por McLoughlin Brothers de Nueva York—, ya aparecieron ilustraciones de Thomas Nast, coloreadas tiempo después de haber sido publicadas en blanco y negro, en las que el personaje llevaba su vestimenta peluda de color rojizo. Pero otros le atribuyen el mérito a Louis Prang, un impresor de Boston que, en 1886, creó una postal navideña con un Santa Claus vestido de rojo; al parecer, el traje colorado publicitado por Prang tuvo tanto éxito que en las aceras y en los grandes almacenes comenzó a aparecer gente ataviada con tela de ese color recogiendo dinero para obras de caridad.

En estas tres ilustraciones de Nast puede apreciarse parte de la evolución gráfica del aspecto y funciones de Santa Claus. Especialmente notable es la imagen superior derecha.

Un símbolo laicalizado para uso de la sociedad industrial plural

Desde mediados del siglo XIX, el desarrollo de la técnica cromolitográfica permitió aumentar mucho las tiradas de las tarjetas postales de Navidad, con lo que se abarataron y la mayoría de la población pudo recurrir a ellas para intercambiar los tradicionales buenos deseos navideños. Una de las consecuencias de esta nueva moda fue que, al emplear ilustraciones de Santa Claus, logró fijar definitivamente la imagen de este nuevo personaje entre la gente, haciendo de él no sólo una alegoría —o «la alegoría»— de la Navidad, sino un símbolo que era capaz de comunicar muchos aspectos positivos por sí mismo, razón por la cual, entre finales del siglo XIX y principios del XX, la publicidad de muchas empresas recurrió a asociar sus productos a la figura de Santa Claus.

La difusión de la figura de Santa Claus por toda Norteamérica contó también con un aliado de mucho peso, la revista infantil *St. Nicholas* —publicada mensualmente desde noviembre de 1873 hasta marzo de 1940—, que fue una propagandista vehemente e incansable de las prodigiosas historias de *Santa,* al que situó definitivamente en el centro de la Navidad.

En cualquier caso, esos días fueron especialmente propicios para poder entronizar a Santa Claus: la sociedad industrializada del XIX, tanto en Estados Unidos co-

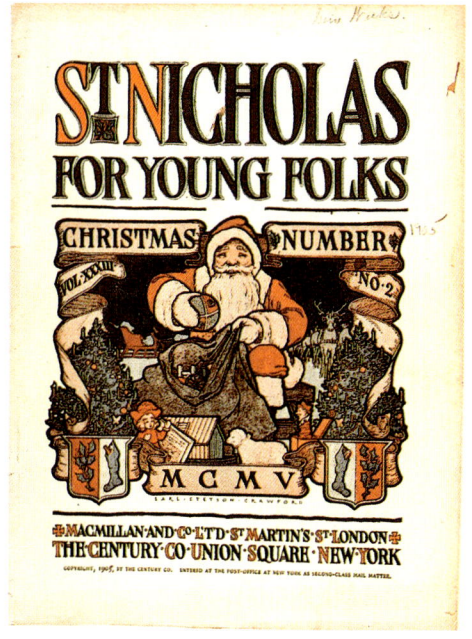

Esta revista fue esencial para popularizar a Santa Claus. Los ejemplares reproducidos son de 1894 (izquierda) y 1905.

Al convertirse en un símbolo alegre, positivo y laicalizado, la figura de Santa Claus/Papá Noél ha alcanzado un gran consenso social que aprovechan muchas marcas comerciales.

mo en Europa, supuso el despegue del incremento del poder adquisitivo y, por ello, del consumo y del bienestar material, aspectos que contribuyeron a que la institución familiar mirara más hacia sí misma, se replegara y se erigiera en centro, cuando no en motivo, de muchas celebraciones sociales, entre ellas la de Navidad, que fue perdiendo así buena parte de su carga religiosa para convertirse en una festividad familiar. Además, en una época en que el bienestar de la infancia comenzaba a preocupar realmente, la figura de Santa Claus —heredera del amor y generosidad para con los pequeños atribuidos al legendario san Nicolás—, fue adoptada como la representación de aquello que los niños buenos debían esperar de unos padres amorosos.

De este modo, por mor de este proceso económico-social, Santa Claus perdió su pasado religioso de obispo cristiano y se transformó en una figura navideña neutral, ideal para ser aceptada y festejada por todos en el seno una sociedad plural, ampliamente diversificada en lo cultural y lo religioso.

La laicalización de Santa Claus no sólo fue indispensable para permitir su supervivencia y expansión, sino que fue la razón que le catapultó como símbolo universal dentro de una sociedad industrial que, aunque consumista, insolidaria y egoísta, gusta soñar con los valores tradicionales de la Navidad. Santa Claus permite participar del «espíritu de la Navidad» sin ponernos ante disyuntivas ético-religiosas ni, menos aún, hacernos entrar en contradicción con lo que somos o hacemos durante el resto del año.

Aunque Santa Claus representa la síntesis espiritual perfecta para una sociedad de comerciantes que confunde la bondad y el amor con el gasto, la alegría con el consumo y los valores con el precio, bendita sea la efímera ilusión que aporta este exobispo y exgnomo cada Navidad.

Santa Claus llega a Europa y se convierte en Papá Noél

Las leyendas asociadas a san Nicolás y a los gnomos germánicos habían partido desde Europa y, dos siglos después, tras ser fundidas en una sola figura durante su estancia en Nueva York, convertidas en el flamante y vigoroso Santa Claus, estaban listas para volver sobre sus pasos y emprender la transformación de las mismas tradiciones que las habían originado mucho antes de su periplo americano.

Washington Irving, después de haber puesto en marcha el nacimiento de Santa Claus con su *History of New York*, trasladó su residencia a Inglaterra en 1818, donde vivió diecisiete años. Su gusto por los relatos románticos le llevó a escribir, en 1919-1920, su *Sketch Book (Libro de los bocetos)*, en el que incluyó un relato —*Old Christmas in Merry England*— donde describió la celebración de la Navidad tradicional en Yorkshire, dando así a conocer a los propios ingleses lo que había sido en el pasado la festividad navideña en ese país.

En la primera mitad del siglo XIX las viejas costumbres navideñas habían desaparecido casi por completo en Inglaterra y apenas si era recordada la antigua tradición de *Father Christmas* (Padre Navidad), un personaje documentado desde al

Santa Claus, tras haber madurado en USA, vino a llamar a las puertas europeas de finales del siglo XIX.

menos el siglo XV, que era descrito, según un texto de mediados del XVI, como «un hombre muy anciano (...) que había nacido para ser un huésped muy querido y para visitar a todas las gentes, tanto a los ricos como a los pobres».

Padre Navidad fue el nombre que adquirió en Gran Bretaña un personaje importado desde la tradición vikinga —recordemos que este pueblo también había tomado a san Nicolás como protector y fue el responsable de expandir las leyendas del obispo de Myra por Rusia y otros países en el siglo X— que personificaba al invierno. Entre los vikingos, como entre los pueblos escandinavos en general, al llegar la estación invernal, un hombre se disfrazaba de «Padre Invierno» y todos sus convecinos le agasajaban, ofreciéndole comida y bebida y haciéndole el centro de todas las celebraciones. De esta forma, esos pueblos pretendían que los espíritus de la Naturaleza les fuesen propicios y suavizaran los rigores del invierno septentrional en la siguiente estación.

El *Father Christmas* inglés había sido la figura central de las mascaradas que, bajo diversas versiones, se representaron en la corte y en los pueblos durante la Navidad. En los grupos de *mummers* —momeros—[4] que, disfrazados, ejecutaban sus mascaradas por calles y plazas o dentro de las casas de las familias pudientes, el personaje de *Father Christmas* no tenía otra función que la de simbolizar el espíritu alegre y festivo propio del solsticio de invierno. De hecho, si observamos las ilustraciones que dejaron constancia de esas mascaradas, vemos rápidamente que esta figura representaba el espíritu de la Naturaleza o de la Vegetación, el resurgir de la vida tras el largo y duro invierno; era una escenificación más del mito universal del eterno retorno.

La apatía que dominaba la celebración navideña de los ingleses cobró mucho vigor con la llegada del árbol de Navidad a Gran Bretaña, procedente de Alemania, que se produjo gradualmente entre los años 1829 y 1840, pero también fue decisivo, para la revitalización festiva, el papel que adoptó la Prensa —cada vez con más tirada e influencia al haber abaratado los costes con las nuevas técnicas de impresión— que, desde 1840, comenzó a enfatizar la Navidad como celebración del na-

Ilustración ochocentista inglesa de una escenificación del Father Christmas *en medio de un grupo de momeros.*

talicio de Jesús y, por ello, dado que los cumpleaños eran el día apropiado para dar regalos, la costumbre de intercambiarse obsequios, entre los adultos, durante la víspera de Año Nuevo, fue incorporándose a la de Navidad, pero para agasajar a los pequeños.

En cierto modo no se hacía más que recuperar la antigua tradición —habitual antes de que Oliver Cromwell prohibiese la Navidad entre 1644 y 1660— de regalar dulces y pequeños obsequios a los niños durante la festividad de Navidad. El cambio se debía, básicamente, a tres elementos: la influencia ideológica del romanticismo; el efecto de los artículos periodísticos estacionales loando las viejas costumbres navideñas abandonadas; y el nuevo fenómeno, común a todos los países desarrollados de entonces, de comenzar a valorar la infancia y tratar de velar por su mayor seguridad y felicidad.

En medio de este ambiente favorable, comenzaron a editarse libros sobre temas navideños que alcanzaron un gran éxito. Charles Dickens, entre 1843 y 1848, publicó los popularísimos *Christmas books (Cuentos de Navidad)*, que incluyen su genial *Canción de Navidad,* y, con anterioridad, en 1836-1837, ya había tratado el ideal tradicional navideño en la humorística obra por entregas titulada *The posthumous papers of the Pickwick Club (Los documentos privados del club Pickwick).*

Susan Warner, en 1850, publicó su libro *The Christmas Stocking (El calcetín de Navidad)*, que describía minuciosamente las costumbres americanas alrededor de la figura de Santa Claus, con el que logró una gran difusión y dio a conocer a los ingleses el singular personaje navideño nacido al otro lado del Atlántico.

En plena época victoriana, con la gente ávida de sentimentalismo, la costumbre de colgar los calcetines en espera de los regalos de Santa Claus —descrita por Susan Warner— se hizo muy popular en apenas un cuarto de siglo, aunque en Inglaterra se colgasen esas prendas al pie de la cama en vez de hacerlo junto a la chimenea, como en Nueva York. Dentro del calcetín siempre debía encontrarse, al margen de dulces y pequeños juguetes, una manzana lo más hermosa posible, que estaba destinada a propiciar la salud y la dicha a quien la recibía.

Entre los años 1870 y 1880, la Prensa británica comenzó a publicar historias acerca de una personalidad misteriosa que visitaba los hogares con niños durante la vigilia de Navidad, unos le denominaban Santa Claus —el famoso poema de Moore no fue publicado allí hasta 1891—, pero otros prefirieron recuperar el nombre de *Father Christmas*. La antigua tradición volvía a bajar por las chimeneas inglesas, entrando primero en los hogares de las clases medias acomodadas que, como en Norteamérica, encontraron en esa figura, y en lo que representaba, una base perfecta para cultivar la nueva moda de las celebraciones familiares en la intimidad. A finales del siglo, el día de Navidad ya estaba asentado como una festividad infantil en la que los menores recibían sus regalos.

La muy creciente popularidad de San-

A finales del siglo pasado solía representarse a Santa Claus con figura estilizada y ropajes suntuosos.

ta Claus/ *Father Christmas* llevó su imagen a todas las revistas ilustradas y a las felicitaciones navideñas. Y, quizás a consecuencia de la historia de Scrooge, el protagonista de la *Canción de Navidad* de Dickens, las mujeres cristianas del Londres de la última década del XIX se vestían como Santa Claus para repartir regalos de Navidad a los niños pobres, un fin para el que se creó, en 1894, la *Santa Claus Distribution Fund*.

El Santa Claus americano, símbolo de la generosidad asociada al «espíritu de la Navidad», se había adueñado ya de las festividades navideñas inglesas, contribuyendo a despertarlas de su largo letargo. Desde su base británica, el Padre Navidad dará el pequeño salto que le separaba del continente europeo y comenzará su andadura en Francia bajo el nombre de *Père Noël* (Padre Navidad), del que derivará el apelativo de Papá Noél con el que le conocemos en España.

Aunque hoy día todo el mundo sabe que la palabra *Noël* significa Navidad, lo cierto es que en su origen fue un grito de júbilo proferido por el populacho en ocasión de algún acontecimiento fausto, como el nacimiento del heredero al trono, la llegada de un soberano, etc. Desde este contexto semántico, dado que el solsticio de invierno llevaba milenios siendo la celebración jubilosa por excelencia, la palabra pasó a designar la Navidad, olvidando progresivamente su pasado de mera exclamación.

En el país galo, la nueva popularidad mediática que había adquirido el Padre

El tradicional personaje del Bonhomme Noël *francés, al mezclarse con Santa Claus, dio lugar a Papá Noél.*

Navidad/Santa Claus, en Gran Bretaña, propició que su figura fuese a fundirse con su antecedente mítico y funcional, el ya muy antiguo —aunque todavía en buen uso popular por aquellos días— *Bonhomme Noël* (Buen hombre Navidad), cuya descripción, incluso en un texto tan relativamente reciente como el de la *Enciclopedia Universal Ilustrada Euro-Americana* de Espasa-Calpe, en su edición de 1933, era la siguiente:

«Personaje celeste que la noche de Navidad distribuye juguetes y golosinas a los niños aplicados y buenos. Se le presenta con luenga barba blanca, vestido con un manto con capucha y cubierto de nieve. Deposita regalos en la chimenea a condición de que los niños pongan en ella sus zapatos. Cuando no han sido buenos trae un haz de vergajos, que los lleva su compañero el Padre Fouettard.»

El origen nórdico de este legendario personaje no sólo resulta evidente por la propia descripción de su aspecto y por su generosa misión, sino, también, por la presencia de su inseparable compañero, el *Padre Fouettard* o Papá Azotador, un tándem bueno-malo que también hemos visto, convenientemente adaptado, en la tradición de los Países Bajos, con la pareja formada por san Nicolás y su ayudante *Zwarte Piet* (Pedro el Negro).

En cualquier caso, en Francia, mucho antes de que los norteamericanos llegasen a crear a su peculiar y particular Santa Claus, y de que los ingleses recuperasen a su olvidado Padre Navidad, la tradición del *Bonhomme Noël* ya gozaba de mucho arraigo popular. La gran escritora parisina Amandine Dupin (1804-1876), más conocida por su seudónimo de George Sand, en su *Histoire de ma vie*, al relatar su infancia, dejó escrito lo siguiente: «Una cosa que no he olvidado es la creencia absoluta que yo tenía en el descenso por la chimenea del *Bonhomme Noël*, un viejecito de barba blanca, que, a medianoche, vendría a depositar en mis zapatitos un regalo con el que me encontraría al despertar.»

La actividad cada vez más febril de Papá Noël y, sobre todo, la fe e ilusión que los niños depositaban en su llegada y regalos nunca le gustaron un ápice a la Iglesia católica que, como ya mencionamos, desde la Contrarreforma, en el siglo XVI, había intentado ahogar el fervor por san Nicolás añadiéndole al niño Jesús la misión de traer regalos a los más pequeños en el día de Navidad. Allí donde la Iglesia conservó poder social e influencia, los hijos del mito de san Nicolás y de las leyendas nórdicas fueron víctimas de las calumnias y del desprecio de los católicos.

Así, a finales del siglo pasado, en las regiones alemanas de mayoría católica, durante la vigilia de Navidad, junto al árbol iluminado, todavía compartían protagonismo dos personajes antagónicos: *Christkindel*, el niño Jesús, y Nicolás el Peludo. *Christkindel* estaba personificado por una chica vestida de blanco, con peluca de cáñamo, cara blanqueada con harina, cabeza tocada con una corona y llevando una campanilla en una mano y una cesta llena de bombones en la otra; su misión era repartir regalos entre los niños. Nicolás el Peludo —con clara pretensión de hacer odioso al querido san Nicolás, adoptado por todos los no católicos— era representado por un hombre cubierto por una piel de oso, con el rostro completamente tiznado y semioculto bajo una gran barba, y era, por el contrario, un diablo terrible que acudía a las casas en busca de los niños que habían sido malos.

También entre los católicos franceses, aún en la última década del siglo XIX, era el niño Jesús el encargado de traer los regalos a los niños durante la noche de Navidad, pero como esa imagen nunca cuajó entre el conjunto de la población, la Iglesia, incapaz de contener el avance de Papá Noël, pretendió ficharle para su equipo convirtiendo al más universal de los barbudos en un simple mensajero que actuaba bajo las órdenes del niño Jesús.

En la recién citada *Enciclopedia Universal Ilustrada Euro-Americana* —edición del año 1933—, en el artículo «Noël», se incluyó también esta referencia: «el pequeño Noël o niño Jesús hace las mismas funciones que el Bonhomme Noël y por extensión designa un regalo u obsequio». A pesar del esfuerzo invertido, la Iglesia no pudo secuestrar ni domesticar a Papá Noël, que todavía sigue haciendo su real gana desde su *pagano* reino de las nieves, situado en el Polo Norte, según se cree.

La Virgen y el Niño también bajaban por la chimenea

Mientras en Norteamérica, Gran Bretaña y Francia se sucedían todos los cambios que hemos apuntado, en España, el histórico y totalitario dominio de la Iglesia católica todavía seguía impidiendo la entrada a san Nicolás y, claro está, a Santa Claus y Papá Noël. Sin embargo, la presencia de ciertas leyendas evidencia que el fondo de los mitos básicos que dieron lugar a nuestro personaje ya habían llegado a la Península mucho tiempo atrás, aunque habían sido convenientemente fagocitados y camuflados bajo historias propiamente católicas.

Así, por ejemplo, hasta principios del presente siglo fue corriente la creencia en que, durante la víspera de Navidad, la Virgen María, con el niño Jesús en brazos, descendía a todas las casas, penetrando por la chimenea, con la intención —ciertamente curiosa y rebuscada— de secar y calentar los pañales del niño recién nacido en la cueva de Belén.

Como en toda tradición, la leyenda tenía su parte de práxis que, en este caso, dado que la Virgen y el Niño sólo iban allí donde había calor, consistía en dejar rescoldos vivos en el hogar de leña y también en los fogones de carbón, ya que si la casa descuidaba su obligación de proveer de calor a tan ilustre visita nocturna, la Virgen no sólo no honraba ni bendecía a sus habitantes sino que se iba, enfadada, por el mismo lugar por donde había venido, y la casa caía en desgracia.

En unos pueblos, en Nochebuena, antes de irse a dormir, no sólo se dejaba un buen fuego sino que también se ponía una silla pequeña al lado de la lumbre, para que la Virgen pudiese descansar, y/o se dejaba algunos alimentos para corresponder a su visita; en otras zonas se dejaba dispuesto, junto a la chimenea, un juego completo de ropa de bebé —los «pañales de Navidad»— para que la Virgen pudiese mudar al niño Jesús, y/o se instalaba un cordel en un rincón de la cocina con el fin de que la Virgen pudiese tender los pañales mojados...[5] en cualquier caso, a la mañana siguiente, cuando los menores de la casa se levantaban, todo había desaparecido ya y sólo quedaba admirarse ante la *certeza* de la visita divina y rebuscar, entre las cenizas de la chimenea, alguna huella que delatase el paso y la estancia de la Virgen en ese lugar.

Una leyenda aseguraba que la Virgen entraba en las casas por la chimenea para cambiar los pañales al Niño.

En la España de los años cincuenta, el pagano Papá Noél comenzó a competir con los mitos católicos, amos de la Navidad hasta entonces, y se presentó en sociedad con fuerza.

Paralela a esta leyenda, también era corriente, por la misma época, la creencia en que, durante la noche de Navidad, entraban por la chimenea de las casas unos diablillos que revolvían las cosas y se comían los dulces que encontraban mal guardados. En el pueblo natal de este autor, Tortosa (Tarragona), por ejemplo, en el primer cuarto del siglo actual todavía se contaba a los niños que, por Nochebuena, unos diablos muy pequeñitos bajaban por las chimeneas en busca de borrajas con miel (un dulce navideño típico de la localidad) y que se les caía la cola al comérselas. Las «colas de diablillo» que los niños solían encontrar junto al plato que contenía las borrajas sobrantes de la noche anterior eran, obviamente, el peciolo o *rabillo* de las hojas de borraja que habían sido comidas por los adultos al levantarse.

En otras zonas, la noche de Navidad, aparecían personajes tan curiosos como *en Fumera* (el Humareda), en la Costa Brava catalana, que tenía siete ojos y era el encargado de contarles a los Reyes Magos el comportamiento de los niños de cada casa; o *el Pelut* (el Peludo), en la Garrotxa (Gerona), un hombre gigante y peludo como un oso que llevaba un gran saco para poner en él a todos los niños traviesos. Su similitud con otras figuras legendarias ya descritas es evidente.

Este tipo de historias, con seres maravillosos —ya sea la Virgen y el Niño, diablillos u otros— que se deslizan por las chimeneas, en la víspera de Navidad, con diferentes intenciones, fueron creadas para cristianizar y cambiar el significado de antiguas tradiciones paganas muy arraigadas, como la del *tió* —que veremos en el capítulo 11—, la de los gnomos obsequiosos, aunque traviesos, de las leyendas nórdicas, y otras similares que estaban emparentadas con el núcleo del mito del eterno retorno y con la ancestral creencia en los espíritus de la Naturaleza.

Como colofón de este proceso histórico, en España, pese a todo —y, en buena medida, gracias a la influencia del cine norteamericano—, la tradición de Papá Noél fue adquiriendo un protagonismo progresivo durante las tres últimas décadas, hasta el punto que actualmente es él, y no los Reyes Magos —que siguen disfrutando en exclusiva de toda la protección y boato oficial—, quien trae a los niños la mayoría de los juguetes. Y también es Papá Noél el responsable de que los adultos reciban obsequios navideños de toda clase y no poco precio.

Coca-Cola, en 1931, le dio a Santa Claus su aspecto actual

El perfeccionamiento de la técnica cromolitográfica, a mediados del siglo XIX, como ya vimos, fijó y robusteció de tal manera la figura de Santa Claus entre la población que se hizo de él un símbolo que, independientemente de la Navidad, era capaz de comunicar mensajes positivos por sí mismo, cosa que, obviamente, no dudó en aprovechar la publicidad comercial, tanto la de finales del siglo XIX y principios del XX, como la actual.

De entre todas las empresas que, tempranamente, comenzaron a asociar la publicidad de sus productos a la figura de Santa Claus, merece destacarse muy especialmente el papel que jugó The Coca-Cola Company, de cuya iniciativa nació la imagen actual de nuestro personaje navideño.

Desde que Moore escribiera su famoso poema *An Account of a Visit from St. Nicholas,* en 1822, hasta finales del primer cuarto del presente siglo, la concepción de la figura de Santa Claus, aunque no era uniforme, estaba dominada por la imagen de gnomo que había creado el dibujante Thomas Nast, en 1863, sobre el relato del profesor Moore.

En la serie de ilustraciones navideñas realizadas por Nast, y publicadas en *Harper's Weekly* entre 1863 y 1886, había ido ganando terreno —y aceptación del público— la barba y el pelo blancos de Santa Claus, promocionados por el dibujante, y su actitud alegre y desenfadada, pero su estatura seguía siendo poco más o menos la que se le supone a un gnomo.

Para su campaña publicitaria de la Navidad de 1930, Coca-Cola publicó un anuncio en una revista en el que aparecía

El primer Santa Claus diseñado para Coca-Cola fue pintado en 1931 (arriba). Este otro anuncio es de la campaña de 1937.

una persona disfrazada de Santa Claus en un centro comercial —una escena común en esos días—, escuchando la lectura de las listas de peticiones de los niños. La idea gustó y cuajó, pero la compañía de refrescos comprendió rápidamente que era mucho más convincente y eficaz una creación iconográfica del mito —tipo la de Nast— que una persona de carne y hueso fingiendo serlo.

Puestos manos a la obra, los ejecutivos de la empresa le encargaron a Habdon

Sundblom que remodelara el Santa Claus de Nast para hacerle perder su aire de gnomo y se volviera más cercano y creíble para todos. El artista de Chicago, descendiente de suecos, que era una estrella en la industria publicitaria de los años veinte, buscó un modelo real en el que basar su trabajo y fue a fijarse en un vendedor jubilado llamado Lou Prentice.

Coca-Cola humanizó a Santa Claus, le hizo más gordinflón, alegre y entrañable y mejoró su vestuario. La imagen de arriba es de la campaña de 1953, la de abajo pertenece a la de 1962.

De esa inspiradora relación surgió un Santa Claus más alto, todavía más gordinflón, aunque simpático, con un rostro dulce, alegre y bonachón, de ojos pícaros, chispeantes y amigables, con pelo cano y luenga barba y bigote, también blancos, sedosos y agradables... en fin, la figura se humanizó hasta parecerse a un abuelo ideal, jovial, pronto a la risa franca, a la confidencia y al regalo. La vestimenta mantuvo el color rojo, con ribetes blancos —que son los dos colores oficiales de Coca-Cola—, pero su traje se hizo mucho más lujoso y atractivo.

En la campaña publicitaria del año 1931, Coca-Cola ya presentó la nueva figura de Santa Claus y obtuvo un rotundo éxito. Habdon Sundblom siguió retocando su creación para sucesivos anuncios trabajando con su modelo, Lou Prentice, hasta que, al fallecer éste, por consejo de un amigo, el pintor se tomó a sí mismo como modelo y sus rasgos nórdicos pasaron a incorporarse al rostro ya universal de Santa Claus. Con el tiempo, también los hijos y nietos de Sundblom sirvieron de modelo para ponerle rostro a los niños que aparecían junto al adorable vejete de la Navidad.

Entre los años 1931 y 1966, Habdon Sundblom pintó una serie de óleos sobre Santa Claus —los conocidos «Santa Claus de Sundblom»—, que fueron reproducidos en los anuncios especiales de Navidad

Sundblom, creador del Santa Claus de Coca-Cola, le dio a este personaje navideño el aspecto definitivo con el que ha llegado hasta hoy.

de Coca-Cola y publicados en periódicos como *Saturday Evening Post* y en revistas como *Ladies Home Journal, National Geographic* y otras. El pintor falleció en 1976, pero hoy todavía se siguen empleando sus imágenes en la publicidad navideña de Coca-Cola.

Santa Claus, hijo de la imaginación de Washington Irving y Clement Moore y nieto de la devoción de holandeses errantes, pudo reconocerse en el espejo por primera vez gracias a Thomas Nast, pero su última cirugía plástica, responsable de su aspecto actual, fue el regalo que le hizo Habdon Sundblom una víspera de Navidad. Coca-Cola se encargó de recordarnos, por si acaso, que la figura de Papá Noél tiene mucho que ver con la chispa de la vida.

NOTAS

1. En Holanda, Suiza, y en algunas zonas de Austria y Alemania, el santo todavía suele ser representado como un hombre vestido de obispo que gusta escuchar a los niños recitando el catecismo antes de recompensarles con manzanas y nueces.

2. Cfr. *San Nicolás, fiesta típica holandesa*, edición de la Embajada de los Países Bajos, p. 2.

3. *Ibid.*, p. 5.

4. Personas que ejecutan ademanes, gestos o figuras burlescas.

5. En algunos lugares, por el contrario, la chimenea se apagaba y se limpiaba completamente hasta hacer desaparecer toda huella de ceniza. En el lugar de las brasas, sobre las losas, se ponía entonces unos pañales en medio de dos cirios, que debían quedar encendidos toda la noche.

8

El árbol de Navidad y sus adornos

Una de las actividades centrales de la celebración navideña actual se realiza en torno al proceso de montar el «árbol de Navidad». Primero se parte de *excursión* hacia ferias navideñas, o viveros de plantas, para comprar un pino o abeto de tamaño adecuado al de cada salón y/o presupuesto. Luego, ya instalado en casa, padres e hijos suelen compartir la ceremonia de colgar de las ramas del árbol el máximo número posible de bolas, campanillas, estrellas, herraduras, piñas, paquetitos de regalos, velas y minúsculas bombillas. Y cuando, por fin, tras concluir la sesión de adorno y proceder a enchufar la instalación eléctrica, el árbol comienza a centellear, parece que la Navidad se ha presentado de golpe en el hogar.

El abeto navideño acompaña todo el ciclo festivo de principio a fin, haciéndose presente a todas horas desde el lugar de honor que se le reserva en casas particulares, comercios, empresas, entidades públicas o en las calles y plazas principales de cada ciudad. Casi todos lo vemos como un

Adornar el abeto de Navidad se ha convertido en una tradición que no falta en casi ningún hogar.

Comprar el árbol navideño es una de las actividades lúdicas que se realizan en los días previos a la festividad.

Los adornos que se cuelgan del abeto tienen un significado propiciatorio desde tiempo inmemorial.

adorno más, pero, sin embargo, materializa algunos de los simbolismos más maravillosos del solsticio de invierno.

Origen y verdadero sentido de la decoración del árbol navideño

Entre el tercero y segundo milenio a.C., una diversidad de pueblos indoeuropeos —de origen aún desconocido, aunque se supone que procedían del sudeste europeo y de la Rusia meridional— se expandieron por Europa y Asia dentro de una gran franja que abarcó desde el río Indo hasta el océano Atlántico. En los hábitats de todas esas culturas fue especialmente importante el roble, un corpulento árbol de follaje caduco propio de los bosques centroeuropeos pero común también en las zonas mediterráneas.

El roble jugó un papel fundamental como aliado de la agricultura y la ganadería —y, por tanto, como elemento básico para la supervivencia de esos primeros aldeanos europeos— gracias a sus cualidades naturales, especialmente idóneas para mantener y potenciar la vida vegetal y animal a su alrededor, razón por la cual este árbol se convirtió en un *rey* del lugar, en el «Dios Roble», asociado al poderoso dios celeste del rayo y el trueno desde la más remota Antigüedad y, posteriormente, asociado también a Zeus y Júpiter, jefes supremos, respectivamente, del panteón de los dioses helenos y latinos, así como a Hércules, Thor y todos los otros dioses del Trueno.

Los árboles, símbolos vegetativos del bosque y expresión de las fuerzas fecundantes de la Madre Tierra, fueron objeto de culto en toda la Europa prerromana. El árbol sagrado por excelencia fue el roble, pero en las regiones donde éste no crecía naturalmente se traspasó su función mágica a otros árboles propios de cada zona. Así, por ejemplo, si tomamos como base la palabra céltica *tann,* que significa «árbol sagrado», vemos que en la Galia y Britania servía para identificar al roble, su árbol sagrado nacional, mientras que, en cambio, en Cornualles (sur del Reino Unido) —*glas-tann,* eso es «árbol verde sagrado»— designaba a la encina y en la Germania céltica denominaba al abeto. De hecho, tal como señala Robert Graves, Tannos había sido el nombre del dios del Trueno galo y Tina el del dios del Trueno armado con un rayo triple que los etruscos tomaron de las tribus goidélicas entre las que se establecieron[1].

Para nuestros antepasados europeos, los rituales mágicos asociados al ciclo agrario del espíritu del árbol fueron un elemento central de sus culturas. En todo el continente, pero especialmente entre los pueblos septentrionales, los aldeanos —aun en una época tan tardía como la Edad Media— se dirigían a los árboles del bosque y, tras ofrecerles algún regalo, invocaban la acción de sus espíritus con el fin de lograr protección para sí mismos, sus familias, propiedades y ganados, así como en demanda de cosechas abundantes. No se podía maltratar ningún árbol ya que, dado que todos ellos poseían espíritu, hacerlo acarreaba la desgracia y, en fin, antes de hundir el hacha en el árbol que iba a ser talado, el leñador debía pedirle perdón y, según las regiones, incluso tenía que cumplir alguna penitencia (como, por ejemplo, no cazar ciertos animales durante un tiempo) que fuese compensatoria ante la Madre Naturaleza.

Cuando, a mediados de otoño, las hojas del roble amarilleaban y caían, dejando el tronco y las ramas desnudas y con una apariencia desolada y nada atractiva, las culturas agrarias que adoraban los árboles creían que el espíritu que había vitalizado el roble desde el mes de abril anterior abandonaba el árbol —y el bosque y la Naturaleza en general—; por eso, dentro del contexto ritual propiciatorio asociado al solsticio hiemal, las gentes de esos días comenzaron a adornar las *esqueléticas* ramas del roble con la intención de hacerlo más atractivo como *hogar* e incitar así al espíritu de la Naturaleza huido a volver a morar en él lo más pronto posible.

De las ramas del roble se colgaban telas de colores y piedras pintadas que actuaban a modo de amuletos propiciatorios cuyo *éxito* se hacía patente, año tras año, al lograr el regreso del espíritu de la Naturaleza, bien visible en primavera detrás del prodigioso rebrotar de las hojas, de la floración y de la maduración de los frutos.

Así pues, el ancestral y verdadero significado de los adornos que todavía hoy se cuelgan del árbol de Navidad es el de propiciar el regreso del espíritu generador de la Naturaleza que, tras hacer brotar la vida vegetal y animal, asegurará nuestra supervivencia un año más.

Si tuviésemos un mínimo de conciencia ecológica quizá podríamos llegar a comprender que nuestro futuro, como especie, no depende tanto de los grandes almacenes y de la producción agropecuaria industrializada como de ese *espíritu* —que hoy muy bien podría llamarse equilibrio bioclimático y medioambiental— cuya palpitación anual ya somos incapaces de sentir.

De cómo el roble pagano acabó cediendo su función al abeto cristianizado

El culto al árbol, representación del espíritu fecundante de la Naturaleza, estaba tan íntima y profundamente arraigado en la conciencia popular que pudo llegar a sobrevivir incluso a los procesos de romanización y cristianización que destruyeron todas las culturas anteriores. Finalmente, con el paso de los siglos, el árbol adornado del solsticio de invierno acabó asociado a la actividad de algún personaje mítico

El roble, árbol sagrado por excelencia en la Europa precristiana, cedió parte de su simbolismo protector al abeto y el pino, especialmente en los rituales del solsticio de invierno.

—como el «Viejo Invierno», Santa Claus, Papá Noél, el Olentzero, etc.— encargado de la agradable labor de proveer de regalos a niños y mayores.

Pero si bien los aspectos formales más básicos y externos del ancestral culto a los árboles han podido llegar hasta nuestros días, no ha corrido la misma suerte el árbol sagrado por excelencia, el roble, que acabó perdiendo su corona real en favor de parientes lejanos tan diferentes como el abeto o el pino; así, de un símbolo de hoja caduca se pasó a otro de hoja perenne, un cambio radical que podemos intentar comprender fijándonos en las estrategias empleadas por la Iglesia católica para emprender la cristianización de los pueblos germanos ya romanizados.

Bajo el ímpetu de san Bonifacio —tal como ya mencionamos en el capítulo 1—, a partir del siglo VIII se procedió a socavar y *domesticar* todos los mitos y ritos de los germanos asociándolos a equivalentes cristianos; con este tipo de maniobras arteras se logró transformar lo que nunca dejó de ser rituales íntima y estructuralmente paganos en ceremonias aparentemente cristianas.

De este contexto procede una diversidad de pías y fantasiosas invenciones que el tiempo se encargó de convertir en tradiciones. Así, por ejemplo, para arropar el forzado cambio simbólico del roble por el abeto se intentó justificar la *superioridad* sacra del segundo sobre el primero poniendo en circulación una historia tan infantil como imposible: un roble que los germanos *paganos* creían sagrado cayó sobre un abeto —posibilidad harto difícil ya que ambos árboles crecen en hábitats muy diferentes—, pero al quedar éste «milagrosamente intacto», san Bonifacio —arzobispo de Maguncia, llamado «el apóstol de Germania» por su labor evangelizadora en Baviera, Turingia, Sajonia y Frisia— proclamó que el abeto era «el árbol del niño Jesús».

De todos modos, la elección del abeto por parte de la Iglesia católica romana no fue algo casual, ni mucho menos, ya que ésta basó su *inspiración* en antiguos mitos griegos y latinos que ya tenían a esta conífera de la familia del pino por árbol sacro.

El abeto es un antiquísimo «árbol del nacimiento» tal como lo atestigua la leyenda de que bajo sus ramas nació Tammuz-Adonis —símbolo del ciclo de la muerte y resurrección de la Vegetación—, miembro de la tríada divina de la famosa ciudad fenicia de Biblos, heredero del aún más antiguo mito del babilónico Dumûzu-Dûzu, y prototipo del Osiris predinástico de Egipto, otro dios que también fue considerado el señor de la Vegetación, que enseñó a los humanos la agricultura y que, como rey muerto y señor de ultratumba, ofrecía a sus fieles el paraíso; Osiris fue un dios salvador que garantizaba la inmortalidad y su importancia e influencia llegó a buena parte del Imperio romano.

En Grecia, el abeto estuvo consagrado a Artemisa —la Diana latina—, identificada con Selene (la Luna) o considerada como «Señora de los bosques y los animales», fue la diosa que regía la fecundidad, el parto y los nacimientos en general.

El pino fue también el árbol asociado a la antigua Gran Diosa, la frigia Cibeles, llamada Deméter por los griegos y Ceres por los romanos, símbolo de la potencia vegetativa de la Naturaleza, *inspirada* en el modelo de la egipcia Isis y descendiente mítica de las primigenias diosas de la Generación y la Vegetación que dominaron las religiones agrarias durante todo el período neolítico. En algunos de los ritos del culto a Cibeles, los sacerdotes corrían empuñando una rama de pino que tenía piñas adornadas con cintas de colores, y en el equinoccio de primavera (21 de marzo) se talaba un pino que era llevado con gran pompa hasta su templo.

El hermoso Atis, originado en el amor no correspondido entre Zeus y Cibeles, acabó encendiendo la pasión de la diosa y ésta, presa de los celos cuando el joven pastor frigio se enamoró de la ninfa Sagaritis (o de la hija de un rey, según otras leyendas), le hizo enloquecer hasta el punto de castrarse y provocarse la muerte. Arrepentida, Cibeles le permitió resucitar anualmente bajo la forma de pino.

Según refiere Beaujeu al relatar los usos del culto a Cibeles en Roma, «un pino era abatido y transportado al templo del Palatino por una cofradía que debía a esta función su nombre de *dendroforos* (porta-árboles). Este pino, envuelto como un cadáver, con cintillas de lana y enguirnaldado de violetas, representaba a Atis muerto (el esposo de la diosa): éste no era primitivamente más que el espíritu de las plantas y un muy antiguo rito de los campesinos frigios se perpetuaba, al lado del palacio de los césares, en los honores rendidos a este árbol en marzo. El día siguiente era un día de tristeza en que los fieles ayunaban y se lamentaban al lado del cuerpo del dios (...). Velada misteriosa (...) resurrección esperada (...). Se pasaba entonces súbitamente de los gritos de desesperación a un júbilo delirante. Con el renuevo de la naturaleza, Atis se despertaba de su largo sueño de muerte y, en diversiones licenciosas, mascaradas petulantes y banquetes copiosos, se daba libre curso a la alegría provocada por su retorno a la vida»[2].

Para poder comprender en su verdadero contexto y sentido esta ceremonia del pino debe tenerse presente que hasta mediados del siglo II a.C. el año civil de los romanos comenzaba en las calendas [*calendae,* avisos, el primer día] del mes de marzo, por lo que las fiestas de la última semana de febrero y principios de marzo estaban dedicadas a conmemorar el final de Año Viejo y el nacimiento del Nuevo, siendo equivalentes a las actuales de diciembre/enero.

Con la implantación del cristianismo, resulta muy obvio, una parte de este tipo de celebraciones populares acabó siendo asociada a la Navidad y otra a la Pascua, aunque sustituyendo el nombre —y la función mítica— de Atis (y del resto de dioses que, como él, nacían en el solsticio de invierno y/o resucitaban en los días de Pascua) por el de Jesús-Cristo, claro está.

También el popular dios Dionisos o Baco solía ser representado sosteniendo una piña en la mano, que era una forma de significar su superioridad sobre las fuerzas elementales de la Naturaleza y su control sobre las potencias fecundantes de la tierra. La piña —y el pino o abeto de la que procede— simboliza la inmortalidad de la vida vegetal y animal, representa su retorno cíclico y eterno, la esperanza de que tras el duro invierno se producirá la explosión de vida primaveral que asegurará la supervivencia de los humanos.

Por otra parte, tanto el pino como el abeto son árboles asociados a Saturno, astro y dios que para los antiguos pueblos mesopotámicos —asirios y babilonios—, así como también para los primitivos romanos, estaba ligado a la función fecundadora del Sol, en especial referida a la siembra, y a la continuidad de las estaciones (y de los reinados).

Según la mitología latina, Saturno destronó a su padre Urano y sufrió el mismo destino a manos de su hijo Júpiter —al que también se asoció el roble sagrado y su simbolismo—, que finalmente perdería su supremacía divina, a ojos de los romanos, frente a dioses como Mitra o el genérico *Sol Invictus* —preponderante en el Imperio romano entre los siglos II y IV—, enésimos modelos de la antigua leyenda del dios solar joven, redentor y salvador, que aportarán el esquema mítico que, entre los siglos III y IV, dará lugar al Jesús-Cristo de la tradición cristiana[3]. En todo caso, el viejo mito del hijo que sustituye a su padre en el control del poder celestial pertenece al mismo orden del que subyace bajo fábulas de la Navidad como la del «Padre Invierno» o «Año Viejo» que es reemplazado por el «Año Nuevo», su hijo, nacido como heraldo y portador de esperanza y buenas nuevas para los humanos.

Las fiestas en honor de Saturno, las Saturnales o *Saturnalia,* se celebraban a finales de diciembre (mes que, desde la reforma del calendario hecha por Julio César en el año 45 a.C., cerraba el año) y en ellas se suprimían las diferencias sociales y se hermanaban, temporalmente —hasta

Las piñas, desde la Antigüedad clásica, simbolizan el retorno cíclico y eterno de la vida en la Naturaleza.

el primer día de enero—, los señores y los esclavos —un concepto que será tomado como fundamental y permanente en el posterior mensaje del cristianismo—; la alegría del pueblo se desbordaba en todas direcciones; se organizaban diversiones públicas y loterías; y las mesas de los ricos

La Iglesia católica asimiló la forma triangular del abeto con los tres vértices de la Trinidad.

se llenaban de viandas para agasajar a todos los menesterosos que llamasen a sus puertas⁴. La Navidad cristiana, en este aspecto, se limitó a sustituir a Saturno por Jesús-Cristo como centro y objetivo de la celebración saturnal.

De lo dicho hasta aquí, por tanto, podemos ver que, dentro del contexto cultural latino, a principios de la Alta Edad Media, el pino y el abeto ya habían acumulado suficiente *curriculum* simbólico como para poder sustituir al indoeuropeo roble sin dejar de significar exactamente lo mismo: la inmortalidad de la vida vegetal y animal a través de los ciclos anuales de la Naturaleza, preservada gracias a la protección de los espíritus arbóreos y/o de los diferentes dioses que acabaron por representarlos.

La Iglesia católica, sin embargo, aunque se aprovechó de la fuerza y la vigencia que aún mantenía, entre el pueblo, el simbolismo sacro —y *pagano*— del abeto y del pino, no recurrió a los viejos mitos grecorromanos para justificar el paso del roble al abeto sino que se las ingenió para dotar al árbol de un nuevo significado místico más acorde con sus intereses doctrinales: la forma triangular que tiene el abeto —reveló la Iglesia a las masas sedientas de prodigios del medievo— representa la Santísima Trinidad; el extremo superior del árbol recuerda a Dios Padre y los dos inferiores a Dios Hijo y al Espíritu Santo, respectivamente. Así de simple.

De esta manera, a mediados del siglo VIII, se cortó en Alemania el primer abeto o «árbol del niño Jesús» como un elemento cultual más dentro de la celebración de la Navidad cristiana. Al principio sólo se colgaban de él dulces y frutas (manzanas principalmente)... los adornos y bolas actuales no llegarían hasta el siglo XVIII, de la mano de los sopladores de vidrio de Bohemia, creadores de los primeros talleres para fabricar adornos de vidrio para decorar el árbol navideño o *Lichter-baumschmuck*.

A pesar de la cristianización del abeto y del pino, el recuerdo de su significado ancestral nunca llegó a desaparecer totalmente de la memoria popular. Así, por ejemplo, a principios de este siglo, en Caldes de Montbui (Barcelona), aún se conservaba la antiquísima tradición del «pino de Navidad»: la vigilia del día de los Inocentes, los viejos del pueblo plantaban un pino en medio de la plaza, lo rodeaban con mucha leña y luego le prendían fuego; al formarse el brasal, los participantes, sentados a su alrededor, lanzaban piñones dentro y, al rebotar cascados por el calor, los comían mientras recordaban su juventud. El árbol y el fuego mantenían todavía su simbolismo mágico en relación con la fertilidad, la provisión de alimento y los ciclos naturales.

La invasión pacífica que vino del norte

La expansión de la tradición del árbol de Navidad, desde los pueblos septentrionales donde evolucionó y prosperó, hasta el resto de los países europeos —y del continente americano—, fue un proceso muy lento y relativamente reciente.

Durante la última y más importante fase de las guerras de religión europeas, que enfrentó a católicos y protestantes germanos (con sus correspondientes aliados europeos) en la llamada Guerra de los Treinta Años (1618-1648), los suecos llevaron consigo su costumbre del árbol navideño hasta Alemania, donde, por otra parte, en ciudades como Estrasburgo ya era usual desde al menos el siglo XVI. De todos modos, a finales del siglo XVIII el abeto de Navidad todavía no había sido adoptado más que por una pequeña parte de los ciudadanos alemanes.

A medida que el árbol de Navidad se ha convertido en costumbre, los vendedores de abetos y pinos han pasado a ocupar cada vez más espacio en los mercadillos navideños.

Tiempo después, sin embargo, la costumbre había arraigado con fuerza en Alemania, donde las familias acomodadas instalaban en su salón un abeto auténtico y las más humildes tenían uno artificial, confeccionado con un poste, clavado sobre una base de madera, en el que se instalaban tres o más estantes redondos de madera —insertados en el poste mediante un agujero central y formados por piezas de tamaños decrecientes para imitar la forma del árbol original— que servían para sostener las velas y demás decoración navideña, así como frutas y regalos.

En 1813 el árbol de Navidad penetró en Austria de la mano de la princesa de Nassau-Weilburg. En la capital de Polonia comenzó a verse desde 1820. Entre los años 1829 y 1840, desde Alemania, el árbol de Navidad se introdujo casi simultáneamente en Gran Bretaña y Francia. En Gran Bretaña lo hizo por obra del príncipe Alberto, esposo de la reina Victoria. En Francia el abeto navideño fue apadrinado por la princesa Hélène de Mecklembourg, duquesa de Orleáns —que en 1840 colocó un árbol en las Tullerías—, y por las familias acomodadas protestantes originarias de Alsacia y Alemania. La emperatriz Eugenia, durante el Segundo Imperio, fue también una gran defensora de esa nueva moda.

A pesar de tan nobles defensores, sin embargo, en Francia, la tradición del árbol de Navidad siguió siendo bastante desconocida hasta después de la guerra de 1870 (que puso fin al Segundo Imperio tras la derrota infligida por Prusia y la pérdida de las regiones de Alsacia y Lorena, posteriormente recuperadas, mediante el Tratado de Versalles de 1919, después de la derrota alemana en la Primera Guerra Mundial).

Los alsacianos y loreneses que emigraron tras el desastre de 1870 fueron los principales artífices de la expansión del abeto navideño y, poco tiempo después, a finales de siglo, la costumbre ya se había extendido por casi todo el país desde la re-

En el primer cuarto de este siglo, el árbol de Navidad era algo ajeno a las costumbres festivas españolas.

gión campesina de la Alsacia, históricamente conectada con los pueblos centroeuropeos y sus tradiciones a través del eje del Rin.

En Alsacia el árbol de Navidad iba ligado al «gran Klaus», un anciano personaje celeste al que se representaba con luenga barba blanca, cejas gruesas y revueltas, vestido con un manto con capucha de felpa y llevando una cesta y un abeto (o más exactamente una rama de ese árbol). Se le consideraba el protector de los niños bondadosos y llamaba a la puerta de cada casa llevando la rama de abeto cargada de golosinas y juguetes en una mano y, en la otra, una vara de retama para castigar a quienes se hubiesen portado mal. Una vez recibido este personaje, entre la algarabía de los menores de cada casa, la rama de abeto era *plantada* dentro de una caja de madera, sostenida por varias piedras que eran recubiertas con musgo, se la instalaba en la estancia principal del hogar y se la decoraba con profusión.

A finales del siglo pasado, el árbol de Navidad ya era también muy común en países tan diferentes y distantes como Estados Unidos (donde había llegado de la mano de los inmigrantes nórdicos y alemanes hacia el año 1776) y Rusia —especialmente entre su clase adinerada—; en ambas partes, como en los lugares de origen de esta tradición, se adornaban las ramas del abeto con luces, flores, frutas —particularmente manzanas—, bombones, juguetes y todo tipo de regalos para los niños y adultos de la casa.

Una vez extendida por Francia, la tradición del árbol de Navidad comenzó a penetrar en España, fundamentalmente por Cataluña, a partir del primer cuarto de este siglo. Una prueba de este proceso de invasión pacífica —pero que resultó imparable— la encontramos en artículos periodísticos en los que tan aguerridos como abrumados defensores de las tradiciones locales (el belén) le plantan cara al intruso verde; así, por ejemplo, Dolors Cos, en la Navidad de 1930, se lamentaba de que «en algunos hogares con no excesiva personalidad se intenta introducir la costumbre del árbol de Noël, costumbre que en los países donde se originó, rodeado de dulces leyendas y precedido de una tradición secular tiene todas las gracias, pero aquí, hemos de confesar con sinceridad, no nos dice casi nada».

En la misma línea, casi dos décadas después, en 1948, Ramón Violant se quejaba de que en la famosa feria navideña barcelonesa de Santa Lucía, mezclado entre los puestos de venta de figuras y adornos pesebrísticos, «desde hace unos pocos años, también ha aparecido algún "árbol de Noël" —tal como lo denomina la gente—, así como algún "ramo de la suerte", de boj, acebo o muérdago, con tal de recordarnos la Navidad del país de los picos nevados y frondosos bosques de abetos, que, la verdad, estos símbolos de la Navidad nórdica desentonan mucho entre los típicos y tradicionales elementos de nuestra feria, de marcado ambiente mediterráneo»[5].

A pesar de las protestas, la moda del

Katharine Hepburn y Gig Young en una escena de la película Su otra esposa. *Imágenes navideñas como ésta extendieron el uso del abeto de Navidad por los hogares españoles.*

árbol navideño, popularizada de modo indirecto, pero altamente eficaz, desde las escenas navideñas del cine norteamericano —y, en menor medida, del británico—, que era la estrella indiscutible de nuestras pantallas en esos días, acabó por imponerse como *tradición* en todas partes hasta el día de hoy.

NOTAS

1. *Cfr.* Graves, R. (1983). *La diosa blanca*. Madrid: Alianza Editorial, pp. 236-237.
2. *Cfr.* Beaujeu, J., Defradas, J. y Le Bonniec, H. (1967). *Les grecs et les romains*. París, p. 253. En Chevalier, J. y Cheerbrant, A. (1991). *Diccionario de los símbolos*. Barcelona: Herder, p. 837.

3. *Cfr*. Rodríguez, P. (1997). *Mentiras fundamentales de la Iglesia católica*. Barcelona: Ediciones B., pp. 137-151.

4. Esta generosidad, sin embargo, era flor de un solo día, del dedicado a *Opis* (la griega Rea, identificada por los romanos con Cibeles, la Gran Madre de todos los dioses), esposa de Saturno y diosa de la abundancia. La Iglesia católica acabó borrando el recuerdo de Rea mediante su habitual estrategia de superponer en el mismo día un culto equivalente, que en este caso fue el de la advocación de la Virgen de la Esperanza (18 de diciembre).

5. *Cfr*. Violant, R. (1948). *El llibre de Nadal*. Barcelona: Impremta de Salvador Salvadó, p. 32.

9

El muérdago, un don celeste que protege y procura felicidad

Como heraldo que anuncia el espíritu de la Navidad, los ramilletes de muérdago se cuelgan en los marcos de puertas y ventanas de las casas para beneficiarse de la buena suerte de la que se le supone portador. «Si no hay muérdago, no hay suerte», reza un viejo dicho galés. Una ramita de muérdago pegada al envoltorio de un regalo sirve para expresarle a su destinatario los mejores deseos de quien se lo obsequia.

También se le suele colgar del techo o de algún otro lugar elevado del hogar para poder cumplir con una antiquísima tradición: la muchacha soltera que recibe un

El muérdago, una planta mágica ancestral, simboliza lo fundamental del espíritu de la Navidad y a sus ramilletes se les atribuye la virtud de dar protección, suerte y felicidad.

beso bajo el muérdago, en Nochebuena, se casará durante el año siguiente, y si está casada quedará embarazada. De todos modos, dado que hoy día la idea de casarse y tener hijos difiere mucho de la que se tenía antaño y ya no supone «el objetivo vital de toda mujer», esta tradición se ha adaptado a los nuevos tiempos y sólo asegura que quien reciba un beso bajo el muérdago encontrará el amor que busca o disfrutará del que ya tenga y, claro está, gozará de buena fortuna.

La tradición de adornar los hogares con muérdago por Navidad procede de los países del norte y centro de Europa, aunque hoy ya se halla asentada como una costumbre habitual en todos los países del continente. En España —con excepción de algunas zonas próximas a la frontera francesa en las que el uso de esta planta viene de antiguo— no fue sino a partir de finales del primer cuarto de este siglo cuando comenzó a generalizarse, muy lentamente, el uso del muérdago por Navidad.

**La planta suspendida
entre el cielo y la tierra**

El muérdago —*Viscum album*— pertenece a la familia de las *Lorantáceas*, plantas hemiparásitas que aunque pueden hacer la fotosíntesis asimilando la luz del sol son incapaces de enraizar en la tierra y lo hacen sobre el tejido vivo de otras plantas, generalmente sobre árboles de hoja caduca y coníferas, muy particularmente sobre álamos, tilos, abedules, sauces, manzanos, perales, nogales, pinos, abetos y, en el sur español, sobre olivos; en nuestras latitudes es muy raro encontrarlo sobre robles —el árbol sagrado por excelencia cuando va coronado por el muérdago—, y es aún más extraño hallarlo sobre la vid. Se disemina a partir de semillas contenidas en los excrementos de los pájaros (en especial del zorzal charlo o *Turdus viscivorus*) que comen sus pulposas bayas blancas (tóxicas para los humanos).

Al contrario que el resto de plantas, las raíces del muérdago no se dirigen hacia el interior de la tierra, sino que hunden sus *chupadores* en la madera del árbol en que medra, y sus ramas y hojas tampoco crecen en dirección al sol, sino que lo hacen conformando una mata redondeada que se dispone en el espacio sin tener en cuenta ni la tierra ni el sol. A diferencia de la mayoría de los vegetales, que necesitan la oscuridad para germinar y la luz solar para poder crecer y verdecer, el muérdago requiere de la luz del sol para poder brotar y sus hojas se mantienen permanentemente verdes, tanto en condiciones de luz como de oscuridad, durante todo el año.

Su ciclo estacional difiere del de la inmensa mayoría de los vegetales ya que, en nuestras latitudes, florece en primavera pero sus frutos no maduran hasta la época más fría del invierno (entre noviembre y enero). Sus épocas tradicionales de recolección son el solsticio de verano y el de invierno, generalmente durante el primero o el sexto día de luna.

Por las razones recién aludidas, el muérdago no está ligado a la tierra, al espacio, ni al tiempo, aunque sí está íntimamente conectado, desde su mismo origen, a la luz solar (al «cielo»), unas peculiaridades que sirvieron de base para la construcción de su notable leyenda. Desde la más remota Antigüedad, el muérdago ha sido considerado como una planta sagrada, tanto en toda Europa como en regiones alejadas de Asia o África; los ainos de Japón o los walos africanos, por ejemplo, lo consideran como una especie de «regalo divino» estacional.

El filósofo y científico griego Teofrasto (373-287 a.C.), discípulo de Platón y de Aristóteles, al describir el muérdago, en su obra *Historia Plantarum,* ya cita manuscritos muy anteriores que sitúan el origen de esta planta en una época muy remota en la que fue traída a la tierra por los dioses para que sirviese de panacea y talismán protector.

Símbolo de unión entre lo divino y lo humano

En el solsticio de invierno, el 21 de diciembre, durante la noche más larga del año, los druidas iban hasta el claro de los bosques en busca de la planta que estaba suspendida entre el cielo y la tierra y conservaba su verdor en todas las estaciones; tenía lugar la *Modra Necht,* la ceremonia de recogida del muérdago, que era particularmente venerado si crecía sobre un roble, su árbol más sagrado[1].

El Colegio de Druidas —formado, entre otros, por bardos (poetas), *vates* (adivinos) y la *koridwen* (representación del principio femenino, de la Naturaleza)—, precedido por el heraldo portador de la espada, daba tres vueltas al claro en el que estaba el roble sagrado, acto seguido el heraldo se detenía cara al norte, trazaba un círculo en el suelo con la espada, tocaba el cuerno y preguntaba si había paz en los países celtas. Acto seguido, el archidruida encargado del ritual, vestido de blanco, trepaba al roble y comenzaba a cortar el muérdago con una hoz de oro[2]. La planta, que no podía tocar el suelo so pena de perder sus propiedades sagradas, caía sobre un lienzo de lino blanco que era sostenido por cuatro mujeres presididas por la *koridwen.*

En el momento de invocar las potencias de los espíritus de los antepasados se gritaba: «*¡Oh Ghel au Heu!*» («¡Con el muérdago de Año Nuevo!»), que ritualmente significaba «¡Que Salga el Trigo!», eso es que vuelva la vida a la tierra al acabar el invierno. Seguidamente, la *koridwen,* que era la encargada de elaborar pócimas medicinales con las bayas del muérdago, entregaba a cada participante un ramillete de la planta y a continuación se celebraba una eucaristía o comida ritual, con hidromiel y una galleta, en acción de gracias por haber recibido tan abundante cosecha de muérdago. Para finalizar, se tocaba el arpa con el fin de armonizar las relaciones entre los muertos y los vivos, se volvía a formar la procesión y el Colegio abandonaba el claro del bosque.

El hecho de que el muérdago sea propagado por los pájaros —«mensajeros de los dioses» que simbolizan casi universalmente las relaciones entre cielo y tierra—, que comen sus bayas, y brote sobre un Árbol-Madre lo cualificaba ante los druidas como la representación del acto de unión entre lo divino o celeste y lo humano o terrestre, era el símbolo del sacrificio divino, del descenso del Espíritu sobre la Materia, un significado que concuerda perfectamente con la alegoría del nacimiento del niño Jesús en el contexto de la Navidad cristiana.

Sin embargo, las escasas leyendas cristianas que han intentado *evangelizar* el simbolismo del *pagano* muérdago se perdieron por caminos muy alejados de la bella alegoría recién citada. Así, por ejemplo, una fábula católica pretendió que la cruz de la pasión de Jesús fue construida con la madera de uno de los «grandes árboles de muérdago que existían en esos días» y que, en consecuencia, tras la ejecución del nazareno, toda la especie vegetal se encogió de vergüenza hasta tal punto que se vio obligada a tener que sobrevivir, escondida entre las ramas de otros árboles, como una planta parásita.

Desde el punto de vista que intentó introducir esta leyenda católica medieval tardía, tener un ramillete de muérdago en casa equivaldría a exponer un crucifijo en honor de Jesucristo, pero este simbolismo jamás hizo la menor fortuna y la planta siguió asociada a sus ancestrales poderes mágicos y a los no menos antiguos anhelos de protección, prosperidad y buena suerte.

Talismán protector que da suerte y fertilidad

Aunque los druidas desaparecieron hace ya muchísimos siglos, hoy, en países como Francia, Gran Bretaña y Escandinavia, todavía hay hermandades que celebran ritualmente la noche del 21 de diciembre. Un claro residuo de esos rituales celtas ha pervivido hasta tiempos muy recientes bajo diversidad de tradiciones populares. Así, por ejemplo, en muchas regiones, entre ellas la Provenza francesa, los niños recogían muérdago en los bosques por Navidad y lo repartían de casa en casa, durante el último día del año, al grito de *«agui l'anneau!»* («¡el muérdago de Año Nuevo!»); a cambio de esos ramilletes de la buena suerte, los críos recibían aguinaldos en forma de golosinas, regalos o algunas monedas.

En algunas zonas españolas vecinas de Francia, como en el Ampurdán catalán, desde muy antiguo se ha seguido la costumbre de intercambiar, entre amigos, durante el día de Navidad o de Año Nuevo, ramos de muérdago recogidos en el bosque con la finalidad de desear y proporcionar suerte a la persona que se le regala. Este ritual del «ramo de la suerte» acabará extendiéndose progresivamente por todo el país, como una nueva moda navideña, a partir de finales del primer cuarto de este siglo.

Las tradiciones agrarias europeas han venido considerando el muérdago como un eficaz protector frente a los hechizos y maleficios, le han adjudicado altas propiedades curativas y regeneradoras y, en general, lo han reverenciado y empleado como un portador de felicidad por excelencia. En su papel de amuleto protector, el muérdago era —y aún es— colocado en los techos de las casas y en los establos para protegerse de la caída del rayo y de las enfermedades del ganado.

Su mágica capacidad para evitar los rayos —en algunas regiones se conoce a la planta como «escoba de rayos»— le viene de la creencia campesina que sitúa el origen del muérdago en la descarga de un relámpago, una suposición que debió de nacer tras observar repetidamente que el muérdago y algunos árboles —como el tejo— *atacados* por el rayo están muy relacionados; de hecho, los geobiólogos han hecho notar que en los puntos donde hay fuertes perturbaciones telúricas, señalados como geopatógenos, los árboles afectados, que sufren tumoraciones y malformaciones diversas, son el objetivo predilecto tanto de rayos como de matas de muérdago. Parece que el muérdago gusta absorber los excesos de energía telúrica, ya que es en estos lugares donde su desarrollo alcanza las mayores cotas, con lo que contribuye a mantener sanos a los árboles que lo hospedan.

A más abundamiento, tomando en cuenta que el muérdago mágico por excelencia era el que crecía sobre el roble y recordando que, como muy bien señaló Georges James Frazer en su obra fundamental *La rama dorada* (1890), el roble estaba asociado al dios del rayo y el trueno en los pueblos arios —fuente de las creencias que nos ocupan—, resulta aún más sólida la conexión mítica entre el muérdago y el rayo.

El rayo, como símbolo prácticamente universal, representa una influencia fecundante, ya sea en el orden material como espiritual. En las culturas antiguas, como, por ejemplo, las mesopotámicas, la hebrea o la griega, el rayo era el instrumento por excelencia para la manifestación de Dios. En las representaciones iconográficas, el rayo áureo, ya sea emanado del sol (astro divinizado en todas las culturas) o de cualquier otro dios antropomorfo, simboliza la chispa de la vida, el poder fertilizante de la divinidad celeste. El muérdago —criatura «que se alimenta del sol», que no toca jamás la tierra y que culmina su existencia adquiriendo un color dorado—, a partir de este *parentesco* con el rayo, fortaleció, si no adquirió, su clásica función favorecedora de la fertilidad.

De lo anterior han derivado tradiciones tan populares y extendidas como la procedente del norte de Europa de besarse y/o abrazarse bajo el muérdago, por Navidad, para que la pareja que lo haga obtenga el don de la fertilidad y tenga hijos (uno de los *bienes* más preciados durante toda la evolución de la humanidad). Ya Plinio el Viejo (23-79 d.C.), en su enciclopédica *Naturalis historia,* dejó escrito que, entre los celtas, las mujeres llevaban un trocito de muérdago encima para propiciar sus embarazos, y se empleaban pociones hechas con esta planta para hacer criar a los animales estériles. En el mismo sentido, en relación a la fertilidad de los

Nast, en el siglo pasado, publicó dibujos costumbristas en los que el muérdago es el centro de ritos navideños.

campos de cultivo, los agricultores, desde muy antiguo, relacionaron la abundancia o escasez de muérdago sobre los árboles del bosque a finales de diciembre con un augurio acerca de la mayor o menor calidad y cantidad de sus próximas cosechas, especialmente de las de grano.

La costumbre de besarse y/o abrazarse bajo el muérdago se implantó en Estados Unidos a mediados del siglo XIX, y desde Gran Bretaña, a principios de este siglo, pasó a Francia como una nueva moda social —recomendada, por ejemplo, en la revista *Fémina* de 15 de diciembre de 1903—; en España comenzó a ser un uso popular a partir de finales del primer cuarto de este siglo.

Según Plinio, los galos identificaban el muérdago con el término *oll-iach* o *uilei-ceaadh,* que significa «el que cura todo», y los druidas consideraban el muérdago como un símbolo de inmortalidad, vigor y regeneración física, una creencia que cimentó la fama *milagrera* que ha mantenido esta planta hasta casi nuestros días. Popularmente se ha atribuido al muérdago poder curativo contra la epilepsia, las enfermedades infantiles o la esterilidad, y se ha considerado como el mejor antídoto contra cualquier veneno. Su presunta acción benefactora llegaba hasta el mismísimo mundo de los sueños, dando origen a costumbres como la austríaca de situar un ramo de muérdago en el umbral de la puerta para evitar las pesadillas, o la galesa de poner un trozo de la planta bajo la almohada para poder disfrutar de sueños proféticos.

Llave del ciclo estacional y luz que guía hacia el renacimiento de la vida

Al fructificar en el solsticio hiemal, cuando toda la Naturaleza permanece aletargada bajo el frío, el muérdago se convierte en la llave del ciclo anual, en el símbolo que irradia la «luz dorada» que guía desde las tinieblas invernales hasta la claridad primaveral, punto culminante en que se inicia la eclosión de la vida en la tierra y, por extensión, la regeneración física y espiritual de todos los seres vivos.

Eneas, el héroe de la *Eneida* de Virgilio (70-19 a.C.), empleó el muérdago como *llave* de la puerta de salida que le permitió dejar atrás las tinieblas infernales. «Fácil es la bajada al averno —le dice la Sibila a Eneas en el texto de Virgilio—, día y noche está abierta la puerta del negro Dite; pero retroceder y restituirte a las auras de la tierra, esto es lo arduo, esto es lo difícil; pocos, y del linaje de los dioses, a quienes fue Júpiter propicio, o a quienes una ardiente virtud remontó a los astros, pudieron lograrlo (...).

»Mas si tan grande amor te mueve, si tanto afán tienes de cruzar dos veces el lago Estigio, de ver dos veces el negro Tártaro, y si estás decidido a probar la insensata empresa, oye lo que has de hacer ante todo: Bajo la opaca copa de un árbol se oculta un ramo, cuyas hojas y flexible tallo son de oro, el cual está consagrado a Juno infernal; todo el bosque le oculta y las sombras le encierran en tenebrosos valles, y no es dado penetrar en las entrañas de la tierra sino al que haya desgajado del árbol la áurea rama (...). De esta suerte podrás, en fin, visitar las selvas estigias y los reinos inaccesibles para los vivos.»

Virgilio nos dio una pista importante cuando le hizo decir a la Sibila que el muérdago estaba consagrado a Juno, ya que sabemos que esta poderosa diosa romana era la esposa de Júpiter y que su nombre era la versión latina que recogía la identidad y funciones de la antigua diosa griega Hera, reina del mundo y protectora de la fecundidad, que, a su vez, era una versión de Tinnit-Baalit, diosa de la fecundidad, de la Naturaleza y de la vida, que ya reinaba sobre el mundo, en el Próximo Oriente, unos dos mil años a.C. Todo parece indicar, pues, que la leyenda asociada al muérdago que recogió Virgilio en su obra —y que, en lo fundamental, fue clave en el contexto religioso germano y celta— tuvo su origen en las elaboraciones míticas de las primitivas culturas indoeuropeas.

Los celtas, artífices básicos de la aureola mágica del muérdago que ha llegado hasta hoy bajo diferentes tradiciones populares, fueron la rama occidental de los pueblos indoeuropeos que tomaron Europa central como punto de partida de una expansión que les llevó hasta la Galia y las islas Británicas hacia el siglo X o IX a.C. y hasta Italia, España, Grecia, los Balcanes y Asia Menor entre los siglos VI y V a.C. Publio Virgilio Marón había nacido en el antiguo Eridan, región que estuvo ocupada durante mucho tiempo por los celtas, de quienes debió de recoger la tradición sobre el poder mágico del muérdago.

El simbolismo de esta leyenda de la *Eneida* aflora magistralmente la necesidad más fundamental que tenían los pueblos agrarios desde la noche de los tiempos, eso es que la Naturaleza vuelva a la vida tras su *muerte* invernal. Eneas, después de su paseo por la desolación del averno/invierno, logró regresar al mundo de los vivos mediante la artimaña de mostrarle al barquero Caronte[3] la «áurea rama» de muérdago, ante la que éste cayó presa de admiración y se avino sin reservas a devolver al héroe hacia el lado de la vida del lago Estigio.

Del mismo modo que se describe en la leyenda, la presencia del ramillete de muérdago ritual en las ceremonias culturales y en los hogares estaba destinada a lograr un idéntico fin: conmover y convencer al «viejo harapiento, duro e inflexible» Caronte —representado bajo los aspectos básicos que, muchos siglos más tarde, y no por casualidad, identificarán la imagen del «Viejo Invierno»— para que deje cruzar el alma de la Naturaleza desde el lado de la muerte (invierno) hasta el de la vida (primavera).

El muérdago, por tanto, no sólo se nos muestra como un eficaz instrumento contra los poderes de las tinieblas —y, por extensión, como un protector contra el mal de ojo y otras maldiciones—, sino que se nos presenta como la llave que hace posible el milagro anual que tan bellamente expresa el ancestral mito del eterno retorno. La rama de muérdago, colgada en un lugar bien visible del hogar, durante las fiestas de Navidad, representa la súplica primigenia que la humanidad, desde tiempo inmemorial, elevó al cielo en demanda de protección, prosperidad y felicidad.

NOTAS

1. El muérdago de roble era y es muy raro en todo el occidente europeo, aunque, por el contrario, más al este, hacia Moscú y Bagdad, es este árbol el que con más frecuencia resulta parasitado por el muérdago.

2. Estaba estrictamente prohibido emplear utensilios de hierro para cortar el muérdago, ya que se creía que el contacto con este metal «terrestre» podía *descargarlo* de sus poderes mágicos. Un tabú similar lo encontramos, por ejemplo, entre los constructores del Templo de Salomón, a los que tampoco se les permitió usar útiles de hierro. El oro, por el contrario, es el metal que simboliza la inmortalidad en casi todas las culturas. La forma de la hoz usada para recoger el muérdago representa la luna en cuarto creciente, antiquísimo signo de fecundidad y de renovación de las cosechas. La relación *simbiótica* entre el muérdago y el oro obedece también a que sus flores

son doradas y a que conforme la planta recogida en Navidad comienza a secarse va dorándose hasta aparentar un «ramillete de oro» hacia el mes de junio. En algunas regiones europeas (Galicia es una de ellas), en virtud de la magia simpática —que propugna que igual atrae a igual—, aún se suele emplear el muérdago seco para buscar tesoros enterrados o escondidos.

3. Caronte, hijo de Erebo (las tinieblas infernales; hijo a su vez de Caos, el desorden originario anterior a la existencia de dioses y hombres) y de su hermana Nix (la noche), estaba encargado de pasar con su barca las almas de los muertos de un lado a otro del Aqueronte, a través del río o lago Estigio, desde el lado de los vivos hasta el de los Infiernos. Se le representa como un viejo harapiento, duro e inflexible, que no dejaba pasar a nadie si no le pagaba previamente un óbolo (moneda griega de plata); en esta creencia se fundamenta la costumbre ancestral —que coexistió con el cristianismo y fue habitual hasta hace poco tiempo— de depositar una moneda dentro de la boca de un cadáver con el fin de que pudiese pagarle su pasaje a Caronte.

10

El acebo, un signo de buen augurio

En los países de tradición católica, los mercadillos de Navidad ponen a la venta toneladas de ramilletes de acebo y todo tipo de adornos (centros de mesa, coronas para colgar en las puertas, etc.) confeccionados con esta planta, que también suele añadirse, adherida sobre el envoltorio, a las cajas con regalos. Al acebo, en Navidad, se le otorga la propiedad de oficiar como un «ramo de la suerte», pero ésta es una función relativamente reciente y carente de base simbólica tradicional que la sostenga.

Debido a la importancia capital que siempre tuvo el muérdago en los cultos y tradiciones agrarias de toda Europa y a que su tremenda fuerza simbólica, actualizada en cada solsticio de invierno, permaneció viva en el subconsciente colectivo de los pueblos aun muchos siglos después de haber sido cristianizados, la Iglesia católica llegó a prohibir la presencia de muérdago en los hogares por Navidad aduciendo que tal costumbre era bárbara e idólatra. Para substituir al muérdago, la Iglesia forzó el empleo del acebo, ya que, según su punto de vista, «las hojas del acebo recuerdan las espinas de la corona de Cristo y sus bayas rojas simbolizan la sangre derramada durante su pasión».

El acebo entró en la tradición navideña muy tardíamente y le usurpó al muérdago su aureola mágica.

Una planta condenada a ser navideña a la fuerza

El acebo —*ilex aquifolium*— es un árbol oriundo de China que puede llegar a medir hasta 10 metros, aunque habitualmente no se le deja alcanzar más de 1 a 5 metros. Crece en los barrancos muy sombreados y en los bosques de encinas, robles o hayas del sur y oeste de Europa. Sus hojas son coriáceas, perennes (duran alrededor de dos años), con el borde ondulado y erizado de pinchos y mantienen un color verde reluciente durante todo el año, un aspecto que la convierte en una planta muy llamativa durante el invierno, especialmente cuando crece entre robles o hayas que han perdido sus hojas por el descanso estacional.

Los frutos del acebo son drupas globulosas, del tamaño de un guisante, lisos, relucientes y, por lo general, de color escarlata o rojo vivo (aunque a veces pueden ser amarillos); maduran en octubre y se mantienen en el arbusto durante meses, sirviendo de alimento a los muchos animales —pájaros principalmente— que dependen de ellos para

El acebo es una especie protegida que no debe emplearse como adorno navideño. En la foto, un magnífico ejemplar de acebo en medio del paisaje nevado de un monte asturiano.

sustentarse en medio de la escasez del invierno.

El acebo, actualmente, es una especie poco abundante debido a factores tales como la reducción de su hábitat al ir desapareciendo los bosques de hoja caduca, la progresiva deforestación de éstos por culpa de la explotación agraria y, lamentablemente, por la excesiva recolección que sufre esta planta durante las fiestas de Navidad, una situación que no remedia ni alivia, sino al contrario, su cultivo comercial especializado.

Para poder proveer la gran demanda de acebo con fines decorativos navideños, se recolectan las ramas que tienen mayor cantidad de frutos, es decir, las plantas hembras, con lo que se descompensa gravemente el equilibrio de la especie, amenazando su reproducción y reduciendo drásticamente sus posibilidades de supervivencia en el futuro. Paralela a su amenaza de extinción corre la suerte de los animales que dependen de sus frutos para poder sobrevivir al invierno. Al ser una especie protegida, cortar acebo silvestre está penado por ley.

Por las razones recién citadas, y dado que la fiesta del solsticio invernal es, ante todo, un canto a la vida y al futuro de la Naturaleza, deberíamos despertar nuestra poca o mucha conciencia ecológica y dejar de consumir acebo por Navidad.

A más abundamiento, el acebo, tal como veremos seguidamente, carece de base simbólica real, ya que la que se le ha asociado —como signo de buen augurio— fue inventada tardíamente por la Iglesia católica para desplazar el simbolismo ancestral del muérdago, una planta que sí es muy abundante —además de ser la única, auténtica e idónea «planta de la buena suerte» para la Navidad, en virtud del mito que representa— y que debería ser empleada en exclusiva durante estas fiestas, obviando así el *artificial* acebo, una planta condenada a ser navideña a la fuerza.

De cómo una impostura conquistó la Navidad

Al contrario que el muérdago, el acebo no aparece entre las plantas clásicas que la tradición ha hecho depositarias de símbolos y propiedades mágicas ancestrales. Tal como señalamos ya al inicio de este capítulo, la presencia del acebo entre los elementos navideños no se debe más que al empeño de la Iglesia católica en desplazar y sustituir el *pagano* muérdago por el *cristianizado* acebo, una pretensión en la que fracasó... aunque no del todo.

El intento de mitificación del acebo por parte de la Iglesia católica tiene su origen más probable en las islas Británicas, en medio del largo proceso de cristianización de los diferentes pueblos anglosajones, iniciado entre los siglos VII y VIII, que acabó mezclando y asimilando parte de los mitos y ritos paganos autóctonos con los cristianos.

En este sentido, resulta importante la constatación de Robert Graves al señalar que el acebo aparece resaltado en un relato irlandés titulado *Romance de Gawain y el*

Caballero Verde. Gawain es un prototipo del mito de Hércules y el Caballero Verde es un gigante inmortal que lleva una clava —especie de bastón muy tosco o garrote— hecha con una rama de acebo; ambos personajes hicieron el pacto de decapitarse mutuamente en Años Nuevos alternos —eso es en los solsticios de verano y de invierno—, aunque, finalmente, el Caballero del Acebo le perdonó la vida al Caballero del Roble (sir Gawain).

En la balada titulada *El casamiento de sir Gawain* se hizo aparecer al rey Arturo diciendo: «cuando venía por un páramo vi una dama sentada entre un roble y un acebo verde. Su vestido era de color grana» y, como señala Graves en *La diosa blanca*, «esta dama, cuyo nombre no se menciona, sería la diosa Creiddyland, por quien, en el mito galés, el Caballero del Roble y el Caballero del Acebo luchan cada Primero de Mayo hasta el Día del Juicio.

»Como en la práctica medieval, san Juan Bautista —quien perdió la cabeza el día de San Juan— adquirió los títulos y las costumbres del rey del roble —prosigue Graves—, era natural que Jesús, como sucesor misericordioso de Juan, adquiriera los del rey del acebo. Así el acebo quedaba más exaltado que el roble. Por ejemplo, en el *Villancico del Acebo:* "De todos los árboles que hay en el bosque el Acebo lleva la corona", opinión que se deriva de la *Canción de los árboles del bosque:* "De todos los árboles, cualesquiera que sean, el mejor decisivamente es el acebo." En cada estrofa del villancico, con su coro pertinente acerca de la "salida del sol, la corrida del ciervo", se compara alguna propiedad del árbol con el nacimiento o la pasión de Jesús: la blancura de la flor, la rojez de la baya, la agudeza de las púas, la amargura de la corteza».

Desde esta relativamente reciente elaboración mítica, la Iglesia católica forzó la entronización del acebo en los hogares navideños argumentando que la alegría del nacimiento de Jesús de Nazaret no debía hacer olvidar, ni momentáneamente, el destino que le aguardaba, simbólicamente representado por las hojas del acebo, encargadas de recordar las espinas de la corona de Cristo, y por sus bayas rojas, supuesta expresión de la sangre derramada durante su pasión.

A pesar de tan loable empeño y de la sugestiva imagen que, durante la Edad Media, se asoció al acebo, en los mercados navideños europeos de finales del siglo XVIII esta planta seguía siendo poco menos que una recién llegada que pugnaba por entrar en la decoración de los hogares al lado del majestuoso y tradicional muérdago.

Un siglo después, a finales del XIX, el acebo ya se había hecho con un lugar entre la decoración navideña, pero sólo aparecía junto al muérdago, respecto al que siempre figuraba como subordinado y, en definitiva, disfrutando de su misma aureola mágica como «ramo de la buena suerte».

Durante la primera década del siglo XX, sin embargo, cuando ya se confundía totalmente el significado del muérdago y del acebo —adjudicando al segundo la virtud que siempre fue patrimonio exclusivo del primero—, el *ilex aquifolium* ya pudo comenzar a disfrutar de su papel de usurpador exitoso. En las estampas navideñas del presente siglo, el acebo, a diferencia de lo que sucedía en los grabados de siglos anteriores —en los que no aparecía si no era como complemento del muérdago, que aún era el protagonista en solitario de muchas representaciones—, invirtió la tendencia iconográfica y se convirtió en el añadido decorativo más representado.

Entre los deseos de paz de la Navidad se había librado una feroz guerra de la que nadie pareció ser consciente. El acebo, ganador formal de la última batalla, contó con dos poderosos aliados a su favor: la ignorancia progresiva de los habitantes de las ciudades y la necesidad de colores vistosos de los ilustradores gráficos. La dinámica comercial hizo el resto.

Mientras la mayoría de la gente permaneció consciente de las tradiciones agrarias, a nadie se le ocurrió jamás suplantar el simbolismo y la función del muérdago por otra planta; por esa razón nunca prosperó la pretensión de la Iglesia católica de imponer el acebo en la celebración solsticial de la Navidad, ni aun recurriendo a la emotiva simbología cristiana que le añadió a dicha planta. Pero, con el desarrollo de la sociedad industrializada, a medida que la población urbana fue alejándose de su pasado campesino, la confusión entre muérdago y acebo fue tanto más posible conforme transcurrían los años, hasta que uno y otro pasaron a representar lo mismo (aunque, dado que casi todos ya ignoraban el simbolismo tradicional, sería más exacto decir que pasaron a formar parte de lo mismo, eso es de la decoración navideña propiciadora de la suerte).

El toque final llegó con la invención de la cromolitografía, a mediados del siglo XIX, que supuso el auge de las estampas y felicitaciones navideñas, composiciones repletas de colorido en las que los ilustradores acabaron por ver que podían sacarle más partido decorativo al acebo que al muérdago. Una vez superado el tabú inicial favorable al muérdago, un paso posible gracias al olvido de los significados míticos ancestrales, los ilustradores, radicados en las grandes ciudades, lograron que el acebo, a base de repetir las mismas hojas verdes con sus bayas rojas en miles de dibujos, le robase el protagonismo gráfico al muérdago. La presión publicitaria de todas esas imágenes generó una moda decorativa que disparó la demanda de esta planta en los mercados navideños.

Como un signo premonitorio de los nuevos tiempos que nos tocaría vivir, la impostura triunfó y conquistó la Navidad. Por eso, hoy, muchos adjudican al acebo una cualidad de buen augurio que por derecho sólo le corresponde al muérdago. Aunque, de todos modos, si la Navidad debe movernos a compartir lo que se tiene con los menos afortunados, el muérdago nos da un ejemplo maravilloso de generosidad al hacer partícipe de su espléndido y mágico halo al acebo, su más directo competidor.

11

EL *TIÓ*, O TRONCO DE NAVIDAD, UN RITO PROTECTOR ANCESTRAL CONVERTIDO EN FIESTA INFANTIL

El *tió* de Navidad, un trozo de tronco al que se atribuyen virtudes tan sorprendentes como milagrosas, es quizá la tradición pagana más antigua de cuantas han sobrevivido dentro del conjunto de las fiestas navideñas. Hace apenas medio siglo, el *tió* —tizón o leño— aún estaba rodeado de bellos ceremoniales y asociado

Dibujo ochocentista catalán que reproduce la tradición rural de golpear el tió *o tronco de Navidad con bastones para hacer brotar golosinas y regalos por alguno de sus huecos.*

a creencias que se habían transmitido de padres a hijos desde cientos de años atrás, pero hoy, después de la desintegración de las comunidades rurales y la pérdida de sus culturas locales en favor de la uniformizante cultura de masas de la sociedad industrial, esta tradición se ha desvirtuado casi por completo.

Cuatro décadas atrás, en las zonas rurales no podía concebirse una Navidad sin celebrar el ritual del encendido del *tió* estando toda la familia reunida alrededor de la chimenea, pero en las ciudades fue perdiéndose la costumbre —ya que las casas no solían tener hogares de leña— o se transformó en una especie de fiesta infantil en la que se usaba un tronco vaciado por dentro, que no se quemaba y que, pasada la celebración, se tiraba o escondía hasta el año siguiente. Con lamentable pragmatismo, en no pocos hogares urbanos se llegó a substituir el leño tradicional por una caja de madera que, a modo de *tió,* recibía los mismos cuidados y trato que el original (dando parecidos resultados, claro está).

En su versión actual, el *tió* ha quedado reducido a un tronco ahuecado —o una corteza de alcornoque o una caja de madera— que, tras haber sido convenientemente *abrigado* —con una manta, cortina o trapo en desuso, «para que no se resfríe»— y *alimentado* por los más pequeños de la casa donde se ha instalado (preferentemente junto a una chimenea de leña, aunque, en su defecto, se lo suele colocar en un rincón de la cocina o del comedor), acaba *cagando* dulces y juguetes, durante la Nochebuena o la mañana de Navidad, cuando los críos, en medio de un gran alborozo, se lo piden a bastonazo limpio.

Una celebración habitual en la vieja Europa

Aunque muchos identifican esta tradición con Cataluña —donde, entre otras denominaciones, se la conoce como *cagatió*—, lo cierto es que no es exclusiva de esta región. Los ritos festivos alrededor del *tió* de Navidad han sido una práctica ancestral en muy diversas zonas geográficas, entre las que cabe destacar, además de Cataluña, toda la franja pirenaica española, Mallorca, Andalucía, Francia, Gran Bretaña, Alemania y algunos países eslavos.

Así, por ejemplo, en Guipúzcoa, la noche de Navidad, ha sido tradicional poner en el fuego del hogar el *Olentzero-emborra* o tronco de Olentzero, un personaje que, según la creencia popular, baja por la chimenea de las casas, para calentarse junto al tronco navideño, cuando los niños ya se han ido a dormir; en lugares como Andoain, a la vigilia de Navidad se la denominaba el «día de Olentzero».

En Navarra, lo propio era colocar en el hogar de leña dos o más troncos gruesos denominados *baztarrekos* o «*baztarrekos* de Nochebuena». En el Alto Aragón se encendía la «troncada de Navidad». En lugares como Gistaín (Huesca) quemaban el «tizón de Navidad», que solía ser de tan gran tamaño que se precisaban dos bueyes para arrastrarlo desde el bosque hasta la cocina de la casa. En Mallorca, el *tió de Nadal* era un tronco de olivo. En otras regiones españolas se le ha denominado *nochebueno*…

En la Provenza francesa se practicaba la bendición de *lou cacho-fio* o *tió*, que solía ser un tronco de árbol frutal; la tradición exigía que las cenizas de ese *tió* de Navidad fueran recogidas y empleadas con el fin de aprovechar su poder mágico: mezcladas con los remedios, los convertía en más eficaces; esparcidas por los establos, gallineros y caballerizas, preservaban a los animales de enfermedades; espolvoreadas sobre armarios, sillas y camas protegían del fuego… Unas propiedades tan maravillosas como las atribuidas a las brasas del *kef Nedelek* (tronco de Navidad) bretón, o a las del grueso *chouque* normando.

Un viejo texto del año 1597, escrito por un estudiante valón que preparaba su doctorado en medicina en Montpellier, ha conservado una descripción del ritual del *tió* tan completa e importante como la que sigue:

«El 24 de diciembre, al atardecer de la víspera de Navidad (…) se coloca un gran tronco de madera sobre los morillos en la chimenea, encima del fuego (…). Cuando comienza a arder, toda la familia se junta cerca del fuego y el más joven de la casa (…) debe tener en la mano derecha un vaso lleno de vino, un trozo de pan y un poco de sal, y en la mano izquierda una vela encendida. Entonces, todos los muchachos y hombres se descubren la cabeza y el más joven de todos, o su padre en su nombre, habla así:

»"Por todas partes por donde el dueño de la casa va y viene/ que Dios conceda mucho bien/ Y ningún mal/ Y que Dios conceda mujeres que tengan hijos/ Cabras que tengan cabritos/ Ovejas que tengan corderitos/ Yeguas que paran/ Gatas que tengan gatitos/ Ratas que tengan ratoncitos/ Y nada de mal, sino mucho bien (…)."

»Se dice que un carbón ardiendo [del tronco navideño] no puede atravesar un mantel de mesa si se lo coloca encima. Ellos guardan cuidadosamente el carbón durante todo el año (…). Cuando todo esto se ha hecho, la familia toma una gran colación, sin pescado, ni carne, pero con excelente vino, dulces y frutas. Se deja la mesa con el mantel puesto durante toda la noche y se coloca debajo un vaso de vino lleno hasta la mitad, pan, sal y un cuchillo.»[1]

Este tronco de Navidad, conocido en esos días como *tréfoné* —la palabra *tréfons* significa subsuelo, por lo que la denominación del *tió* hace alusión a la fertilidad y prosperidad que se espera de él, puesto que, desde tiempo inmemorial, la abundancia está ligada a las potencias divinas que rigen el subsuelo—, procedía de un árbol frutal (los más abundantes en la región) y debía ser lo suficientemente grueso como para poder arder durante tres días enteros, o incluso durar las doce jornadas del ciclo navideño, con el fin de adquirir sus propiedades mágicas.

Parecida función y poder mágico tenían los restos calcinados de los troncos quemados por los ingleses durante la vigilia de Navidad. Tras un ritual en el que se encendían las enormes «velas de Navidad», destinadas a «transformar la noche en día», se prendía fuego a un tronco con ayuda de un trozo del *tió* del año anterior, que se había guardado con el fin de aprovechar su poder para proteger a los habitantes de la casa contra los daños procedentes de rayos, incendios y del mismísimo diablo.

En Alemania central, hasta mediados del siglo pasado, el *Christbrand* o *tió* de Navidad era un grueso tronco de roble que se colocaba en el fondo del hogar para que ardiera lentamente durante todo el año, hasta la Navidad siguiente, fecha en que se picaban los restos carbonizados y se esparcían por los campos con el objetivo de hacer crecer los sembrados más rápidamente; ese *tió*, obviamente, también protegía contra rayos, incendios y demás desgracias temidas por los campesinos.

Hasta principios de este siglo, buena parte de los pueblos eslavos aún celebraban un complicado ritual que empezaba al alba de la víspera de Navidad, cuando se iba al bosque a talar un roble joven, del que se hacía el *tió*, y acababa con la comida ritual del día de Navidad, en la que toda la familia se reunía en torno al mágico tronco ardiendo en el hogar.

Ramón Violant, en 1948, refiriéndose a la forma ceremonial del *tió*, escribió que «se encuentra su práctica en todas las comarcas pirenaicas de nuestra cordillera, así como en otros lugares de España y de buena parte de Europa. Pero así como en Cataluña, comprendida la comarca de la Ribagorça, hasta justo el valle de Banasque (Castilló de Sos), este viejo rito doméstico se ha convertido en unos momentos de ocio y de alegría y expansión infantil y familiar, conservando de todas maneras algún elemento mítico bien arcaico, tanto en el país vasco-navarro, como en el Alto Aragón hasta el valle de Gistaín, vecino del valle de Benasque —quien sabe si motivado por una romanización y evangelización más tardía que la de las comarcas catalanas—, la consagración y encendido del *tió* o tronco de Navidad ofrecía, hasta hace poco, todo el simbolismo arcaico, respetuoso y sagrado, de un rito casero de tradición antiquísima, muy emparentado con el mismo ritual observado en la Provenza, la Bretaña, Alemania, Inglaterra, países eslavos meridionales, etc.»[2].

La ceremonia tradicional del *tió*

La tradición exige que la ceremonia del *tió* se celebre después de la cena de la víspera de Navidad, que era cuando las familias rurales pasaban la velada alrededor del fuego esperando la hora de asistir a la misa del gallo, pero, con el tiempo, a consecuencia de una serie de transformaciones sociales, pasó a tener lugar durante la mañana del día de Navidad, generalmente poco antes de comenzar el gran almuerzo familiar.

Aunque el ritual alrededor del *tió* ha presentado algunas variaciones en función de las regiones y, claro está, de la época histórica, hemos elegido como ejemplo básico una de las prácticas familiares que era más común —aún durante los años cincuenta— entre la población rural, y que sintetiza bastante bien la mezcla de tradiciones arcaicas y modernas que aglutina esta celebración navideña.

Una vez elegido un tronco grueso, se llevaba hasta el hogar de leña y se dejaba quemar un poco, acto seguido se apartaba del fuego, se tapaba el *tió* con un paño grande y se enviaba a los niños de la casa a rezar una oración en otra estancia, ausencia que aprovechaban los mayores para poner dentro de un hueco del tronco o, simplemente, a su lado, oculto por el paño, turrones, frutos secos, dulces diversos, alguna botella de vino y juguetes.

Cuando regresaban los críos, armados con un bastón, golpeaban el tronco al tiempo que le conminaban a «cagar turrón» y «mear vino».

En el acto de apalear el tronco, los niños cantaban *oraciones* como el llamado *Padrenuestro del tió,* de contenido algo escatológico, o recitados tradicionales como el siguiente, recogido en el pueblo pirenaico de Espot en el año 1946:

Escena familiar con el tió. *Tras golpear el tronco, cubierto por una tela, se recogen sus regalos con regocijo.*

Tió, tió,	*Tió, tió,*
caga turró	*caga turrón*
pel naixement,	*por el nacimiento*
del Nostre Sinyor.	*de Nuestro Señor.*
Tronca de Nadal!	*¡Tronca de Navidad!*
caga turrons	*caga turrones*
i pixa vi blanc.	*y mea vino blanco.*

Cuando ya se habían agotado los regalos del *tió* o *tronca de Navidad* y el jolgorio infantil se había apaciguado, arrimaban de nuevo el tronco al fuego para que quemara. En unos casos se dejaba consumir mientras durase, en otros se hacía arder, de forma controlada, hasta la medianoche del día de Navidad —hora en la que, según una tradición muy extendida, bajaba la Virgen a cambiar los pañales mojados del niño Jesús y a calentarse en los hogares donde aún hubiese rescoldos encendidos—, y no eran pocos los lugares en los que se mantenía el *tió* ardiendo lentamente hasta el día de Año Nuevo o, incluso, hasta la festividad de Reyes.

En cualquier caso, cuando el tronco navideño, convertido en brasas, estaba llegando a su fin, se cubría con ceniza a fin de *ahogarlo* y poder obtener así un trozo de leña carbonizada a la que se atribuía un gran poder como talismán protector. Ese pedazo de *tió* carbonizado solía guardarse en la buhardilla de las casas, así como también en los establos, sótanos o junto a la puerta de entrada, ya que se pensaba que tenía la virtud de proteger de los rayos e incendios —siniestros que, si ocurrían, eran *controlados* por el efecto mágico del *tió,* que *obligaba* a las llamas a propagarse con lentitud—; también se le tenía como un eficaz protector contra la *muerte súbita* de personas y animales.

Acabada su función protectora anual, los restos del *tió* eran empleados para encender el fuego de Navidad del año siguiente, del cual salía el correspondiente *tió* carbonizado que mantendría vivo el círculo continuo del fuego sagrado y de la protección de los habitantes y propiedades de la casa que había celebrado este rito ancestral.

En los núcleos urbanos mayores, con la llegada de las cocinas de petróleo, primero, y de gas, después, fueron desapareciendo los hogares de leña y, con ellos, la posibilidad de poder quemar el *tió*, una costumbre que ya sólo se mantuvo «en casa de los abuelos», escenario que los críos de un par de generaciones hemos asociado indeleblemente a esta celebración.

Con el paso de los años, si bien el *tió* sobrevivió en muchos hogares —como fiesta infantil vaciada de todo significado simbólico—, dejó de arder y de convertirse en el preciado amuleto protector que fue durante siglos. Hoy, con la relativa recuperación de las chimeneas de leña en pisos de cierto lujo y viviendas unifamiliares, el *tió* está recobrando de nuevo parte de su destino ancestral: el de arder tras haber sido generoso con sus *cuidadores*.

Hogueras y fuegos en honor del nacimiento del Sol

Durante el solsticio de invierno (así como también en el de verano) todos los pueblos antiguos, adoradores del Sol, festejaban el nacimiento del astro rey mediante grandes hogueras, alrededor de las cuales se concentraban los habitantes de cada lugar para expresar su alegría y esperanza mediante cantos y bailes rituales (habitualmente de tipo circular). Esas hogueras, al margen de simbolizar el gran acontecimiento, tenían la función de excitar el calor y la fuerza de los rayos de un Sol recién nacido al futuro estacional.

Este tipo de ceremonias solsticiales perduraron hasta mucho después de comenzada la era cristiana y encontramos ejemplos tan variados como el de las hogueras de los germanos en honor de Yule, las de los escandinavos en honor de Frey, hijo de Odín y de Frigga, o las de los druidas de las Galias, que encendían fuegos —con grandes troncos adornados con ramas y cintas— para facilitar el nacimiento anual del Sol y dotarle de vigor.

De la asociación entre el culto heliólatra y el dedicado a los espíritus de la Naturaleza surgió un tipo específico de rito sacrificial, consistente en hacer arder el tronco de un árbol sagrado (que en casi todas las regiones europeas ha sido el roble) para que la magia de su calor fortaleciese el Sol durante su solsticio hiemal, justo en el día más corto del año, cuando sus antaño poderosos rayos mostraban su cara más débil.

Gracias a este ritual, según creyó la humanidad durante milenios, el Sol recuperaba su poder regenerador y la tierra brindaba, un año más, los frutos, cosechas y animales indispensables para sobrevivir.

Desde la Antigüedad, las hogueras en honor del nacimiento del Sol han dado luz y calor a la noche del solsticio de invierno. La tradición del tronco de Navidad deriva de esos fuegos.

Seis meses después, a finales de junio, en el solsticio de verano, estando el astro en pleno apogeo de su fuerza, otros fuegos humanos servirían para mostrarle el agradecimiento de quienes habían logrado superar otro invierno más, un tránsito estacional que, en nuestras latitudes, ha sido duro y difícil de sobrellevar hasta hace apenas uno o dos siglos, según las regiones.

Como recuerdo de esos ritos ancestrales han perdurado hasta el día de hoy tradiciones tales como la del *tió* de Navidad, o la costumbre —que todavía era bastante frecuente en las zonas rurales a mediados de este siglo— de encender grandes hogueras en las plazas después de la cena de la vigilia de Navidad.

Aunque la costumbre de la hoguera navideña cambiaba algo según las localidades, lo más común era que la preparasen los hombres solteros del lugar, con la leña que habían recogido por todas las casas del pueblo, y que en ese fuego asasen la carne y longaniza que llevaban —y que, por lo general, también habían reunido pidiéndola a sus convecinos—, finalmente, ellos solos, sin mujeres, comían, bebían y cantaban canciones alrededor del fuego; al terminar su cena ritual marchaban a rondar por todo el pueblo, tocando instrumentos musicales y cantando villancicos —y en algunos lugares llamando a las puertas de las casas para anunciar que: «¡ya ha nacido!»— mientras esperaban la hora de asistir a la misa del gallo.

En la mayoría de los pueblos, los jóvenes saltaban por encima de esta hoguera o «fuego de Navidad», tal como habían hecho los adoradores del Sol en su origen. Pero, en cualquier caso, con el tiempo, en algunos lugares, la hoguera, encendida en la plaza de la iglesia, fue quedando relegada a una función tan prosaica como la de calentar a quienes entraban y salían de la misa del gallo.

En España, el progreso de la cultura urbana en ciudades y pueblos, además de la hostilidad y recelo con que la Iglesia católica y las autoridades franquistas veían este tipo de manifestaciones festivas populares, acabaron por hacer desaparecer la hoguera navideña y sus ritos tradicionales, aunque, a pesar de todo, hoy, pequeños y discretos fuegos, diseminados por jardines y terrazas particulares de todo el país, siguen dando fe de la tozuda supervivencia de la creencia en que el hecho de saltar sobre una hoguera en Navidad protege y da suerte a quien lo hace y le guarda de los maleficios.

Con el auge de las prácticas *mágicas* entre la población actual, los fuegos de Navidad están recobrando lentamente el protagonismo perdido. En el mismo proceso de recuperación se encuentra el ritual del *tió,* que ha logrado subsistir, desvirtuado y desposeído de su mágica función ancestral, bajo la forma de fiesta infantil.

Origen y significado mágico del *tió* de Navidad

El ritual que va asociado al *tió,* tal como acabamos de mencionar, le debe su origen a las fiestas del fuego que, desde la más remota Antigüedad, se celebraron durante los solsticios de invierno, en especial en las regiones septentrionales del continente europeo. Cuando se sacrificaba ritualmente, mediante el fuego, un árbol sagrado —representante de los espíritus de la Naturaleza—, se creía estar infundiendo calor, vida y poder fecundante al todavía débil sol invernal y, en consecuencia, se propiciaba la supervivencia que debía llegar con la eclosión primaveral de la Naturaleza y, muy especialmente, de la mano de las próximas cosechas de cereales[3].

De un modo natural y progresivo, el acto de ofrecer el tronco *sagrado* al fuego, durante el solsticio hiemal, fue adquiriendo un significado de rito protector que, en el decurso del tiempo, pasó a materializarse en muy diferentes formas y campos de actuación, máxime al irse entremezclando con el animismo y el culto a los antepasados muertos. Fue así como los restos calcinados del tronco solsticial, eso es del *tió* navideño, consagrados tras el oportuno ceremonial —que en su origen fue público y colectivo, aunque acabó siendo privado y familiar—, fueron investidos de poderes tales como el de prevenir y controlar rayos, tormentas e incendios, aumentar la fertilidad de los campos y estimular las cosechas de cereales, proteger a los ocupantes de casas y establos de enfermedades, parásitos y muertes misteriosas, poner freno a las malicias del mismísimo diablo, etc.

El mágico poder del *tió* navideño —en especial cuando procede de un roble— contra rayos, tormentas e incendios, tal como muy bien señaló Frazer, deriva de la antiquísima creencia de los pueblos arios que asociaba el roble al dios del rayo y el trueno; unas facultades y una asociación que, en todo caso, ya vimos anteriormente al tratar del muérdago.

La asociación del *tió* con la fecundidad de la tierra y de los animales —y también de las personas, en según qué regiones— procede de una acumulación de creencias míticas que partieron de un mismo tronco —en sentido literal y figurado— común. Por una parte, el *tió* está claramente relacionado con el rayo, que, como ya mencionamos en su momento, representa un símbolo prácticamente universal de la influencia fecundante, ya sea en el orden material como espiritual.

Por otra parte, su procedencia del tronco de un árbol lo relaciona directamente con el ancestral culto a los árboles como espíritus de la Naturaleza; en toda Europa, pero especialmente entre los pueblos septentrionales, los campesinos —aún durante la Edad Media— se dirigían a los árboles y, tras ofrecerles algún presente, les invocaban en busca de protección para sus vidas, familias, propiedades y ganados, así como en demanda de cosechas abundantes.

La tradición moderna de apalear el *tió* para hacerle *cagar* sus regalos deriva de ritos ancestrales en los que se golpeaba con respeto el tronco de los árboles sagrados con el fin de despertar a los aletargados espíritus de la Naturaleza. Los árboles sagrados que solían plantarse antiguamente en los poblados tenían carácter propiciatorio y no eran sino un símbolo de la fecundi-

Donde la tradición del tió *aún se mantiene, en los mercadillos navideños se ofrecen troncos de Navidad que van desde el simple leño pelado a estos maderos humanizados.*

dad permanente de la Madre Tierra; el *tió* vino a representar la quintaesencia de ese fundamental simbolismo y ritual pagano o, lo que es lo mismo, agrario.

Los rituales costumbristas que, en diversas regiones, lograron sobrevivir hasta este siglo, como, por ejemplo, pasear el *tió* en procesión, rociarlo con vino al tiempo que se recitaba alguna *oración* (más o menos seria en función de que la dijese el padre de la familia o un niño pequeño), juntarle velas y/o una espiga de trigo, saltarle por encima u obligar a hacer lo propio a algunos animales del establo familiar..., todo ello antes de depositarlo en el fuego, representan restos incuestionables de antiguos y formales ceremoniales de bendición del *tió* solsticial, oficiados por el cabeza de familia de cada casa, que se relacionan con el mantenimiento del fuego divino y perpetuo en el hogar —un ritual propio de los antiguos pueblos arios, que mantenían un fuego, durante todo el año, con la madera de un roble sacrificado ritualmente en el solsticio de invierno; en ese fuego se originó la tradición de hacer durar el *tió* de Navidad de un año a otro y luego usarlo para encender el siguiente *tió*— y, también, con el muy posterior culto a los *Lares* o divinidades protectoras de la familia.

Dentro de la religión doméstica romana ocupó un lugar central el culto al *Lar familiaris,* numen protector de todos los habitantes de un hogar, al que se le ofrecían sacrificios durante los días más importantes de cada mes. «Los *Lares* eran venerados ante el fuego doméstico como divinidades benéficas que custodiaban la "tierra de los padres", protectores de los campos pero que, convenientemente evocados, actuaban también contra los enemigos. En los lararios domésticos, los *Lares* familiares eran representados como jóvenes danzantes que sostienen con una de sus manos una pátera o una sítula sobre la que derraman el vino que sale de un *rhyton* agarrado con la otra. Visten la túnica *praetexta* de los niños y llevan también como ellos la *bulla*.»[4]

Para entender la curiosa relación que, en algunas zonas, ha tenido el *tió* o la víspera de Navidad con la presencia de almas de familiares fallecidos en el hogar, debe tenerse presente que, en ocasiones, también se identificaba a los *Lares* con las almas divinas de los antepasados, y tampoco será baladí recordar que los pueblos germánicos celebraban la festividad de los difuntos en el solsticio hiemal, una fecha en la que las ánimas de los antepasados regresaban a su antigua casa para realizar una visita de carácter protector y encontraban su camino de ida y vuelta gracias al fuego.

Por último, resulta obvio que la citada representación de los *Lares* protectores bajo la forma de alegres niños originó la costumbre, aún vigente a mediados de este siglo, de que un crío de la casa derramase un poco de vino sobre el *tió* de Navidad y, con toda probabilidad, la memoria popular —desvaída progresivamente por el cristianismo— de los jóvenes y lúdicos *Lares* subyace en la base del proceso cultural que transformó lo que fue una ceremonia propiciatoria de adultos en una fiesta exclusivamente infantil.

No estaba falto de razón Ramón Violant cuando escribió que «el *tió*, hasta ha-

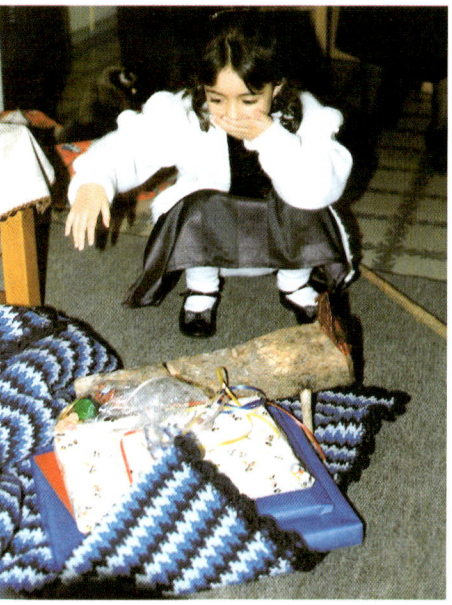

El tió *aporta un elemento lúdico y mágico a la vida familiar. La expresión de asombro y dicha de esta niña ya lo dice todo.*

ce poco, aún ardía o al menos se le acercaba al fuego, precisamente la noche de la vigilia de Navidad, ya que para volverse "fecundo" hacía falta al menos arrimarle al fuego o hacerle sudar con el calor de una manta. La incongruencia de las fórmulas infantiles recitadas antes o en el momento de golpear el *tió* no priva de adivinar en ellas una plegaria o imprecación antigua formulada, como en otros lugares, al *tió* sagrado. El hecho de los bastonazos puede ser una especie de castigo simbólico aplicado por la nueva doctrina [el cristianismo] al símbolo mítico o pagano del hogar, entregándolo a los niños como juguete.

»Pero, con todo, detrás de estos tenues velos que intentan oscurecerlo, no se impide ver su sentido primitivo de amuleto protector del hogar (...) así como fecundador (...). Por tanto, a pesar de que nuestro *tió* se nos presente como un juguete infantil, ligado más o menos por las fórmulas o cancioncillas, con la Navidad cristiana (...) la ceremonia del encendido del *tió* de Navidad se ha conservado, hasta hace poco, llena de arcaísmos de sentido mágico o mítico, del culto pagano»[5].

Si algo ha representado el primigenio espíritu de la Navidad en las zonas rurales, eso ha sido la ancestral tradición precristiana del *tió,* una bellísima costumbre familiar que nunca debió desvirtuarse ni, menos aún, perderse.

NOTAS

1. *Cfr.* Bonnefoy, I. (1981). *Dictionnaire des mythologies et des religions des sociétés traditionelles et du monde antique.* París: Flammarion, vol. II, p. 299.

2. *Cfr.* Violant, R. (1948). *El llibre de Nadal.* Barcelona: Imprenta de Salvador Salvadó, pp. 147-148.

3. El trigo, por ejemplo, en las regiones septentrionales, las más frías, suele sembrarse en marzo y cosecharse en otoño (es el llamado «trigo de primavera»); en las zonas más templadas, por el contrario, el «trigo de invierno» se siembra durante el otoño y se recoge hacia julio. Estos dos ciclos diferentes del mismo cereal, que varían en función del área geográfica, bastan por sí solos para explicar el origen de las coincidencias y diferencias de buena parte de los ritos, creencias y festividades religiosas que perduran aún hoy día, en particular las casi universales celebraciones de la Navidad y la Pascua.

4. *Cfr.* Blázquez, J. M., y otros (1993). *Historia de las religiones antiguas.* Madrid: Cátedra, pp. 511-512.

5. *Cfr.* Violant, R. (1948). *El llibre de Nadal.* Barcelona: Imprenta de Salvador Salvadó, p. 202.

12

Pequeños adornos llenos de significado

Una de las características bien visibles de la celebración de la Navidad es la omnipresencia de motivos decorativos por doquier. En las puertas de entrada de las casas, en los centros de mesa, sobre los muebles, colgados del árbol... una amplia variedad de objetos adornan la alegría festiva de esas jornadas. Por lo general no les prestamos demasiada atención, los tomamos como parte de un decorado prefabricado y más bien anodino[1], pero ninguna de esas cosas llegó a tener protagonismo en Navidad por mero capricho estético o por simple casualidad.

Los mercadillos estacionales son un paraíso para los amantes de la decoración navideña.

Los adornos de Navidad pueden adoptar formas tan bonitas y complejas como ésta.

Ya vimos en capítulos anteriores, al tratar del árbol navideño, el muérdago, el acebo y el *tió,* que todos esos elementos, particularmente propios y centrales de la Navidad, poseen un simbolismo riquísimo y perfectamente ajustado a lo que celebramos y pretendemos durante esta festividad. De igual modo, objetos aparentemente menores, como velas, herraduras, piñas, campanillas, estrellas, zuecos, bolas, etc., llegan a los hogares cargados de un significado tradicional hermoso e importante que, lamentablemente, la inmensa mayoría de la gente desconoce.

En los apartados siguientes esbozaremos algunas de las maravillosas propiedades que, según la tradición ancestral, pueden aportarnos todos esos pequeños elementos decorativos. El paso del tiempo les dotó de *poder,* pero, probablemente, hará falta un poco de fe para estar en disposición de gozar de su protección. ¿Y acaso Navidad no es un tiempo de ilusión, magia y juego?

El simbolismo mágico de los colores

A pesar de celebrarse en pleno invierno, la estación más gris e *incolora* del año, la Navidad —precisamente por ello— se festeja en medio de una eclosión de colorido sin igual. Pero, si nos fijamos bien, entre los colores que dominan los adornos de estas fechas destacan algunos como el verde, amarillo, rojo, blanco y, bastante menos abundante, el azul.

En todas las culturas, los colores tienen significados bien definidos —algunos de ellos de valor universal— que se corresponden con las supuestas virtudes mágicas atribuidas a sus fuentes de origen y al beneficio que se espera de ellas.

El color verde es la representación de la Naturaleza, de la vida que aporta su presencia, por eso se le considera un símbolo de la esperanza, siendo un signo de buen augurio el regalar algunas plantas —como la típica «flor de Pascua» o *Euphorbia pulcherrima*, de hermosas hojas verdes y brácteas rojas de gran tamaño—, ramitas con hojas verdes, u objetos envueltos en papel de este color, en especial durante la Navidad y Año Nuevo.

Está relacionado con el agua primordial para la vida —las ninfas acuáticas, así como los generosos gnomos, suelen ser representadas de color verde—, con el rayo y el trueno (símbolos básicos de fertilidad, como ya vimos) y, lógicamente, con la primavera y su vitalidad.

Se le considera un color de gama intermedia, a mitad de camino entre los dos polos que representan el azul celeste y el rojo infernal, dando, por tanto, el tono perfecto de lo humano y sus necesidades; el verde es tibio, vital, fecundo, refrescante, amable, tranquilizador y esperanzador, es el color

La «flor de Pascua», añade a su belleza natural el simbolismo de los colores verde y rojo.

propiciatorio fundamental dentro del simbolismo propio del solsticio de invierno.

El amarillo es el color del sol, del oro y de las espigas de trigo maduras, símbolos poderosos por excelencia que aseguran la felicidad y la prosperidad en todos los campos. Es el más caliente y expansivo de los colores, representa la luz divina, la realeza y la mismísima eternidad, siendo, por todo ello, el color nuclear de la celebración navideña, que conmemora el nacimiento del solar hijo divino y el eterno devenir de la nutricia primavera.

El rojo, color del fuego y de la sangre, está íntimamente ligado a la vida. En su aspecto negativo representa las fuerzas infernales y la concupiscencia, pero en su faceta positiva simboliza el ardor y la fuerza del amor divino, así como el poder supremo —el código de leyes de Justiniano, por ejemplo, condenaba a muerte a todo aquel que negociase con telas de color púrpura; y la palabra purpurado todavía es sinónimo del poder cardenalicio—. Los pueblos orientales, además, lo han considerado un signo de belleza, riqueza y dicha.

Dentro de la celebración de la Navidad, el rojo, debido a su simbolismo como expresión del amor divino, pasó a convertirse en un color asociado a la generosidad sin límites que vivifica —y que los cristianos ven representada en la sangre vertida por Jesús para redimir al mundo; un acto que recuerda, entre otros, las bayas púrpura del acebo— y a la caridad y bondad hacia los demás que debe presidir estas fechas desde los tiempos de las Saturnales romanas. Papá Noél ha sido el último beneficiario del significado del color rojo como sinónimo de generosidad y alegría vivificante, pero también ha sido él quien mejor y más eficazmente ha propagado esta idea por todo el mundo.

El color blanco es el extremo opuesto del negro, aunque ambos representen lo absoluto. El blanco —*candidus* en latín— es el color adjudicado al candidato, a quien aspira a mudar su condición anterior o está en camino hacia su iniciación social o religiosa, pero también es un símbolo distintivo reservado para aquellos quienes, como sacerdotes y monarcas, se supone que ya han superado ese proceso iniciático. En general, este color significa pureza, inocencia, virtud, fe y hasta iluminación.

El blanco es el color que en la mayoría de culturas se le asignó al eje imaginario que va del este (nacimiento del sol) al oeste (puesta del sol), por eso se le relaciona con el nacimiento y la muerte. Dado que el esquema simbólico clásico comienza el ciclo vital e iniciático por la muerte y sigue con el renacimiento, en las culturas orientales actuales y también en las europeas de siglos pasados, el blanco ha encarnado tradicionalmente el luto al ser considerado como el símbolo de la muerte que precede y permite todo renacimiento.

En este aspecto, durante la Navidad, este color recuerda el sentido central y básico de la celebración: el renacimiento anual del principio que da la vida, ya sea éste el sol, puerta y motor de la primavera, o Jesús-Cristo, adoptado como instrumento de redención y de vida futura por sus creyentes.

El azul es el más inmaterial, frío, distante y vacío de todos los colores. En la naturaleza viste con su engañosa transparencia la inmensidad de las aguas y la infinitud del cielo, representando el límite del «otro lado», por eso simboliza el cielo con sus hierogamias.

De forma harto significativa, Jean Chevalier apunta en su diccionario que «en el combate del cielo y la tierra, azul y blanco se alían contra rojo y verde, como testimonia a menudo la iconografía cristiana, principalmente en las representaciones de la lucha de san Jorge contra el dragón (...). El azul y el blanco, colores marianos, expresan el desapego frente a los valores de este mundo y el vuelo del alma liberada hacia Dios, es decir hacia el oro que vendrá al encuentro del blanco virginal durante su ascensión en el azul celeste»[2].

Conocer algo del ancestral simbolismo mágico que estos colores representan, dentro de nuestra cultura, permite usarlos con más acierto y sentido durante la celebración navideña, ya sea en la decoración del hogar, en la preparación y presentación de regalos, o en cualquier otra función propia de esta festividad.

Velas, purificación iluminadora y fecunda

Las velas simbolizan la luz y la relación entre el espíritu y la materia, dado que el fuego (espíritu) acaba por fundir, transformar y hacer desaparecer la cera (materia); su significado, pues, permanece ligado al de su máxima expresión, la llama, que representa, según culturas y épocas, las fuerzas espirituales de la Naturaleza y/o la potencia fecunda de los seres celestes.

La llama, en todas las tradiciones, es símbolo de purificación, de iluminación y de amor espiritual; es la imagen del espíritu y de la trascendencia, es la mismísima alma del siempre sagrado fuego, venerado por todas las religiones como la mejor imagen posible de Dios, la que resulta menos imperfecta de todas sus representaciones.

El fuego, con sus llamas, al igual que el sol con sus rayos, simboliza la acción fecundante, purificadora e iluminadora que resulta indispensable para la supervivencia humana. Mantiene los atributos clásicos del simbolismo solar, ya mencionado en diversidad de ocasiones, y, por su capacidad para consumir lo que toca, es considerado —junto al agua— un elemento fundamental para la purificación y la regeneración que, al cerrar el círculo, desembocan de nuevo en la fertilidad.

Las velas aportan un simbolismo tan importante a la decoración navideña que no deben olvidarse jamás.

La relación de la llama con la fertilidad es universal. Así, por ejemplo, en los pueblos de la Europa septentrional, la llama de las velas tenía el mismo sentido que el de las hogueras encendidas durante el solsticio invernal: estimular el retorno del divino Sol y, con él, la aparición de la vida primaveral. En la Grecia Antigua se ofrecían cirios encendidos tanto a las divinidades del mundo subterráneo como a las de la fertilidad (que a menudo se confunden entre sí), y no menos importante ni de significado diferente fue el papel de las velas llameantes en el culto a los antepasados muertos que, en toda Europa, durante siglos, se celebró coincidiendo con el solsticio hiemal. Ejemplos parecidos nos llevarían por los cinco continentes, sin excepción de épocas, culturas o credos.

Los ritos de purificación mediante el fuego, que suelen ser rituales de pasaje, son propios de todas las culturas agrarias o *paganas* —origen de las celebraciones solsticiales y, claro está, de las de Navidad— y probablemente surgieron de la observación del efecto producido por los rayos en los campos y bosques que incendiaban: tras la muerte surgía una vida aún más exultante; el fuego purificaba y se erigía en causa de regeneración, fertilidad y vida.

En el cristianismo, por otra parte, el simbolismo de la luz ha sido siempre muy importante y, dentro de este contexto, la llama de una vela se toma como la representación de Cristo como «Luz del mundo». Siglos atrás, la propia Iglesia exhortaba a la población a que encendiese muchas velas por Navidad, algunas de las cuales se colocaban junto a las ventanas, «para guiar el espíritu de Cristo a través de la oscuridad de la noche», y las otras se instalaban en el árbol de Navidad, lo que provocaba no pocos incendios a pesar de que era costumbre dejar a una persona vigilando durante toda la noche.

Con la comercialización de las bombillas eléctricas, a partir de la penúltima década del siglo XIX, la iluminación del árbol fue más segura (cortocircuitos al margen), aunque menos romántica, y la función original de las velas navideñas y su simbolismo ha podido mantenerse hasta la actualidad.

La iluminación eléctrica del árbol mantiene el mismo simbolismo que tuvieron las velas antaño.

En algunos países europeos todavía se conserva una costumbre, propia del tiempo de Adviento, conocida como las «guirnaldas de Adviento», que son coronas confeccionadas con ramas de acebo o yedra en las que se instalan cuatro velas rojas; estas coronas deben colgarse del techo y se enciende una vela en cada domingo de Adviento, de forma que al llegar la Navidad ya se hayan consumido las cuatro. En España se ha perdido ya este sentido de las «guirnaldas de Adviento», pero es muy frecuente encontrarlas en comercios, aunque ofertadas como un mero objeto decorativo estacional de sobremesa.

Las velas que encendemos por Navidad —nada más encantador que cenar a la luz de las velas— no sólo aportan una iluminación cálida, bella, sugerente, mágica e incomparable, también son un elemento propiciatorio capaz de purificar, iluminar y fecundar nuestras ilusiones y esperanzas. Sólo es cuestión de desearlo con la fuerza adecuada.

La herradura, amuleto protector que propicia la suerte

Cuando se decora el árbol, o cualquier otro lugar, con las brillantes herraduras navideñas, se está en trance de proteger el hogar con un clásico amuleto de propiedades universales, que reúne en sí mismo dos potentes aliados: el ancestral poder mágico del hierro, metal con que se elaboran las herraduras tradicionales originales, y el propio proceso de forjado, que la mitología universal hizo patrimonio de los demiurgos (dioses creadores), dotados de un poder sobrehumano, voluble e incontrolable y, por todo ello, temible; tal como se afirma en una de las muchas leyendas de la China Antigua, «la forja permite entrar en comunicación con el cielo».

En la Antigüedad, el simbolismo del metal de hierro fue ambivalente, como el propio arte de la metalurgia, ya que igual se le adjudicaba la virtud de proteger contra las influencias maléficas o infernales como, por el contrario, el formar parte de su manifestación más temible, siendo causa de muerte y destrucción.

Por su origen, el metal de hierro tanto podía ser meteórico, estando conectado entonces con las potencias celestes positivas, como procedente de las entrañas de la tierra, relacionándose en ese caso con las fuerzas del mundo subterráneo, señoras de la muerte pero, también, al cabo, de la fertilidad.

Tomado en su aspecto positivo, el hierro ha sido un tradicional símbolo de fertilidad y protección. Por esa razón, las herraduras, desde hace muchísimos siglos, se han venido considerando como poderosos amuletos y se han empleado, en su faceta propiciatoria, para favorecer la fertilidad de mujeres, ganado y campos y, tomando en cuenta su aspecto protector, para velar por las vidas humanas, el ganado y las cosechas. Actualmente, en las casas de campo, todavía pueden encontrarse algunas herraduras colgadas o clavadas en paredes y/o puertas externas de las viviendas, graneros y establos.

De la fuerza de la herradura como amuleto protector, capaz de poder frenar la acción de las fuerzas malignas, habla bien a las claras una muy extendida leyenda medieval que afirmaba que las brujas, para asistir a sus aquelarres, se desplazaban montadas sobre escobas, en lugar de hacerlo sobre caballos, porque le temían tanto a la presencia de una herradura como a la de un crucifijo.

A partir de esas funciones benéficas surgió la fama que aún conserva hoy la herradura como amuleto protector y dador de suerte. Ése es, por tanto, y no otro, el sentido y utilidad que tienen las herraduras que se incluyen entre la decoración de Navidad y los adornos de los paquetes para regalo.

Piñas, símbolo de inmortalidad

La piña, así como los árboles de los que es su fruto, simboliza la inmortalidad de la vida vegetal y animal, representa el cíclico y eterno retorno de la Naturaleza y expresa la esperanza en la eclosión de vida primaveral que, tras el frío y *muerto* invierno, deberá posibilitar la supervivencia de los humanos. Resulta obvio que la piña pertenece también a los mitos de las culturas agrarias.

El pino y el abeto, para muchos pueblos de la Antigüedad, eran árboles asociados a Saturno, divinidad ligada a la función fecundadora del Sol, en especial referida a la siembra, y a la continuidad

Las piñas, que forman parte de muchos motivos decorativos navideños, simbolizan la inmortalidad, el eterno renacer de la vida sobre la tierra.

de las estaciones. El dios Dionisos era representado sosteniendo una piña en la mano, que era una manera de significar su superioridad sobre las fuerzas elementales de la Naturaleza y de proclamar el control que ejercía sobre las potencias fecundantes de la tierra. Un simbolismo que también encontramos en la rama de pino, con piñas adornadas mediante cintas de colores, que empuñaban los sacerdotes de Cibeles en el equinoccio de primavera. Y ese mismo mito representa la resurrección anual de Atis, en forma de pino, tras haber sido víctima de los celos de Cibeles.

Las piñas, que suelen colocarse como adorno indispensable en los centros de mesa navideños, representan un canto a la esperanza en el futuro, ya sea éste el que deparará el anual devenir estacional —con sus mil acontecimientos, grandes y pequeños, importantes o no, alegres o tristes— o, también, si se es creyente, el que se espera tras la muerte.

Dado que la Navidad supone la conmemoración del nacimiento y renacimiento de la esperanza entre los humanos, la anual celebración del inicio de un camino que conduce hacia una próxima primavera —cualquiera que sea el sentido que quiera dársele a *primavera*—, tal vez inmortal, resulta obvio que la piña, en este contexto, aporta un simbolismo fundamental.

La estrella, signo de resurrección y de unión y amuleto que atrae la felicidad doméstica

Las estrellas, en general, ostentan la representación de lo celeste y, por ello, del mundo del espíritu. Según se las describe en el *Antiguo Testamento,* las estrellas obedecen los designios de Dios y también suelen anunciarlos; y no son simples masas de roca inerte ya que, si hacemos caso al primer *Libro de Enoch,* cada estrella tiene un ángel que vela por ella, una creencia en la que se originó posteriormente la de suponer que cada estrella del firmamento era un ángel propiamente dicho.

En las iconografías de la mayoría de las culturas antiguas precristianas se designaba al dios del universo mediante una estrella, ya que nada como ellas les demostraba el poder de la divinidad. Entre los romanos, las estrellas no sólo anunciaban hechos futuros sino que también servían para identificar a los dioses *Lares* o tutelares de Roma; y cuando se grababa una estrella sobre un sepulcro se quería significar que el alma del difunto enterrado allí ya había sido admitida en la morada de los bienaventurados.

Dejando al margen la más famosa de las estrellas, la de Belén —de la que ya tratamos en el capítulo 2—, que es un elemento omnipresente en todos los adornos navideños y cuyo significado resulta evidente dentro del contexto de la Natividad cristiana, las estrellas más representadas en la decoración de Navidad son las de cinco puntas —como la de Belén, pero sin cola

Las estrellas son los adornos más comunes de la Navidad. Su simbolismo es muy rico y variado.

de cometa—, que simbolizan, entre otras cosas, el microcosmos humano. Menos frecuentes son las de seis y ocho puntas.

La presencia de una estrella de seis vértices significa una solemne y grave advertencia —al igual que la cruciforme de cuatro—, y es la forma de estrella que se considera más *auténtica* y representativa del género. Cuando es el fruto de la unión de dos triángulos equiláteros invertidos y sobrepuestos con precisión —formando la conocida «estrella de David», símbolo del judaísmo— se la denomina «Sello de Salomón» y representa la unión total y perfecta entre el espíritu puro y la materia, entre lo activo o masculino y lo pasivo o femenino, entre lo celeste y lo terrestre. En la India, desde muy antiguo, se la conoce como «Sello de Visnú» y se le concede un lugar importante en los hogares por su función de talismán protector contra el mal.

La estrella de ocho puntas suele aparecer en algunas ilustraciones —particularmente en las anteriores al siglo XX— ocupando el papel de la estrella del portal de Belén. El número ocho representa el equilibrio cósmico y, la forma octogonal, según uno de sus significados más antiguos, simboliza la vida eterna y la resurrección, un mensaje que se ajusta perfectamente a la esperanza que los cristianos celebran con el nacimiento del niño divino y que proclaman anunciada desde la propia estrella (que cumple así con la antigua función de los astros de ser pregoneros de inminentes sucesos prodigiosos).

La estrella de cinco puntas ejecutada de un solo trazo, denominada pentagrama, es uno de los símbolos más antiguos empleados por la humanidad, y su significado, aunque diverso, ha sido siempre poderoso; no en vano el influyente científico suizo Philipp von Hohenheim (1493-1541), más conocido como Paracelso, lo consideró como uno de los signos más potentes. Su nombre ha sido cambiante según las épocas y contextos —siendo conocida como «pentalfa» por los pitagóricos, «pie de bruja» (*Drudenfuss*, en alemán) por celtas y germanos, «*Hygieia*», nombre griego de la diosa de la salud, etc.—, pero su función central en las operaciones mágicas ha sido constante.

Los cinco vértices de la estrella representan los cinco sentidos corporales, pero su número encarna también la convergencia del principio masculino y femenino —simbolizados por el 3 y el 2, respectivamente— en una unión fecunda (el 5 es signo de unión, armonía y equilibrio; representa también las hierogamias, el enlace nupcial entre el principio generador celeste, el 3, y el principio terrestre materno, el 2), implicando matrimonio, felicidad y realización.

En la Antigüedad se consideró a la estrella de cinco puntas como expresión del conocimiento y como una imagen de lo perfecto. La simbología masónica, aún hoy, la tiene por una alegoría del hombre perfecto y, cuando se la representa con sus cinco brazos llameantes, proclama la manifestación central de la luz, el foco místico destinado a expandirse por el universo.

En cuanto a su función práctica, la estrella de cinco puntas o *pentagrammon* se ha empleado tradicionalmente como un elemento indispensable para obtener éxito en los conjuros mágicos. Dispuesta con una sola punta dirigida hacia arriba, anima y representa la *teurgia* o magia blanca; cuando se la invierte (con dos puntas hacia arriba), facilita la *goecia* o magia negra.

En su forma habitual (★) es un emblema protector contra los demonios y el resto de fuerzas del mal. En su calidad de amuleto sirve para atraer la felicidad doméstica. Como mera figura geométrica, se le adjudica el papel de contribuir a dar una impresión visual de felicidad y animación.

En Navidad, por tanto, para procurar tener «buena estrella» durante el año que está a punto de comenzar, tendrá su importancia e influencia el saber elegir el tipo más adecuado de estrella que va a emplearse en la decoración festiva.

Campanillas, heraldos de la Navidad

El simbolismo de las campanas está directamente relacionado, claro está, con la función del sonido, tanto en su calidad de manifestación primordial que originó la existencia, como en su papel central como vía de transmisión de las verdades *reveladas*.

Aunque cada cultura atribuye a campanas y campanillas funciones muy diversas, todas sin excepción las incluyen como elementos litúrgicos clave en sus rituales religiosos; entre otras cosas, sin duda, por el significado universal que se le adjudica al sonido de esos instrumentos, investidos de un gran poder de purificación mediante sus tañidos cristalinos, capaces de exorcizar o alejar las malas influencias a través de sus repiques coloridos y multitonales, y dotados de una sin igual eficacia práctica, con sus rebatos, para convocar asambleas y anunciar todo aquello que se espera, se desea o se teme.

Estas propiedades situaron a las campanas en el eje del nacimiento de Jesús, dándole a las inexistentes campanas de Belén el papel de heraldo de la buena nueva navideña y haciéndolas protagonistas del alegre repique que aún recuerdan los villancicos: «Belén, campanas de Belén, que los ángeles cantan, qué nuevas me traéis...»

Las pequeñas campanas que se cuelgan del árbol de Navidad, o se añaden al envoltorio de los regalos, siguen conservando su ancestral función purificadora y protectora pero, sobre todo, simbolizan el júbilo de la celebración navideña.

Manzanas, bolas y zuecos, trucos propiciatorios ancestrales

La manzana ha simbolizado, desde la más remota Antigüedad, un elemento de conocimiento ambivalente aunque peligroso, que teniendo la capacidad para elevar, suele sumir a dioses y humanos en el dolor y el error, tal como muestran conocidas leyendas como la de la manzana de oro con la inscripción «a la más hermosa» que Discordia arrojó sobre la mesa nupcial de Tetis y Peleo, y que Paris, tras una fuerte disputa entre tres diosas, acabó concediendo a Venus; las manzanas de oro del jardín de las Hespérides, que acabaron enfrentando a las diosas entre sí, también por obra de Discordia; o la tentadora manzana del jardín del Edén que Eva comió e hizo saborear a Adán para *condena* de ellos mismos y de todos sus descendientes.

Tal como sucede en la génesis de todos los mitos, la importancia de este simple fruto no fue producto del capricho de un narrador ingenioso fascinado por su sabor, sino que, por el contrario, obedeció a un secreto ancestral, sólo conocido por los iniciados, que siempre ha anidado en el mismísimo corazón de esta fruta: si se parte por la mitad una manzana, perpendicularmente al eje del pedúnculo, podrá observarse que los alvéolos que contienen las pepitas conforman una estrella de cinco puntas... razón más que suficiente, según la mentalidad ocultista, para considerar a la pícara manzana como el símbolo del conocimiento y de la libertad de elección.

El secreto del gran poder mágico que, desde tiempo inmemorial, se atribuye a las manzanas radica en que su corazón tiene la forma de una estrella de cinco puntas.

Del simbolismo y leyendas citadas derivó la elocuente imagen —ya mencionada en el capítulo 2— de Venus Madre con una manzana en su mano derecha mientras sostiene con su izquierda al niño divino Adonis envuelto en pañales, una configuración que será plasmada hasta el infinito en la mayoría de advocaciones católicas de la Virgen María, aunque, salvo en algunas de ellas, la manzana acabó siendo convertida en una bola o esfera (o en una flor u objetos litúrgicos).

En una de las versiones de la leyenda de «las tres hermanas», relatada en el capítulo de san Nicolás, ya vimos cómo el obispo de Myra libró a las tres chiquillas de su triste destino cuando les regaló a cada una, en secreto, una manzana de oro que sirvió para asegurarles su vida futura. En este mismo aspecto, conforme las historias de san Nicolás comenzaron a extenderse por Europa, su generosa acción fue a fundirse con uno de los significados mágicos que tenía este fruto en el folklore de los pueblos celtas y germánicos: ser como la cornucopia o cuerno de la abundancia de las tradiciones helénicas y romanas, símbolo del fluir gratuito e ilimitado de los dones divinos que son necesarios para el sustento.

Así, entre los relatos mitológicos celtas, encontramos la manzana que una mujer del *más allá* le obsequió al príncipe

Condle y de la cual pudo comer durante un mes sin que disminuyera jamás. O las tres manzanas del jardín de las Hespérides —que el dios Lug ordenó buscar a los tres hijos de Tuirenn, como compensación por haber asesinado a su padre—, dotadas de una tan mágica virtud, que, quien comiese de ellas, ya no volvería a tener hambre ni sed, ni podría padecer enfermedad o dolor ninguno, y todo ello, naturalmente, sin que las manzanas vieran reducir su tamaño en lo más mínimo. En los pueblos septentrionales europeos, paralelamente, la manzana era considerada como la fruta regeneradora y rejuvenecedora que comían los dioses para poder vivir hasta el fin del ciclo cósmico.

En la Inglaterra victoriana, cuando se comenzaron a recuperar las antiguas costumbres navideñas, dentro del calcetín que se colgaba al pie de la cama, en espera de la generosidad de *Father Christmas,* siempre debía encontrarse, junto a los preceptivos dulces y pequeños juguetes, una manzana grande y hermosa que tenía la función de propiciar la salud y la dicha a su receptor. Una conocida frase, repetida todavía hoy en Gran Bretaña y en todas sus antiguas colonias, afirma que *«an apple a day keeps the doctor away»,* eso es que «una manzana al día mantiene lejos al médico».

Lo que estas y muchas otras leyendas sugieren es, en definitiva, que la manzana representa un elemento mágico dotado

Las bolas de adorno imitan la forma de las manzanas que antiguamente se colgaban de los árboles durante el solsticio hiemal para propiciar el regreso del espíritu de la Naturaleza.

de capacidad propiciatoria para lograr la abundancia de todo lo indispensable, ya sea en el terreno de lo material, como en el campo de la salud.

Ésta será, pues, la misión que deberán cumplir las velas en forma de manzana que muchos encienden —o, al menos, ponen sobre la mesa decorada— por Navidad, las que se cuelgan del árbol y, por extensión, las bolas navideñas de adorno, ya que su diseño, por parte de los sopladores de vidrio de Bohemia del siglo XVIII, se inspiró en las manzanas que, desde antiguo, se colgaban de los árboles durante el solsticio de invierno con la intención de hacer posible el regreso del espíritu generador de la Naturaleza, responsable de la anual eclosión de vida vegetal y animal que podía asegurar la supervivencia humana.

Un sentido equivalente tienen también los pequeños zuecos que se cuelgan del árbol, o los zapatos de calle que los niños ponen junto a la chimenea o en el balcón —con un poco de alfalfa, una zanahoria, azúcar o algarrobas en su interior— para estimular la generosidad en los regalos que se espera depositen en ellos Papá Noél o los Reyes Magos. Esta misma función, en Norteamérica y Gran Bretaña, la cumplen los calcetines.

El origen de esta antiquísima costumbre es nórdico y su finalidad era lograr que los espíritus del bosque y los gnomos compartiesen algunos de sus muchos *tesoros* con los humanos; se trataba, en suma, de exorcizar la tristeza y la avaricia natural del invierno mediante pequeños y *mágicos* obsequios llenos de alegría y esperanza.

Quizá, sólo quizá, manzanas, bolas y zuecos aún conserven su ancestral poder propiciatorio durante la Navidad. Poco o nada puede perderse por seguir probando, quién sabe si...

NOTAS

1. Se puede disfrutar mucho más de los adornos navideños si han sido elaborados por uno mismo, cosa que no entraña dificultad alguna, resulta una actividad divertida y relajante, y sólo requiere dedicarle un poquito de tiempo. Quienes no sean nada *manitas*, pueden encontrar ideas fantásticas e instrucciones detalladas en libros como los siguientes: Glassborow, J. (Ed.), Burdett, R. y otras (1988). *Adornos de Navidad. Árboles, guirnaldas y regalos* (vol. I). Barcelona: Hymsa Grupo Editorial Edipresse; y, de las mismas autoras y editorial, *Adornos de Navidad. Trabajos manuales creativos* (vol. II), publicado en 1991.

2. *Cfr.* Chevalier, J. y Gheerbrant, A. (1993). *Diccionario de los símbolos*. Barcelona: Herder, pp. 164-165.

13

Los regalos, una antigua forma de magia que procura unión y amistad

Durante las fiestas de la Navidad actual, los regalos han adquirido un papel tan central y preponderante que han llegado a desplazar en buena medida al resto de rituales sociales propios de estos días. El trajín de imaginar, buscar y empaquetar regalos para los demás absorbe buena parte de la energía navideña —y del presu-

Hacerse regalos es una antiquísima tradición que, practicada en la época navideña y fin de año, tiene un efecto propiciatorio de la fortuna, además de unir a quienes los intercambian.

191

puesto—, un esfuerzo que, en cualquier caso, suele verse recompensado por los obsequios procedentes de los otros —intercambiados en medio de un baño de besos, abrazos y buenos deseos— y/o, especialmente si sus destinatarios son los niños, por la ilusión y alegría desbordada que producen en quienes los reciben.

Hacerse regalos por esas fechas, sin embargo, no es solamente una costumbre encumbrada por la sociedad moderna consumista; desde la más remota Antigüedad, el solsticio de invierno y el cambio de año fueron considerados como un tiempo en el que era obligado ofrecer obsequios a dioses y monarcas, así como intercambiar objetos propiciatorios entre amigos y vecinos.

La costumbre de intercambiarse regalos sirve para fortalecer los vínculos sociales, pero hay que tener en cuenta que un obsequio representa un gesto emocional muy importante con independencia del poco o mucho valor económico que pueda tener lo ofrecido. Para que un regalo se convierta en un acto de unión y de amistad debe apoyarse en un motivo concreto —cualquiera vale, sin que haga falta estar en una fecha determinada u onomástica, aunque la Navidad sea ya una *excusa* universal— y tiene que llevar algo personal de quien lo envía (una nota manuscrita, por ejemplo, que exprese los deseos que han impulsado el obsequio).

Tanto mejor será, también, si el envoltorio lleva la marca personal y original de quien ofrece el presente. Cuando los japoneses inventaron el papel decorado para envolver regalos, querían mostrar sin lugar a dudas que todo el ritual que rodea al acto de entregar un obsequio, desde el primer golpe de vista, debe estar presidido por la máxima belleza, delicadeza y personalización posible.

Al hacer un regalo, el corazón del receptor comienza a latir con mayor o menor intensidad desde el mismo instante en que sus sentidos perciben el envoltorio, lo analizan y desbocan la imaginación en función de su aspecto. No es exagerado afirmar que un envase bello transforma cualquier cosa que contenga en algo grandioso, apetecible y digno del mayor agradecimiento[1].

En el acto gozoso de hacer regalos a los demás —y en el no menos agradable de recibirlos— reside una parte fundamental del simbolismo que subyace bajo las celebraciones del solsticio de invierno que hoy festejamos en la Navidad. La generosidad que representa el retorno del sol y, con él, el de la inminente llegada de la primavera y sus dones en forma de fertilidad agrícola y ganadera —un equivalente agrario de lo que significa, en el ámbito espiritual, la misericordiosa venida del «hijo de Dios» para los cristianos—, se traduce en un intercambio festivo de obsequios que pretende dos objetivos básicos: informar y agradecer públicamente que el pasado haya sido propicio, mostrando la capacidad material adquirida siendo obsequiosos y compartiendo parte de lo que se obtuvo con los otros, y demandar a los dioses, en virtud de esa misma generosidad ritual, que el futuro sea tanto o más favorable que el pasado.

Éste es el significado nuclear fundamental que tienen —o deberían tener, en razón de su origen ancestral— los regalos navideños; mantenerlo, o recuperarlo, supone la diferencia entre un comportamiento consumista ciego y absurdo, que no aporta otra cosa que una tarjeta de crédito en estado de coma, y otro generoso y sincero que lleva a disfrutar mucho más cada regalo, puesto que lo carga con un nuevo sentido, permite ajustar mejor los gastos y, sobre todo, invita a *jugar* en el campo mágico de las antiguas creencias propiciatorias.

Los presentes —de toda especie—, desde las primitivas ofrendas en holocaustos, han sido siempre los instrumentos o mediadores ideales para hacerle un guiño amistoso e interesado a los dioses o, mejor, a su magia, esa antaño poderosa fuerza que, aunque fue desplazada por el racionalismo y la sociedad moderna, jamás ha dejado de ser el patrimonio psicológico más característico de nuestra especie. La magia está dotada de todo el poder que reside en nuestra imaginación, que no es poco; quizá por eso, cuando las fechas resultan propicias, merece la pena excitarla mediante los regalos adecuados.

El bosque de la diosa Strenia, origen de los regalos del ciclo navideño

Aunque el origen del intercambio de obsequios, en esencia, cabe situarlo en algún momento desconocido dentro de la evolución cultural de las comunidades humanas prehistóricas, en nuestro entorno sociocultural —de base latina— la costumbre de hacerse regalos como expresión de buenos deseos se atribuye a una muy antigua tradición que se remonta a los tiempos de la fundación de Roma, hacia mediados del siglo VIII a.C.

Según la leyenda, Tatio, gobernante de Roma junto a Rómulo, recibió un feliz augurio mediante unas ramas cortadas en un bosque consagrado a la diosa Strenia que le fueron ofrecidas en el primer día del año y, en conmemoración de tan grato suceso, Tatio promulgó que ese gesto se convirtiera en una costumbre para lo sucesivo y, en honor de la diosa de aquel bosque, denominó *strena* a este tipo de regalo tan singular. Hoy, la palabra estrena es sinónimo de aguinaldo, de obsequio que se hace por Navidad.

Durante el siglo VI a.C., proclamada ya la República romana, tal como expresa Santiago Montero, «en las calendas [*calendae,* avisos, el primer día] de enero eran característicos los ritos de confraternidad y saludo bajo forma de visitas en las que se formulaban votos entre parientes, amigos, patronos y clientes, etc. Esos lazos eran estrechados después mediante el intercambio de regalos *(strenae)* que inicialmente consistían en ramas de árboles (sobre todo de laurel, por su buen augurio), sustituidas luego por figuras secas de miel, nueces, monedas de bronce, lucernas, etc.»[2].

La costumbre romana de intercambiarse regalos con finalidad propiciatoria se fijó a celebraciones tan capitales como las Matronalia, que tenían lugar el 1 de marzo (fecha del comienzo del Año Nuevo según el calendario romano más antiguo), o las Saturnales o *Saturnalia* (celebradas, para conmemorar el paso del Año Viejo al Nuevo, el 17 de diciembre; aunque en el siglo I a.C. ya duraban una semana, hasta el día 23). En ambas festividades, debido a su simbolismo como rituales de pasaje —de lo viejo a lo nuevo, del desorden al orden, de la pena a la esperanza, etc.—, se permitía trasgredir el orden social establecido, aunque éste

La costumbre de intercambiarse pequeños regalos durante el ciclo navideño se fundamenta en una leyenda del siglo VIII a.C. referida al bosque mágico de la diosa Strenia.

siempre volvía a quedar rígidamente restaurado al comenzar el Año Nuevo.

Durante las Saturnales, modelo de celebración que, como ya se ha señalado, fue imitado en casi todos sus aspectos por la Navidad cristiana, se cerraban los centros públicos y se detenía todo oficio que fuese ajeno al de las necesidades culinarias, una actividad central en esos días. Las clases sociales se suprimían, momentáneamente, y se celebraban comidas en las que los amos servían a los esclavos —evocando la ruptura del orden establecido— en medio de un ambiente licencioso e igualitario donde todo tipo de bromas (particularmente las de los siervos contra sus señores) estaban permitidas. Se organizaban diversiones populares, entre las que destacaban las loterías y los juegos de azar, y era obligatorio intercambiarse regalos.

El poeta latino Ovidio (43 a.C.-17/18 d.C.) en los *Fastos,* donde se narra mes por mes las fiestas del calendario romano, haciendo especial mención de las celebraciones de la Roma antigua, citó con detalle los obsequios —miel, envasada en jarros blancos, pequeñas monedas, etc.— que los romanos se intercambiaban durante esas festividades.

Los obsequios entregados al iniciar el año mantenían la mágica función que les había adjudicado la romántica leyenda de Tatio y, como muy bien señaló Servier, «las estrenas se dan en nombre de lo Invisible, a fin de comenzar un nuevo ciclo por un gesto de buen augurio, presagio de abundancia»[3].

Un gesto de buen augurio para desear prosperidad

Con el paso de los años, la calidad y el simbolismo de las estrenas fue evolucionando, en buena medida debido al espíritu sumamente práctico de los romanos, y los regalos se diversificaron en función del poder adquisitivo de quienes los entregaban. Así, las primitivas ramitas de árboles y arbustos —verbena, laurel y olivo, símbolos de felicidad—, empleadas para colmar de buenos deseos al prójimo, acabaron siendo un mero complemento de dulces, frutos secos, vinos, otros alimentos o telas, que deseaban lo mismo, pero de forma más consistente y útil para sus receptores.

El paso siguiente, para quienes se lo podían permitir, fue el de obsequiar piedras preciosas, o monedas de oro o plata —junto a unas hojitas de vegetal propiciatorio, claro está—, que simbolizaban la aspiración de incrementar los bienes, materiales e inmateriales, en el futuro; las monedas de bronce cumplieron el mismo papel entre los menos pudientes. Las lucernas y velas, para unos y otros, fueron un regalo muy popular, ya que no sólo servían para iluminar los hogares sino que se las hacía representantes del calor y la luz que traía el solsticio de invierno y, por ello, propiciadoras de la fecundidad en general.

«La práctica de las estrenas —afirman Jean Chevalier y Alain Gheerbrant— se remonta a la más alta Antigüedad. Se asimila a los ritos estacionales, destinados a atraer la protección de los dioses y los reyes, así como de los grandes de este mundo. Cuando las estrenas son entregadas por los padres a los hijos, por los superiores a los inferiores, es siempre para simbolizar un voto de abundancia y de prosperidad. Pero en el primer caso el voto es una imploración, en el segundo una promesa.»[4]

Una costumbre ancestral dicta que nadie debe ni puede presentarse ante dioses, profetas o reyes sin llevarles un obsequio adecuado y digno de su posición. Durante el solsticio hiemal esta norma fue especialmente aplicada a los monarcas y superiores en general. Así, Calígula, emperador romano entre los años 37 y 41, durante las Saturnales, se colocaba en la puerta de su palacio para recibir las estrenas, en forma de monedas, que los romanos pasaban a ofrecerle en señal de buen augurio, aunque su antecesor en el cargo, Tiberio (14-37), en cambio, prefería huir de Roma por esas fechas para evitarse el tener que exponerse públicamente para recibirlas.

En las regiones que formaron parte del Imperio Romano esta costumbre no sólo cuajó sino que fue mantenida por las monarquías modernas. En Gran Bretaña, por ejemplo, desde muy antiguo, durante la Navidad, los monarcas, imitando a Calígula y sus colegas, le pedían estrenas a sus súbditos, particularmente a los nobles, el clero y los siervos de palacio que, cada uno según sus medios —y ambiciones—, obsequiaban al rey o la reina con los mejores presentes de que eran capaces. Y la generosidad no debía de ser poca si tomamos en cuenta anécdotas como la de la reina Isabel I (1558-1603), que tenía en las estrenas navideñas su fuente principal de vestuario para llenar su amplio y exigente guardarropía.

Desde la más remota Antigüedad, los obligados regalos que los súbditos debían hacerle a sus monarcas, con independencia de los simbólicos y estacionales, acabaron estructurándose en forma de tributos y dieron lugar a los impuestos de las sociedades modernas, infinitamente más sutiles y voraces que las monedas de oro y plata que complacían a Calígula, o los vestidos que exigía Isabel I.

Las estrenas citadas, entregadas por el inferior al superior, representan, en términos de Chevalier, un voto de imploración, pero las inversas, eso es la costumbre de los regalos hechos por los superiores a sus inferiores, que supone un voto o promesa de abundancia y prosperidad, se desarrolló paralelamente: con gran avaricia en el caso de los obsequios procedentes de los monarcas, y con creciente generosidad —dentro de un orden— en los regalos estacionales dados por patrones y padres (y, también, entre los intercambiados entre iguales).

Según afirmó el historiador, o más bien biógrafo, Suetonio (69-125), en su *Vida de los doce césares,* fue Julio César (101-44 a.C.) el primero que entregó monedas como regalo al pueblo de Roma para celebrar el Año Nuevo, aunque Escipión el Africano (253-183 a.C.) ya había sido célebre, además de por sus muchas hazañas bélicas, por su generosidad al repartir abundantes cargas de aceite español cuando fue elegido *edil curul.*

En todo caso, el ejército romano mantenía una vieja costumbre que le daba derecho a recibir regalos en fechas señaladas, denominados donativos, que eran obligatorios, al punto que el emperador Galba, el 15 de enero del año 69, pocos meses después de haber accedido al poder, fue asesinado por los pretorianos tras una revuelta originada por su decisión de no satisfacer ese regalo durante las celebraciones Saturnales, que marcaban el fin del año desde la reforma del calendario efectuada en el año 45 a.C. por César.

A medida que el Imperio Romano fue expandiéndose, lo hizo también la costumbre de intercambiarse regalos. La fecha tradicional para realizar este hermoso ritual fue siempre el inicio del Año Nuevo, pero la Iglesia católica, en su afán por vaciar de contenido y cambiar de significado todas las celebraciones *paganas,* acabó forzando el traslado del ancestral intercambio de regalos con fin propiciatorio al día de Navidad, que es donde aún está radicado en la actualidad.

De todas formas, en la celebración actual del Año Nuevo todavía se conserva —y/o se está recuperando en muchas partes, especialmente durante las dos últimas décadas— la costumbre de hacerse pequeños regalos, más simbólicos que valiosos o útiles, que sí encajan perfectamente con el espíritu que quiso impulsar la leyenda de Tatio y sus mágicas estrenas.

Vale la pena, sin duda, cuidar y alimentar esta antigua tradición asociada a la fiesta de Año Nuevo, que puede ser más lúdica y lucida si se adoptan algunos de los usos y significados que le dieron los antiguos romanos. Además del clásico muérdago, añadir una ramita de verbena, laurel verde u olivo —símbolos de felicidad y buen augurio, herederos del mágico poder que se atribuyó a las plantas del bosque de la diosa Strenia— puede aportar un nuevo y excitante matiz a cualquier detalle que se regale para desearle un feliz año a parientes, amigos y conocidos.

La escasa virtud de la mesura

Hacerse regalos, como ya se ha dicho, es una costumbre ancestral que ha mantenido siempre una gran importancia como elemento fortalecedor de las relaciones sociales, pero, en cualquier caso, la mesura debe ser uno de sus atributos básicos… salvo si se quiere llegar al extremo del antiguo *potlach,* festival del regalo que se celebraba en la Columbia Británica, donde el presente recibido obligaba al obsequiado a responder entregando otro de doble valor, teniendo que llegar a empeñarse, con el apoyo del clan familiar, para lograr satisfacer tan *generosa* obligación social.

Aristóteles (384-322 a.C.), en su *Política,* ya clamó contra el deseo de las cosas innecesarias, origen de todos los males, según este filósofo que fue especialmente crítico con las generosas costumbres hispanas en materia de dotes matrimoniales, responsables, en opinión del sabio griego, de que un tercio de la propiedad hubiese ido a parar a manos femeninas. Algunos siglos después, la ley Opia prohibió a toda mujer, por cualificada que fuese, el llevar o poseer joyas de más de media onza —143,5 decigramos— de oro. El historiador romano Cornelio Tácito (55-120), en sus Anales, también denunció los excesos en regalos de piedras preciosas.

El poeta Francesco Petrarca (1304-1374) echó pestes contra «los lapidarios [joyeros] que engañan la bobería de este sexo [femenino] donde es fortísima tentación ver que les falta lo que sus vecinos tienen». A principios del siglo XVII, Fernández Navarrete, tras quejarse de que las mujeres sólo aceptaban joyas con diamantes, «siendo tan estúpido poner el caudal en cosas que no matan el hambre», propuso que «se deben cargar los impuestos sobre los regalos que sólo sirven a la ambición y el deleite, aligerando las cargas a los pobres que sólo gastan lo preciso».

Parece evidente que las prédicas de tan prudentes como misóginos varones aún no han sido tomadas en serio hasta el día de hoy. Quizá porque el diamante simboliza demasiadas virtudes bellas —perfección, inmutabilidad, inmortalidad, soberanía, constancia, fuerza, inocencia, etc.—

Durante la época navideña, la presión social y comercial lanza a todo el mundo a efectuar compras que a menudo están fuera de toda mesura.

y está asociado a *poderes* tan útiles como el de alejar a malos espíritus, fuerzas del mal y animales salvajes, prevenir las pesadillas, anular los efectos nocivos de venenos y enfermedades, favorecer la castidad —según una tradición rusa—, unir a las parejas (por eso se le ha denominado «piedra de la reconciliación»)... ¿quién, en su sano juicio, puede sustraerse al deseo de recibir un diamante por obsequio? Tal como algunas actrices de Hollywood se encargaron de establecer: «el mejor amigo de una chica es un diamante».

Pero las piedras preciosas no fueron el único regalo que motivó protestas por el sacrificio económico que representaba satisfacer su demanda. A partir del siglo XIV, a juzgar por la documentación conservada —tal como veremos en el capítulo 17 que trata de los aguinaldos—, los excesos en la costumbre de los regalos navideños ya eran tantos y tan cuantiosos que llegaron a poner en riesgo los pecunios particulares, razón por la cual tuvo que comenzar a limitarse, mediante decretos reales que imponían multas y penas de cárcel, el valor total, la categoría y los posibles destinatarios de los obsequios que se hacían por esas fechas.

En el siglo XIX, durante el mes de diciembre, los periódicos proponían listados de regalos navideños para las mujeres —no los había para hombres, pero no por carecer éstos de obsequios, sino porque no debía hablarse públicamente de ellos—, y el derroche debía de ser tan notable como antaño si nos fijamos en anécdotas como la de que los diarios franceses, a partir del año 1834, comenzaron a recomendar los libros como objeto de regalo y el *Larousse du XIXº siècle*, siguiendo la estela de Fernández Navarrete, sentenció: «Los buenos y atractivos libros tienden poco a poco a reemplazar las costosas inutilidades de la solemnidad del primero de enero.»

En nuestra sociedad consumista actual, caracterizada por la falta de mesura y cordura en los dispendios festivos de la Navidad, el derroche de que hacemos gala a la hora de los regalos nos llevaría a todos a la cárcel si aún estuviesen vigentes aquellos desesperados decretos de la Baja Edad Media. Ser obsequioso es un placer como pocos, pero cada uno debe saber fijar sus propios límites y, mucho más importante, intentar no confundir un presente con un soborno, especialmente cuando los regalos van destinados a los hijos —o nietos— o a los superiores.

Seres fantásticos que traen obsequios

Si bien en todas las culturas ha existido —y sigue existiendo— el intercambio de obsequios entre sus integrantes, bajo diferentes circunstancias, no es menos cierto que en todas ellas encontramos también una diversidad de tradiciones que hablan de seres legendarios que tienen la función, entre otras, de abastecer de regalos a los humanos, en especial a los más pequeños.

Entre las creencias agrarias de la Antigüedad, los espíritus del bosque, ya citados en varios capítulos anteriores, tuvieron un protagonismo fundamental con respecto a los avatares naturales que conducían a obtener buenas o malas cosechas; por esa razón, los hombres de esos días adoraron a los árboles en general —y a determinadas especies más en particular—, ya que creyeron que en cada uno moraba un espíritu; los adornaron con telas de colores durante el solsticio hiemal, para hacerlos más agradables a sus mágicos inquilinos; y hasta les dejaron obsequios junto al tronco de los árboles sagrados para propiciar su generosidad anual.

En algún punto de la historia, esos espíritus, generosos aunque muy volubles, comenzaron a obsequiar también a los humanos con deliciosos presentes que dejaban junto a algún árbol o tronco situado junto a las casas, añadiendo así una nueva tarea a su ya clásica capacidad para procurar buena caza, abundantes cosechas y crecientes rebaños. Esta inversión del sentido de los regalos quizá tuvo lugar cuando los adultos comenzaron a perder la fe en ellos, motivo por el cual sus regalos se limitaron a dulces destinados sólo a los niños, último bastión para la supervivencia de las leyendas más mágicas y hermosas. Los obsequios que aún encontramos al pie del abeto navideño, o dentro del *tió* o tronco de Navidad, se lo deben todo a esa antigua tradición.

De esa forma tomaron cuerpo duendecillos o pícaros semidioses como los latinos Príapo (el fálico dios de los jardines y emblema de la fertilidad de la Naturaleza y de la virilidad) o Sileno (el deforme, alegre y chistoso compañero de Baco); los astutos elfos de los pueblos germánicos, capitaneados por su rey Gibich; los gnomos nórdicos, encargados de guardar los tesoros de la tierra; los genios orientales, famosos por su gran poder y su habilidad para vivir dentro de botellas y lámparas...

En fin, una larga saga de seres indispensables —caracterizados todos ellos por no ser nada espirituales, tener un aspecto físico poco o nada agraciado, y por traer suerte, fertilidad y regalos—[5] que no sólo ha llegado hasta el día de hoy, sino que tiene a Papá Noél, su más moderno representante, situado en la cumbre más alta a la que nadie de su especie pudo llegar jamás.

Esos seres fantásticos no faltan ningún año a la cita que tienen con los niños, convirtiendo lo que un día fue la base de un ritual propiciatorio de los adultos en una gozosa fiesta infantil. En Dinamarca, durante el *Juletide*, unos elfos conocidos como *Juul Nisse,* que ayudan en las tareas domésticas si les place, dejan momentáneamente el desván de las casas, que es su hogar, atraídos por el bol de leche o puding de arroz que les han dejado los pequeños de la casa; a cambio de la generosidad de los niños, *Julemanden,* que viaja con su trineo cargado con un saco lleno de regalos, se muestra particularmente espléndido con ellos.

Los pequeños suecos reciben sus regalos de *Jultomten,* que recorre el país en un trineo conducido por *Julbocker,* el macho cabrío de Thor, el rey del Trueno; su vestimenta roja con gorro de invierno y su abultado saco cargado a la espalda le hacen parecerse bastante a uno de sus descendientes más viajeros, Santa Claus o Papá Noél.

Antes de la aparición de Santa Claus, en el siglo XIX, y todavía hoy en algunos países, el encargado de traerle regalos a los pequeños era el niño Jesús, tal como ya vimos al tratar de la leyenda alemana de *Christkindel,* en cuyo caso lleva los obsequios su mensajero, personificado por una jovencita con corona de oro que sostiene un diminuto «árbol de luz»; en otros lugares el Niño divino baja del cielo con los ángeles, durante la noche, adorna el árbol y coloca los regalos alrededor de su tronco. En los países con tradición belenística, como España, el niño Jesús deja los regalos de Navidad durante la *Santa Noche* y los niños los encuentran a la mañana siguiente colocados junto al pesebre.

En la Alemania católica, los paquetes con regalos de Navidad eran llamados «fardos de Cristo» y solían presentarse en juegos de tres, conteniendo algo recompensante, algo útil y algo apto para la disciplina; en el siglo XVII, un fardo típico podía contener dulces, pasteles, ciruelas confitadas, manzanas, nueces, muñecas o juguetes diversos, como premio; alguna pieza de ropa, un sombrero o gorro, manoplas, calcetines, zapatos o zapatillas, como obsequios útiles; y libros, lápices, papel, abecedarios, etc., como regalos para contribuir a la educación y la disciplina; unida al fardo, además, iba la «vara de Cristo», que recordaba los azotes para los desobedientes.

En los países occidentales, durante la Nochebuena, los niños dejan sus zapatos o calcetines en el balcón, junto a la chimenea, bajo el árbol, o en un rincón del salón, para que —a cambio de su oferta de paja, azúcar, leche, etc.— Santa Claus, *Father Christmas* o Papá Noél les obsequie con dulces, frutos secos y juguetes. El 6 de diciembre san Nicolás había hecho lo propio en los Países Bajos, y el 6 de enero, los tres Reyes Magos repiten el generoso milagro para los pequeños de los países que, como en España, México, Puerto Rico, Filipinas y algunas otras naciones latinoamericanas, celebran esta tradición exclusivamente católica.

Según el folklore de la antigua Checoslovaquia, *Svaty Mikulas* (san Nicolás) descendía del cielo por una cuerda de oro que sostenía un ángel; cuando llegaba a tierra, el día de Navidad, los niños debían decir sus oraciones y, si se habían portado bien, *Mikulas* le pedía al ángel que le acompañaba que les diese sus merecidos regalos.

En algunas regiones de los Alpes, los duendes del bosque eran los encargados de los regalos navideños; uno de ellos en especial, que era escenificado por un hombre disfrazado con una cabeza de cabra, una máscara de demonio y llevando una vara de abedul, entraba en las casas de las aldeas y, después de entregar los regalos a los más pequeños, sacaba fuera a sus hermanos de más edad y pretendía pegarles con la vara. El viejo Klaus alsaciano o el *Bonhomme Noël* —a quienes acompañaba su colega *Père Fouettard* (Papá Azotador)—, cumplían el mismo papel, recogiendo los ancestrales atributos de los

La Beffana, en Italia, en la vigilia de la Epifanía, va casa por casa buscando a los niños que han sido buenos para dejarles obsequios.

gnomos y del legendario personaje del Viejo Invierno, hoy resumidos en la figura de Papá Noél o Santa Claus.

En Navidad, los niños polacos todavía siguen recibiendo regalos de las estrellas, mientras que los húngaros son obsequiados por los ángeles. Entre los sirios cristianos, por poner otro ejemplo alejado de nuestro ámbito geográfico, aún se conserva la tradición que señala al camello más joven del rebaño familiar como responsable de los regalos que reciben los pequeños en el día 6 de enero.

Los italianos, además del niño Jesús y del ya generalizado Papá Noél, cuentan con un personaje propio y muy atípico como proveedor de regalos. Se trata de la *Beffana* —nombre que procede de la palabra Epifanía—, una vagabunda de edad indefinida que supuestamente renunció a ir a Belén con los «hombres sabios» cuando éstos pasaron por delante de su casa y se lo pidieron; arrepentida poco después, desde ese día ha estado buscando al Niño divino sin éxito.

Según la leyenda, en la vigilia de la Epifanía, la *Beffana* vaga casa por casa, escrutando la cara de los niños dormidos y dejando obsequios a aquellos que le parecen bondadosos.

Una tradición similar pervive entre los rusos cristianos con la legendaria *Babushka* (Abuela), una mujer que hizo perderse a los Reyes Magos cuando le preguntaron por el camino de Belén —o, también, que rehusó dar hospitalidad a la *Santa Familia* cuando escapaban hacia Egipto—, pero se arrepintió y, para reparar su falta, ahora va por el mundo, durante la vigilia de Navidad, buscando al niño Jesús y distribuyendo regalos entre los niños buenos. Otra figura tradicional rusa es *Kolya* (Nicolás o san Nicolás), que, durante la Nochebuena, visita las casas dejando en el alféizar de puertas y ventanas algunos pastellillos que deben ser comidos el día de Navidad.

Todos estos personajes fantásticos colman de magia el mundo infantil con sus anhelados regalos, que tan felices hacen a los pequeños como a sus padres, espectadores cómplices de un prodigio ancestral que, si bien olvidó ya su original significado propiciatorio, todavía conserva viva la fuente de la ilusión y la esperanza, que no es poco, con los tiempos que corren.

NOTAS

1. Pueden encontrarse excelentes ideas para envolver regalos y para elaborar obsequios originales en libros como los dos volúmenes de *Adornos de Navidad*, ya citados, de las autoras Glassborow, J., Burdett, R. y otras.

2. *Cfr.* Blázquez, J.M. y otros (1993). *Historia de las religiones antiguas*. Madrid: Cátedra, p. 518.

3. *Cfr.* Servier, J. (1964). *L'homme et l'invisible*. París, p. 332.

4. *Cfr.* Chevalier, J. y Gheerbrant, A. (1993). *Diccionario de los símbolos*. Barcelona: Herder, p. 489.

5. La superstición popular según la cual ver a un jorobado o, especialmente, tocarle la chepa, trae fortuna a quien lo hace, nace de las leyendas que relacionan duendes de aspecto deforme con la adquisición de suerte y riqueza por parte de aquellos que han logrado verles o capturarles en ocasión de alguna de sus correrías.

IV

COMIDAS, FESTEJOS Y COMPLEMENTOS DEL TIEMPO DE NAVIDAD

14

Los ágapes del ciclo navideño

Benito Pérez Galdós (1843-1920), el genial autor de *Fortunata y Jacinta* y de tantas otras obras memorables, retrató muy bien la Navidad cuando escribió que «la conmemoración más grande del mundo cristiano se celebra con el desencadenamiento de todos los apetitos (...). Las confiterías y tiendas de comidas ofrecen en sus vitrinas una abundancia eructante y pesada que, por la vista, ataruga el estómago (...). Una familia podrá morirse toda entera; pero dejar de celebrar la Nochebuena con cualquier comistrajo, no». En cualquier caso, tal como también señaló él mismo, lo esencial de una fiesta es «una comida excepcional, diferente de la de cada día, preparada con exquisito mimo, con amor, y por qué no, con un cierto despilfarro».

Los grandes banquetes celebrados durante el solsticio de invierno hunden sus raíces en la noche de los tiempos, pero el modelo del ágape navideño cristiano, tal como ya se ha dicho, procede de las comilonas que los romanos efectuaban durante la festividad de las Saturnales.

El paso de los siglos no hizo sino fortalecer y sofisticar la costumbre de esta comida ritualizada, caracterizada por una opulencia inaudita cuando tenía lugar en la mesa de los nobles, de los prelados y, cómo no, en la de los tan discretos como bien surtidos refectorios de las abadías. La importancia del ágape navideño se vio todavía más potenciada con decretos como, por ejemplo, el dado por el rey Carlos I, en 1542, ordenando que, «para mayor solemnización de la Natividad del Señor», las principales instituciones del reino hiciesen fiesta desde la vigilia del día de Navidad hasta el día de Reyes inclusive.

Llegado el siglo XIX, sin embargo, la Navidad comenzó a disociarse de la conmemoración litúrgica del nacimiento de Jesús y fue convirtiéndose, progresivamente, en una festividad centrada en los niños y en el ámbito familiar; al cabo de este proceso —impulsado por el desarrollo de la sociedad industrializada y por el florecimiento de las clases medias urbanas—, la institución familiar se apoderó de la celebración cristiana y la convirtió en una ocasión de autocelebración, en la reunión de todos los miembros de una misma familia con el objetivo de fortalecer sus propios lazos intragrupales mediante el intercambio de regalos y buenos deseos y, claro está, confraternizando en unión e idílica armonía alrededor de una mesa festiva y ampliamente generosa.

Sin embargo, tal como señaló con magistral tino otro escritor, el insigne Álvaro Cunqueiro (1911-1981), no se trata sólo de comer en hermandad ya que «aunque Navidad sea día festero, de alegría sin sombras, y el alma inclinada a perdones y demandando caricias, la hora de la mesa hay que tomarla muy en serio. Conviene llegar al asado con apetito, consciente de que se está celebrando un rito. ¡Que bien les sienta el ave de la comida navideña! La que sea. Coman con pausa, remojen de cuando en cuando, especialmente cuando pase de una parte a otra del ave, de pechuga, verbigracia, a muslo, de ala a obispillo (...).

»Fue mi obispo Guevara quien recomendó que en estas comidas familiares era buena cosa el sacar a relucir historias de la casa, anécdotas de antepasados, casos de juventud de los más ancianos de los presentes (...). Y que toda la familia se siente a la mesa tan irreprochablemente como en los tiempos antiguos, cuando eso que se llama familia existía. Ambas cosas, asado y familia, forman parte de un orden, que yo me atrevería a llamar celestial»[1].

¡Ahí es nada!

Usos y abusos en la cena de Nochebuena y en el almuerzo de Navidad

La tradición más rancia mandaba ayunar durante toda la vigilia de Navidad, comiendo sólo verduras, frutas y si acaso algo de pescado, pero estando estrictamente prohibida la carne. Los seguidores de esta costumbre, sin embargo, antes o después de asistir a la misa del gallo, cuando ya había pasado la vigilia, solían realizar una colación o resopón que podía ir desde una simple degustación de dulces —eran populares las *chocolatadas* y *turronadas*— hasta una comida algo más sólida y copiosa, que podía estar compuesta por una sopa de caldo, longaniza con un trozo de roscón bendecido en la misa de medianoche, fruta, frutos secos, etc., todo ello sin descuidar un abundante consumo de aguardiente, anís, vino blanco u otras bebidas, mientras se cantaban villancicos con una alegría que le debía tanto a la celebración del natalicio divino como al achispamiento alcohólico de los congregados.

Pero, sin embargo, hace ya muchas décadas que nadie ayuna la víspera de Navidad y que la cena de Nochebuena dejó de ser un resopón frugal. Este ágape familiar, que todavía suele designarse mediante el término francés *réveillon* —que en textos de 1869 ya definía «una cena extraordinaria que se celebra a medianoche; particularmente, la que tiene lugar durante la noche de Navidad»—, ha representado y representa la comida sacra tradicional de

Uno de los rituales básicos de la Navidad acontece cuando una familia se reúne alrededor de una mesa. Por esto debe esmerarse tanto la calidad como la presentación de esos ágapes.

la Navidad en toda Europa y en casi toda España (con excepción de Cataluña y Mallorca, donde el ágape fundamental sigue siendo el almuerzo del día de Navidad).

La Nochebuena es una institución claramente católica, aunque a lo largo de la segunda mitad del siglo XIX se generalizó también como fiesta profana. En un texto de *Usages du siècle (Costumbres del siglo)*, de 1908, reproducido por Michelle Perrot, se lee: «Todo el mundo celebra la Nochebuena. Los creyentes cenan después de la misa de medianoche, mientras que los profanos, por su parte, han adoptado la costumbre de ir al teatro y cenar después. Ya no hay necesidad de un pretexto religioso para celebrar la Navidad. Es la reunión familiar o amigable la que se convierte en única razón de ser de la fiesta.»[2]

Hoy, como a principios de siglo, la Nochebuena sirve de excusa para que las familias, incluidos los miembros que apenas se relacionan entre sí o viven en lugares distanciados, se reúnan en torno a una sola mesa bien surtida de viandas para celebrarse a sí mismos; en una sociedad secularizada como la actual, la alegría por la familia unida, aunque sea ocasionalmente, ha eclipsado la conmemoración del nacimiento del Niño divino, origen de este rito festivo familiar.

Intentar describir el contenido del ágape familiar de Nochebuena resulta una tarea imposible dado que sus platos centrales no sólo son substancialmente diferentes en cada país, sino que cambian completamente por regiones y hasta por ciudades. Y aun en los casos, frecuentes, en que se consume un mismo producto, su preparación culinaria suele ser divergente y/o matizada mediante decenas de recetas y *trucos* locales. Este panorama viene agravado, además, por el hecho de que, durante las tres últimas décadas, se han adoptado sofisticados menús modernos, ajenos al espíritu de la conmemoración, que han reemplazado algunos platos tradicionales.

De todos modos, si nos ceñimos a España, podemos intentar mostrar un breve —y necesariamente incompleto— mosaico de la variedad culinaria que presenta la cena de Nochebuena en función de las diferentes regiones. Los menús que apuntaremos a continuación recogen los platos tradicionales más característicos que todavía eran habituales durante la Navidad de hace dos décadas. Hoy, unos ya han desaparecido, otros se han uniformizado y/o generalizado, y no son pocos los platos nuevos que dominan la mesa actual sin haber tenido antes relación ninguna con la Nochebuena.

En Galicia hace mucho que se dejó de servir en la cena los once platos que fueron de ley tiempo atrás, pero la tradición ha mantenido un primer plato a base de coliflor con bacalao, un segundo con el incomparable capón relleno de la región, y unos postres en los que no deben faltar los turrones, ni el licor de guindas casero; en algunas zonas, como en Lugo, el repollo sustituye a la coliflor y un buen besugo al horno precede al capón.

Asturias se decantó hace mucho por el besugo y el pavo asado. En Cantabria, en cambio, el menú más habitual integra consomé de pollo, surtido de embutidos, pavo o langosta —no siendo infrecuentes tampoco la cabeza de cerdo y el capón—, turrones y frutas del tiempo.

Desde el País Vasco se exportó a todo el país la costumbre de incluir ostras, mariscos en general, angulas y algunos pescados, como la merluza o el besugo, en la cena de Nochebuena, contribuyendo de este modo al encarecimiento de una comida ya de por sí excesiva y dispendiosa. En Vizcaya es de tradición la coliflor rehogada y/o el caldo de gallina con tropezones, el besugo al horno o la merluza a la vasca o rellena y los turrones. En Guipúzcoa se abre boca con su reputada sopa de pescado o de cebolla, a la que siguen chuletones de ternera o cordero asado, además de un plato de pescado, turrones dulces y fruta. En Álava la costumbre aboga por el cardo

Las ostras y otros manjares ajenos a la tradición culinaria navideña son ya corrientes en las mesas de esos días.

con salsa bechamel u otra, besugo al horno y cordero de la llanada, turrones, compota de manzanas, ciruelas pasas, orejones y peras; en caso de poder encontrar gallina de calidad, ése ha sido también un plato clásico en esta región.

La cena de Nochebuena navarra ha incluido siempre el cardo aderezado con

Comer con moderación evita lo que, según Josep Pla, fue habitual antaño: «después del almuerzo de Navidad, las defunciones eran inevitables: se moría más gente que en cualquier otra época del año».

una salsa local con trozos de jamón, el cordero asado —que en algunas zonas debe competir con un sabroso bacalao al ajo arriero para alcanzar un buen lugar en el estómago de los comensales—, arroz con leche, frutas y turrones. En La Rioja el cardo se sirve con salsa verde de almendras, al que sigue un plato de pescado y asado de cabrito o el tradicional cordero en salsa; hace ya unos años que los entremeses de mariscos tampoco suelen faltar a su cita con la gula navideña.

Aragón también conserva la costumbre del cardo, servido con una salsa local de almendras, y complementa la modestia del vegetal con besugo, pavo guisado en salsa o pollo (en desuso desde que aparecieron las insulsas aves de granja), ternasco o cordero lechal, cabrito asado, longanizas (básicamente en Teruel), fritada de pescado, pato asado, castañas cocidas con anís, arroz con leche y turrones.

En Cataluña, la cena de Nochebuena, aunque ha ido adquiriendo prestancia en los últimos años, no suele pasar de ser un mero trámite culinario más o menos cuidado pero bastante informal. El ágape navideño por excelencia es el almuerzo del día de Navidad, encabezado por un surtido de entremeses (y/o mariscos), al que sigue la magistral sopa de *galets* («pitón», pasta gruesa), que ha debido pasar no menos de cuatro horas y media hirviendo a fuego vivo, y la *escudella i carn d'olla*, en realidad sólo «carne de olla», ya que sus ingredientes sirvieron para darle su espléndido sabor a la sopa de *galets*.

La *carn d'olla,* que se sirve sobre una gran bandeja, está compuesta por: carne de buey, butifarra blanca y negra, tocino, tuétano, gallina —pechuga, molleja y cuello—, *pilota* —que son grandes albóndigas hechas con carne magra de cerdo, ternera, huevos, pimienta y ajo y perejil picados— y va acompañada de col, patatas, nabo, garbanzos, etc.

A continuación, en las ciudades, la tradición manda hacer aparecer en la mesa un pavo asado relleno —o un pollo, si se logra encontrar alguno *de los de antes,* criado en el campo con maíz, que eran mucho más sabrosos que el pavo (recordemos *in memoriam,* por ejemplo, el sin igual pollo con melocotón que se preparaba en el Maresme); el gallo asado, de antigua tradición navideña en Cataluña, perdió su trono a manos del pavo hace algo más de un siglo, tal como veremos algo más adelante—, sin olvidar el delicioso bacalao con miel, aunque en las zonas rurales siempre fue más típico el cordero o cabrito asados; los postres dan entrada a los turrones, catalanes y alicantinos, y se cierran con las livianas *neules* (barquillos).

Sobrevivir a tan memorable comilona requiere una dosis de moderación y prudencia que, al parecer, no siempre fue atributo del famoso *seny* —juicio o cordura— catalán, al menos si damos crédito al gran periodista y prosista Josep Pla (1897-1981) cuando, no sin ironía, escribió que «después del almuerzo de Navidad, las defunciones eran inevitables: se moría más gente que en cualquier otra época del año».

En Baleares, que como en Cataluña se

concede toda la importancia al almuerzo de Navidad en lugar de a la cena de Nochebuena, un resopón típico ha sido la llamada *salsa*, elaborada con caldo de gallina, cerdo y cordero, huevos, almendras trituradas, especias y mucho azúcar. Actualmente, sin embargo, la cena de Nochebuena ya no es tan frugal, si es que la *salsa* puede considerarse así.

La comida tradicional de la Navidad balear puede incluir el *fresimen,* que es una gallina rellena con carne picada, huevos, piñones y pasas; las «perdices de cardenal», elaboradas con ternera cortada en filetes muy finos y enrollados sobre un relleno de jamón, ajo, hierbas aromáticas, vino, etc.; la clásica *porsella,* pierna de lechón al horno con una salsa especial; un plato denominado *es trip,* consistente en una fritada de vísceras con patatas y sobrasada; en Ibiza son típicos los calamares rellenos con sobrasada, huevo picado, jamón, piñones y pasas; y entre los postres locales destacan los *suspiros* de Manacor, los *rabiols* rellenos de cabello de ángel o de requesón, o los *doblegats* (doblados) de hojaldre relleno de confitura. En la otra parte insular del país, en Canarias, reina el pavo relleno de manzanas al horno.

La zona levantina posee también platos propios para la cena de Nochebuena. En Valencia destaca el *all i pebre,* un guisado de anguilas con ajo y guindilla; las habas con lomo y longaniza; el cocido de *fasaures* (albóndigas elaboradas con lomo y sangre de pavo); además del extendido pavo asado o del *gratapallers* (pollo grande que se cocina como el pavo) y, claro está, las naranjas y los turrones alicantinos a la hora del postre. En Castellón son costumbre las chuletas de cordero a la brasa con *alioli,* y se acaba la comida con *pastisos* (pastas caseras rellenas de confitura de boniato), turrones, naranjas y frutos secos.

El menú de Murcia tradicional, que se parece más al de otras zonas españolas que al de sus vecinos levantinos, se compone de sopa de almendras, besugo al horno o merluza al vapor, pavo asado o pelotas o albóndigas de esta ave (un preparado que saca el máximo provecho de su carne), sin que falten las torrijas entre los postres.

En Andalucía los platos de Nochebuena siempre han sido tan variados como sus tierras y gentes. Hoy los mariscos han invadido casi todas las mesas, pero la tradición conserva todavía los menús más clásicos: en Sevilla es costumbre el caldo, un puding frío de pescado y un plato de carnes frías (como lomo trufado) —el pescado y las carnes también pueden ser guisados o al horno en lugar de ser platos fríos—, o un pavo asado, además de turrones y fruta; en Córdoba destacan las deliciosas pelotas o albóndigas de pavo; en Málaga encontramos entremeses, sopa o consomé, pavo o pollo rellenos o trufados; en Jaén no suele faltar la col lombarda, el besugo al horno y los típicos chorizos de la tierra con aceite; en Melilla puede comenzarse por una sopa a base de menudillos de pavo, para acometer después al susodicho pavo debidamente horneado.

Las familias de Extremadura suelen degustar en esta cena coliflor con salsa, besugo al horno, o pavo al horno, trufado o en pepitoria, perdices en escabeche, y postres locales como la «sopa de santa Teresa», de almendras dulces, y los mazapanes (que antaño eran siempre de gran tamaño, de elaboración casera y tenían forma de serpiente enroscada).

En el centro del país, en la amplia región castellana, el besugo se ha impuesto en casi todas partes como el plato básico de la cena de Nochebuena, pero eso ni siempre fue así, ni tiene por qué serlo tratándose de unas tierras tan ricas en carnes excelentes. El foco más importante en defensa del besugo *mesetario* ha sido Madrid, adonde, desde el siglo pasado, llegaban los maragatos con cargamentos de este pescado procedentes de los puertos del norte. La cena de Nochebuena del Madrid tradicional incluye la sopa de almendras —aunque también se ha adoptado la clásica col lombarda castellana—, besugo al horno o pavo relleno con almendras, castañas y piñones, turrones y *cascajo* (bandeja de frutos secos).

La costumbre leonesa pone sobre la mesa col lombarda rehogada con patatas fritas o cocidas, cordero asado, dulces y fruta. Los burgaleses optaron por la coliflor gratinada con pasas y piñones, el besugo o pavo al horno, la compota de frutas a base de peras, manzanas, higos, pasas, ciruelas secas y azúcar, que se toma con el almíbar y caliente, y, al llegar la sobremesa, procede servir unas castañas hervidas con anís antes de los inevitables turrones. En Valladolid y Palencia la gallina es un plato habitual, aunque el cordero asado no lo es menos.

En Zamora es tradicional un primer plato de verdura al que sigue cordero asado con guarnición y sopa de almendras en el postre. En Segovia, la cena presenta como platos fuertes el besugo o merluza cocida con mayonesa y el cochinillo o cordero asados. En Ávila, a los entremeses variados les siguen cochinillo, ternera o cordero asados. La vieja usanza toledana propone la col lombarda rehogada con ajos y aceite, el besugo al horno o una carne asada, y la sopa de almendras en el postre. En Cuenca la cena puede comenzar por una modesta aunque exquisita sopa de ajo y culminar con los *nochebuenos* (roscos pequeños)...

Si algo muestra esta incompleta relación de menús es que la Navidad no es tiempo de ayunos ni de yantares comedidos, antes bien al contrario. Quienes ponen a prueba el aguante de sus estómagos durante la cena de Nochebuena, suelen tener ocasión de acabar con el sobrante del festín durante el almuerzo del día siguiente. Pero aquellos otros que, como catalanes y mallorquines, concentran su gula ritual en el almuerzo de Navidad, aún deben ser capaces de guardar energías y apetito para la no menos pantagruélica comida del día siguiente, san Esteban.

No iba nada desencaminado el célebre filósofo mallorquín Ramón Llull (1233-1315) cuando dijo: «Cómase lo que basta, no lo que sobra», pero de eso nadie quiere darse cuenta hasta la hora del postre, cuando, *incomprensiblemente,* ya no puede atacarse los turrones con el vigor que su excelente aspecto demandaría.

«¡Cuando pasen estas fiestas me pongo a régimen severo!», solemos decir casi todos, cada año. Pero parece que los *michelines,* como las ruinosas facturas de la Visa y los parientes pesados, resultan inevitables por Navidad.

El pavo, rey de las aves en la mesa navideña

Las aves siempre han sido un plato fundamental en las comidas celebradas durante el solsticio de invierno. La razón no sólo hay que buscarla en su abundancia (según las especies) sino, principalmente, en su simbolismo: en la Antigüedad, cuando las ocas y otras aves migradoras regresaban desde el sur a las regiones más septentrionales, los pobladores de éstas creyeron que esas hermosas criaturas traían con ellas la primavera y la abundancia que brotaba con ésta, unos dones que, claro está, desaparecían cuando los primeros fríos las obligaban a emprender de nuevo la migración anual. Poner un ave en la mesa era un acto propiciatorio en demanda de la pronta llegada de sus *hermanas,* portadoras de la anhelada primavera.

Dentro del ámbito cristiano, las pintadas —o gallinas de Guinea— eran ya carne de banquete en la época bizantina y habían hecho las delicias de los paladares romanos más insignes desde muchos siglos antes. Los asados de ganso y de oca —hembra del ganso— fueron tan comu-

El pavo es uno de los platos navideños más típicos y universales.

nes —y tan exagerada la cantidad de aves sacrificadas en cada comilona caballeresca— que en el medievo poco faltó para acabar con esta especie migradora[3]; hoy todavía constituyen el plato tradicional de Navidad en Alemania, Francia, Holanda y Gran Bretaña. El capón —pollo castrado para cebar— satisfizo la sacramental gula de las comidas de Navidad desde mediados del primer milenio.

En fin, debe reconocerse que, desde tiempo inmemorial, el solsticio de invierno no fue jamás un tiempo de paz y felicidad para las aves (ni tampoco para los cerdos, que se sacrificaban un poco antes y, con sus embutidos y salazones, abastecían de sabroso colesterol la mesa navideña)[4].

Hasta casi mediados de este siglo, el ave más común del almuerzo familiar de Navidad fue, todavía, el capón —con especial mención de los criados en Villalba, Lugo, Lérida y Andorra, que eran un verdadero lujo—, aunque en los hogares más humildes no se pasaba de una gallina o un pollo. La excepción, como siempre ocurre, estaba en las mesas nobles o ricas, que podían gozar aves más exóticas (aunque sería discutible si más sabrosas).

Así, por ejemplo, hacia el siglo XIII, los condes de Urgell importaron de las casas nobles provenzales la costumbre de comer gallo —símbolo de fertilidad y resurrección— por Navidad; un menú que, hasta el siglo XVIII, se convirtió en el plato adorado por los catalanes acaudalados y por cuantos podían hacer el esfuerzo económico de adquirir el famoso «gallo de Navidad» y prepararlo asado y relleno con todo tipo de delicias (carne, lomo, jamón, longaniza, huevos duros, piñones, ciruelas, castañas, pasas, canela, pimienta, etc.), según fuera la especialidad de cada zona geográfica.

Pero, ya en el siglo XVIII, en España —gracias al *mecenazgo* culinario de la Casa de Austria y de la burguesía rica de Sevilla y Toledo—, en el resto de Europa y en buena parte del occidente cristiano, otra ave, el pavo, había logrado convertirse en el centro indiscutible de la mesa en el gran ágape de Navidad. Desde las cocinas de la nobleza, el pavo pasó a la de las clases más pudientes de las ciudades, que a principios del siglo XIX ya lo habían adoptado como la estrella del menú navideño; finalmente, bien entrado el siglo XX, acabó por imponerse también como el plato tradicional navideño de la mayoría de las familias.

A pesar de que los expertos todavía discuten acerca del origen del pavo —que la llamada «teoría europea» sitúa en Numidia o la India y la «teoría americana», con más fundamento, en el continente americano, más concretamente en la altiplanicie mexicana—, lo cierto es que este ave no apareció en las mesas europeas hasta el siglo XVI.

Según los documentos disponibles, el pavo hizo su debut culinario en una bandeja servida a Enrique VIII de Inglaterra, pero no fue aceptado como plato distinguido hasta que el rey francés Carlos IX, en 1567, lo incluyó en el menú de su banquete de esponsales, elevándolo así a la misma categoría que el *noble* faisán. Su aparición

Grabado ochocentista que reproduce un puesto callejero de venta de pavos durante la época navideña.

Grabado que documenta la costumbre ochocentista de llevar el pavo al horno de pan para que lo asaran.

fue celebrada con una rápida aprobación por parte de las mejores mesas y pasó a substituir a la carne coriácea del pavo real y a la algo amarga de cisnes, cigüeñas y garzas reales, que eran las aves habituales en los ágapes de la nobleza de esa época. En el refinado siglo XVIII, el pavo trufado alcanzó la gloria y pasó a presidir las mesas más ricas y sofisticadas.

El secreto para degustar un pavo exquisito lo expuso con sencillez el gastrónomo Manuel Martínez Llopis cuando escribió: «no debe olvidarse que para que el pavo resulte un manjar de primera calidad, ha de ser joven y estar bien cebado, pudiendo asegurarse que hasta que no haya cumplido los seis o siete meses tampoco estará en sazón. El animal joven se denomina *pavipollo,* y resulta exquisito cuando en el momento de guisarlo está a medio cebar; por el contrario, cuando el pavo es adulto, debe estar perfectamente cebado, pues si no lo estuviera, nunca reuniría las perfectas cualidades gastronómicas. Para hacerlo asado, trufado o en gelatina y, en general, cuando se desee obtener un plato delicado, la pava joven resulta preferible al macho por la mayor finura de su carne».

«Pan de Navidad», barquillos, mazapán, polvorones, «roscón de Reyes» y otros dulces navideños

Durante la Navidad, desde tiempo inmemorial, grandes y chicos se endulzan el paladar gracias a una variadísima gama de golosinas típicamente estacionales. El origen de la mayoría de estos productos está íntimamente ligado al significado del trigo (u otros granos), un alimento de importancia capital para la supervivencia humana que siempre se tomó por el regalo más precioso de los dioses, simbolizando el don de vida y la inmortalidad, el ciclo eterno de la fertilidad representado por el ciclo biológico del trigo: grano, siembra, *vida,* cosecha, *muerte,* grano y vuelta a empezar.

En todas las culturas precristianas, desde la época neolítica, la espiga de trigo fue un atributo de los dioses, y las tortas hechas con harina del cereal tuvieron una importancia ritual equivalente a la de las hostias católicas en pueblos tan diferentes —en creencias y tradiciones— como, por ejemplo, el egipcio, el hebreo, el griego o el romano. Su simbolismo como imagen de la inmortalidad fecunda estuvo presente en todas las civilizaciones que lo cultivaron, siendo adoptado también como tal por el cristianismo, que lo elevó a la categoría de signo central: «Os lo digo muy de veras, si el grano de trigo que cae en la tierra no muere, queda allí solo, pero si muere dará mucho fruto», afirmó Jesús, según el *Evangelio* de Juan 12,24.

En una época fundamentalmente imploratoria y propiciatoria como es la que alberga el solsticio hiemal o ciclo navideño, los productos elaborados con harina de trigo (u otros cereales, según las regiones) siempre ocuparon un lugar destacado. Hasta hace apenas un siglo, en toda Europa se mantuvo aún vigente —con muchas variantes locales— una tradición agraria consistente en reservar el grano de la primera gavilla de cereal recolectado durante la última siega para elaborar con esa harina el «pan de Navidad»[5], un alimento cargado de propiedades mágicas.

Las familias rurales tenían por costumbre preparar ellas mismas el «pan de Navidad» con el grano de su propia cosecha (o de la del propietario de las tierras que trabajaban como siervos o aparceros), pero quienes vivían ajenos al campo también podían comprar ese pan en los mercados, donde era presentado al público junto a las otras viandas propias de la festividad. Así, por ejemplo, en el mercadillo de Navidad más antiguo de Europa, que todavía se celebra en la plaza del Ayuntamiento de Viena, ya en su origen, en el año 1278, se vendían pastas de Navidad, pan de especias y dulces con la figura del niño Jesús.

En documentos del siglo XVII constan abundantes referencias a una antigua tradición según la cual los obreros y artistas locales —posteriormente lo harían también los panaderos— distribuían entre sus clientes las tortas o «pan bendecido de los Maitines» de Navidad, una costumbre que dio lugar, en algunas regiones, al reparto de tortas de aceite y anís en el transcurso de la misa del gallo.

La tradición del «pan de Navidad», elaborado de muy diversas formas, fue corriente por todo el continente europeo, de norte a sur, y también en todas partes se asoció a la creencia ancestral que aseguraba que dicho pan, conservado todo el año en lo alto de un armario, protegía a los habitantes de la casa de muchos males.

Hasta al menos mediados del segundo tercio del siglo XX, en la mayor parte de España, como en otros países con tradiciones comunes, fue costumbre que el ama de cada casa llevase un pan a la misa

El llamado «pan de Navidad», que puede tener formas caprichosas, procede de una tradición medieval.

del gallo para que fuese bendecido; acabado el oficio religioso navideño, al regresar al hogar, cada miembro de la familia recibía y comía un pedazo de ese «pan de Navidad», dejando un remanente, envuelto en tela y bien guardado en un armario, para dárselo a personas y animales en caso de caer muy enfermos.

De esta tradición surgió el «roscón de

Navidad», un bollo grande en forma de rosca, hecho con harina de trigo y anís, que las mujeres llevaban colgado del brazo —metiendo éste por su agujero central— para que fuese bendecido en la misa del gallo y que posteriormente era igualmente comido en familia y se reservaba una parte de él para prevenir y/o curar enfermedades muy graves.

Una variante de este pan o roscón navideño se originó en los países eslavos, donde, la mañana del día de Navidad, era costumbre preparar un pastel especial en el que se escondía una moneda de plata con la finalidad de proporcionarle suerte para todo el año a aquel que se la encontrase en su porción. El «roscón de Reyes» actual, del que trataremos algo más adelante, comparte su origen con este antiguo bollo navideño eslavo.

De todos modos, la sacralizada harina sirvió también de base para inventos culinarios mucho más sofisticados y memorables que el pan o los bollos aromatizados con anís. Influencias culturales como la árabe, tan importante en España, aportaron a las mesas navideñas una amplia variedad de dulces que todavía hacen nuestras delicias en la actualidad. La salida del invierno, tiempo áspero y gris, bien merecía celebrarse con dulces y coloridas golosinas que adelantasen las mieles de la próxima amabilidad primaveral.

Los barquillos, conocidos en la Edad Media como *nébula* o *neula,* entre otros nombres, ya eran muy apreciados como dulce *estrella* en los banquetes y en las celebraciones navideñas de hace un milenio. Así, por ejemplo, en la comida de Navidad que el rey Jaime I dio en el año 1267, se sirvieron barquillos en los postres; una delicia por la que se había pagado nada menos que diez dineros por cada centenar de esos canutillos de harina sin levadura, azúcar y miel. Por esos días, los barquillos eran también uno de los aguinaldos clásicos que recibían algunos obreros especializados.

Si bien nadie suele comerse los varios «cientos» de «cañutillos de suplicaciones» que, según el relato de Cervantes, tuvo que devorar el bueno de Sancho Panza, durante su estancia en la *ínsula,* por culpa del desalmado médico Pedro Recio de Agüero, sí es cierto que, por Navidad, se consume una gran cantidad de barquillos, un dulce liviano y digestivo que siempre se agradece como colofón de una comida excesiva. Además, cosa que Sancho no pudo catar, los barquillos mojados en cava resultan deliciosos.

Los turrones, probablemente inspirados en una fórmula culinaria muy antigua, que ya en tiempos precristianos fue común en todas las regiones productoras de almendras y miel, se incorporaron a la mesa de Navidad alrededor del siglo XVI, conservando desde entonces su bien merecido título de dulces navideños por excelencia. Dada la gran importancia del turrón, incluso en aspectos ajenos a los meramente reposteros, dejaremos aquí su mención para proseguirla en el capítulo 15, dedicado íntegramente a este dulce.

El mazapán, navideño como los anteriores, es de origen incierto. Para unos es árabe, llegado hasta nosotros a través de Chipre, Sicilia y Venecia; para otros nació en la propia Venecia o en Alemania; y no falta quien, como el farmacéutico Teófilo Arroyo Pérez, argumenta en tesis doctoral que el mazapán se les debe a las monjas del monasterio toledano de San Clemente, que lo elaboraron por primera vez en 1214, el «año del hambre».

Junto al mazapán de Toledo, de calidad incuestionable, encontramos también el andaluz, que no le anda a la zaga. Andalucía, como es bien conocido, presenta una excelente tradición repostera, que en Navidad destaca por delicias tales como el piñonate, el polvorón, la torta sevillana, la torta aromatizada con clavo de las monjas del Espíritu Santo —de Morón—, las gachas o los clásicos e imprescindibles buñuelos, andaluces por los cuatro costados desde antiguo. Una copla muy popular reza: «Esta noche es Nochebuena/ y no es noche de dormir,/ sino de comer buñuelos/ y jartarse de reír.»

La celebración de la Epifanía, en su origen, se caracterizó por su ascetismo y por la prohibición de comer carne, pero, a partir del siglo XI, el ágape de ese día fue perdiendo sus limitaciones, se volvió más festivo[6] e incluyó la costumbre de servir, en el postre, un gran bollo que contenía una haba escondida.

Las habas representan un muy antiguo símbolo relacionado con la muerte —y los muertos— y la prosperidad que procede de ella (según el clásico ciclo muerte/ renacimiento), siendo por ello un amuleto protector contra la desgracia. Tal como apuntan Chevalier y Gheerbrant, «las habas son las primicias de la tierra, el símbolo de todos los beneficios venidos de las gentes de bajo tierra»[7].

En el día de Reyes, final del ciclo de celebraciones navideñas —que incluían el culto a los antepasados muertos en las tradiciones precristianas y que, en suma, conmemoran el eterno renacimiento de la vida en el tránsito desde el invierno a la primavera—, el haba oculta en el roscón adquiere mucho sentido, dando a este dulce el carácter de «pastel de la suerte» por propiciar la fortuna de quien se encuentra la semilla leguminosa en su parte del bollo.

Esta tradición se ha mantenido desde la Edad Media, aunque en el decurso del tiempo se hayan modificado un poco algunos de sus elementos. En muchos países se elegía en ese día a un rey infantil —el niño más pobre del pueblo o el más pequeño de la familia— que era lujosamente vestido para presidir una comida alegre y bulliciosa en la que gozaba del privilegio de ser servido por los otros me-

El «roscón de Reyes» es un pastel de la suerte, originado hacia el siglo XI, que lleva un haba escondida.

nores presentes en la mesa. Un famoso cuadro del pintor flamenco Jacob Jordaens, *El rey bebé,* realizado a mediados del siglo XVII, inmortalizó esta costumbre. Hoy, quien encuentra el haba, un anillo o una moneda, dentro del roscón, aún es elevado a una efímera realeza cuando se le ciñe la corona de cartón dorado que se adjunta en las cajas que contienen este pastel ya excesivamente industrializado.

Aunque los dulces navideños citados son, quizá, los que han llegado a alcanzar una mayor universalización, su listado podría resultar interminable ya que casi cada localidad tiene sus propias golosinas estacionales. Bien conocidas son, por ejemplo, las castellanas frutas escarchadas y secas, las castañas, peladillas y piñones con anís escarchado, la sopa de almendras o los turrones «de liga-liga» y de «de legaña»; la *inxautsalsa* guipuzcoana; la alavesa compota de manzanas, ciruelas pasas, orejones y peras; o el arroz con leche y las castañas cocidas con anís de navarros y aragoneses.

Además de los *nochebuenos* conquenses; la «sopa de santa Teresa» y los mazapanes extremeños; la gallega vejiga de cerdo rellena de pan, sangre, nueces, higos secos y pasas; los levantinos *pastisos,* rellenos de confitura de boniato; las torrijas murcianas; las modestas pero deliciosas borrajas fritas con miel de las tierras tortosinas; los mallorquines *suspiros* de Manacor, los *rabiols* rellenos de cabello de ángel o de requesón, o los *doblegats* (doblados) de hojaldre relleno de confitura... y un largo y dulce etcétera.

En los países de nuestro entorno tampoco andan nada mal de postres navideños. En Francia predomina el *bûche de Noël* (tronco de Navidad), una especie de brazo de gitano que imita la forma del *tió* que antaño ardía en las chimeneas; su aparición es reciente puesto que se produjo entrado ya el siglo XX, con posterioridad al comienzo de la penetración en el país vecino del postre típico británico, el célebre *plum-pudding* o *christmas pudding.*

El *christmas pudding,* postre navideño obligatorio en todos los países de cultura anglosajona —elaborado con grasa de riñón de buey o ternera, miga de pan, pasas de Corinto, Esmirna y Málaga, almendras, ciruelas, manzanas reinetas, ron, canela, nuez moscada, jengibre, jalea de grosella, huevos, leche, azúcar, harina y angélica—, todavía se suele hacer en casa y se respeta la vieja tradición de que cada miembro de la familia debe darle un batido a la masa mientras formula un deseo íntimo.

En Italia compiten por las preferencias navideñas una serie de excelentes bizcochos como la *cassata* siciliana, la *nociata* de la Campania, el *panettone* de la Lombardia, el *pan pepato di cioccolato* de Ferrara, etc., y también es notable el *torroni* de Cremona, parecido al turrón español.

Alemania cuenta con el *lebkuchen,* un pastel cuya receta se remonta a la Silesia del siglo XIII y que actualmente se presenta bajo forma de estrella, corazón o rosquilla, con almendras incrustadas y revestido de una fina capa de chocolate. No menos reclamados son los *stollen* o *christs-*

La época navideña es muy rica en dulces de toda especie y condición que hacen las delicias de pequeños y mayores.

tollen, un pan dulce con pasas de Corinto originario de Dresde, los *springerle* y *aniskuchen,* bizcochos y pastelitos aromatizados con anís, los *mandelbrezeln,* dulces de almendra, y el *mazapán,* que es lo que su nombre indica.

Suiza conserva una joya del siglo XV llamada *tirggel,* que es una torta hecha mediante moldes que dejan grabadas diversas escenas bíblicas sobre la masa. En Austria son típicos el *christstollen,* un pan con frutos secos, y el *kletsembrot.* Los suecos coronan su comida navideña con el *julhög.* Los húngaros confeccionan unos pasteles que, como los *mohnsplelen* de Dresde, contienen semillas de adormidera molidas...

En fin, la imaginación más desbordada al servicio del paladar más lúdico y exigente.

La fiesta de Año Nuevo y el revellón de Nochevieja

Hoy, dentro de nuestro contexto sociocultural, a todo el mundo le parece absolutamente lógico y evidente que el primer día del año sea el 1 de enero, pero tal presunción no fue siempre así en nuestra

Mientras que la Nochebuena es una celebración íntima y familiar, el revellón de Nochevieja prima la diversión de las parejas con sus amigos, en medio de fiestas privadas o públicas.

historia pasada, ni lo es todavía para otras culturas contemporáneas. Hasta el siglo XVI la mayor parte de Europa se rigió por el calendario juliano y celebró el día de Año Nuevo el 25 de marzo —denominado día de la Anunciación, por haberse situado en esa fecha la revelación a María acerca de su maternidad divina, o de la Encarnación, ya que según los cálculos del monje Dionysius *Exiguus,* en el siglo VI, ése fue el día en que Jesús se encarnó en el vientre de su madre— pero a partir de 1582, con la adopción del calendario gregoriano, el día de Año Nuevo pasó a ser el primero de enero.

Antes de la implantación del calendario gregoriano, en algunos reinos importantes se había adoptado el llamado estilo de la Natividad, que consideraba que el año comenzaba el día 25 de diciembre. En España, en los reinos de Aragón y Cataluña, el estilo de la Natividad fue implantado por Pedro el Ceremonioso en un decreto dado en 1351, y estuvo vigente hasta el fin de la Guerra de Sucesión española (1701-1713), aunque en algunas regiones pervivió aún hasta el siglo XIX.

Dado que una fiesta tan emblemática como la de Año Nuevo ha estado sujeta a las variaciones históricas del modo de contabilizar el tiempo, no estará de más incluir aquí una breve síntesis acerca de la evolución seguida por el calendario hasta llegar al momento actual[8].

En la antigua Babilonia, cuna de muchos descubrimientos astronómicos, se empleaba un calendario lunisolar[9] de 12 meses lunares de 30 días cada uno. En el

Egipto Antiguo se dio un paso muy importante cuando, por primera vez, se pasó del calendario lunar al solar, fijando un año solar de 365 días —repartidos en 12 meses, de 30 días cada uno, a los que se les sumaban 5 días más al acabar el año—; este calendario fue reformado por Ptolomeo III, hacia el año 238 a.C., que decretó la adición de un día extra cada cuatro años, un sistema que originó el concepto de año bisiesto.

Los helenos, aunque comenzaron a medir su propia historia mediante un calendario lunisolar cuyo año tenía sólo 354 días, gracias a su espíritu erudito fueron los primeros que intercalaron los meses extra en el calendario lunar con un cierto método científico, colocándolos a intervalos determinados dentro de un ciclo de años solares.

El primer calendario romano, adoptado hacia el siglo VII a.C., se basaba en un año de 304 días, repartidos en 10 meses, que se iniciaba en el día primero de marzo. A pesar de que muy pronto se vieron obligados a añadir dos nuevos meses —enero y febrero—, tenían que intercalar un mes extra cada cierto tiempo, cosa que, añadida al complicado método de designar los días contando hacia atrás desde tres fechas concretas —calendas (primero de mes), idus (mediados de mes) y nonas (nueve días antes de los idus)—, volvió extremadamente complicado ese calendario.

Llegado el año 45 a.C., Julio César, aconsejado por el astrónomo griego Sosígenes, adoptó un calendario solar, denominado «calendario juliano», que estableció el año de 365 días, con un día más cada cuatro años, en los bisiestos. Este calendario fijó también el orden de los meses y de los días semanales[10] tal como los conocemos actualmente, y situó en el mes de diciembre —que era el *decem* o décimo mes del calendario anterior— el final del año. Poco después, en el 44 a.C., Julio César, en honor de sí mismo, transformó el mes Quintilis en Julius, dándole su propio nombre.

Tanto esfuerzo, sin embargo, fue finalmente derrotado por los 11 minutos y 14 segundos que el calendario juliano sobrepasaba al año solar. A base de acumular ese desfase anual de algo menos de un cuarto de hora, en el año 1582 el calendario señaló diez días antes de lo debido el equinoccio de primavera, colmando la santa paciencia de la Iglesia católica, que había visto desplazadas fuera del tiempo astronómico adecuado sus fiestas fundamentales.

El papa Gregorio XIII, que tenía muy claro que el equinoccio primaveral debía acontecer hacia el 21 de marzo, tal como sucedió en el memorable año del concilio de Nicea (325), decretó la eliminación de los molestos diez días del calendario y lo reformó para evitar nuevos problemas en el futuro. Nació así el llamado «calendario gregoriano» que, entre otros, estableció que, de los años que designasen una centuria, sólo fuesen tomados como bisiestos los divisibles por 400, pero no los demás.

Otro aspecto fundamental de ese calendario cristiano fue que adoptó el nacimiento de Jesús como punto de inicio pa-

El papa Gregorio XIII, en el siglo XVI, reformó el calendario y creó el que aún rige actualmente.

ra el cómputo de «nuestra era», inventando los famosos a.C. y d.C. (antes y después de Cristo) para fechar los acontecimientos históricos... una norma aún plenamente vigente a pesar de que se sabe hace mucho que Jesús no pudo haber nacido antes del año 6 a.C., con lo que «nuestra era» lleva un retraso contable de seis años como mínimo.

Desde ese año de 1582, el calendario gregoriano comenzó a ser adoptado progresivamente por toda Europa —con excepciones como la antigua Rusia, que no lo aceptó hasta 1918, o Grecia, que tampoco lo hizo hasta 1923— y actualmente está vigente en casi todo el mundo occidental y en algunas regiones asiáticas[11].

Volviendo al tema que nos ocupa, el día de inicio del Año Nuevo, cabe destacar que su localización en diferentes fechas —1 y 25 de marzo, 25 de diciembre y 1 de enero— y estaciones opuestas —primavera e invierno—, facilitó que se mezclaran y confundieran tradiciones *paganas,* relacionadas con festividades de la cosecha y con ritos agrarios propiciatorios de la fertilidad y prosperidad, con celebraciones litúrgicas propiamente cristianas.

Con el paso del tiempo y gracias a la influencia todopoderosa de la Iglesia católica, la mayoría de los elementos populares que habían estado asociados al inicio del nuevo año —en celebraciones romanas como las Matronalia y las Saturnales, o en rituales solsticiales de los pueblos germánicos o célticos— acabó siendo absorbida y adaptada dentro de la conmemoración de la Natividad cristiana. De esta forma, la Navidad se apropió de tradiciones tan fundamentales como la de intercambiarse regalos, emplear vegetales propiciatorios, o pagar estrenas o aguinaldos, que habían nacido y adquirido sentido simbólico sólo en función de la celebración de la llegada del Año Nuevo.

El haber despojado de sentido conmemorativo y simbólico al día de Año Nuevo explica perfectamente que, a finales del siglo XIX, este día no significase absolutamente nada especial y no moviese a celebración alguna durante la víspera o a lo largo de la jornada inaugural del año, cuya actividad específica se limitaba, si acaso, al intercambio de educados deseos de felicidad y prosperidad para el año recién estrenado y, en algunas regiones, al pago de aguinaldos en metálico y al reparto de pequeños obsequios entre los hijos.

Es anecdótico, aunque extremadamente ilustrativo, el comentario epistolar que hizo el escritor Gustave Flaubert (1821-1880) —recogido en su póstuma *Correspondance* (1887)—, cuando afirmó haber aguardado la medianoche del fin de año «fumando» y «pensando en las musarañas», eso es sin que hubiese en su entorno el menor rastro festivo o acto social que pudiese sacarle de su aburrimiento.

Paralelo al proceso burgués que, en el siglo pasado, transformó la conmemoración religiosa de la Navidad en una celebración fundamentalmente laica y volcada sobre la institución familiar, tuvo lugar también una cierta reactivación festiva del día primero del año, que «se convierte así en un concentrado de todas las delicias familiares, en el que la familia se revigoriza antes de penetrar en el año nuevo (...). Hay que pensar que, cuanto más se avanza en el siglo XIX, más arraiga en los espíritus la certidumbre de que el hogar proporciona una dicha preciosa e irreemplazable. Los niños se convierten en los protagonistas de la fiesta»[12].

La euforia que comenzó a contagiarse a ese día terminó dando frutos insospechados cuando restaurantes como el parisino Chez Maxim's, a partir del año 1900, decidieron ofertar a su distinguida clientela una cena especial de San Silvestre, con menús más bien frívolos, carentes de tradición, cambiantes cada año y basados en platos sofisticados y caros. De esa manera, imitando el clásico *revellón* de Nochebuena, nació el novedoso *revellón* de Nochevieja, que se convirtió en una moda en expansión durante las primeras décadas del siglo XX.

Los españoles no tardaron en importar la nueva celebración desde Francia y la noche de San Silvestre se transformó en un puro jolgorio, especialmente a partir de las alegres multitudes que, desde comienzos de este siglo, comenzaron a reunirse en la madrileña Puerta del Sol para asistir a las doce campanadas de medianoche tocadas por el celebérrimo reloj que, en 1866, donó el relojero Losada al entonces Ministerio de la Gobernación.

La cena de Nochevieja se ha instalado como el último rito anual, pero no tiene el carácter familiar de la de Nochebuena sino que, por el contrario, se trata de una comida frívola, relativamente informal, que se celebra entre amigos, ya sea en la casa de uno de ellos, en alguno de los cientos de locales públicos que ofrecen el indispensable *cotillón* (cena, uvas de la suerte, bebida, baile y diversión) —a precios de abuso—, o en los cada vez más frecuentes minicruceros y viajes organizados con este fin. Desde hace unos años, como ya mencionamos en el capítulo 13, se ha ido recuperando también la ancestral costumbre de intercambiarse pequeños regalos, más simbólicos que valiosos o útiles, que rememoran el espíritu propiciatorio de las mágicas estrenas romanas.

Esta cena, tanto en España como en Italia, se organiza de forma que la hora del postre coincida con la medianoche, mo-

La tradición ha convertido al reloj de la Puerta del Sol madrileña en un vocero que, con sus doce campanadas, marca el inicio del Año Nuevo.

mento en que el sonido de las doce campanadas que abren paso al Año Nuevo —transmitidas con gran parafernalia por todas las televisiones desde el reloj de la Puerta del Sol y/o desde cualquier otro situado en edificios o campanarios emblemáticos de cada región— invitan a tomar las «doce uvas de la suerte», una a cada repique, que son el preludio de un alborozado intercambio de besos, abrazos, deseos de felicidad y brindis con cava. La noche y la fiesta suele continuar después con gran animación hasta bien entrada la madrugada.

De las doce uvas de la suerte, el ritual central de la Nochevieja, nada se sabe con certeza acerca de su verdadero origen a pesar de ser una costumbre muy reciente, nacida en el primer tercio del siglo XX. Unos afirman la improbable historia de que fue una idea lanzada por viticultores españoles para poder vender el excedente de uva de un año con demasiada cosecha; otros, en cambio, defienden que la tradición surgió de los viticultores italianos, que lograron una uva de mesa que estaba en su punto para fin de año.

Un experto en gastronomía como Rafael Ansón sostiene que «la tradicional costumbre de las doce uvas de la noche de Fin de Año tiene su origen en el pueblo hebreo. La forma que tenían ellos de apreciar los momentos que permanecía un visitante en la intimidad de los hogares se reflejaba en el obsequio de tantas piezas de fruta de la cosecha propia como horas habían pasado juntos. Según los hebreos se fueron extendiendo por el mundo, también lo hizo esta significativa costumbre que terminó asimilándose a la Nochevieja. Los italianos hicieron el resto, al cultivar un tipo de uva que se adaptaba a los rigores invernales».

Después de haber tomado las doce uvas de la suerte y brindar con cava, la alegría por el año recién estrenado se desborda en abrazos, besos, deseos de fortuna y jolgorio general.

Ansón no cita la fuente que le permite hacer esta aseveración tan peculiar y ninguno de los muchísimos textos consultados para documentar este libro nos permite ratificarla o desecharla. Tampoco hemos podido encontrar ninguna otra.

En cualquier caso, ligado a las doce uvas de la suerte está la tradición de pedir un deseo o hacerse algún propósito importante de cara al año que acaba de comenzar, y esta costumbre sí que está bien documentada desde la Antigüedad. En inscripciones babilonias ya aparecen listados de propósitos para el nuevo año, como, por ejemplo, «pagar las deudas, ayudar al vecino y devolverle los aperos de labranza; entregar los útiles de cocina que se pidieron prestados...».

Los seres humanos, hoy, como hace cuatro mil años, nos caracterizamos por las buenas intenciones... al menos durante el primer día de cada año.

NOTAS

1. *Cfr.* Cunqueiro, A. (1981). *La cocina cristiana de Occidente.* Barcelona: Tusquets.

2. *Cfr.* Perrot, M. *et al.* (1989). *Historia de la vida privada. De la Revolución francesa a la Primera guerra mundial* (Vol. 4). Madrid: Taurus, pp. 226-227.

3. Los *rôtisseurs* o maestros asadores medievales eran denominados también como *oyers* (de *oie,* oca) debido a que su arte adquiría la máxima expresión en el asado de estas aves.

4. El cerdo, desde la más remota Antigüedad, ha sido un animal sacrificado en puertas del solsticio hiemal debido a su doble simbolismo: como imagen de las tendencias oscuras —egoísmo, voracidad, ignorancia, perversidad, etc.— que se atribuían al invierno; y como expresión de la abundancia y prosperidad, dada su facilidad para medrar comiendo de todo y sus camadas numerosas. La mala fama simbólica del cerdo fue creada por las tres religiones monoteístas salidas del tronco hebreo, que lo satanizaron sin piedad, pero su hermano salvaje, el jabalí, ha estado connotado de valores positivos en todas las culturas indoeuropeas antiguas debido, entre otras, a su íntima relación con el bosque y, por tanto, a su identificación con la abundancia y el renacimiento cíclico de la Naturaleza. En muchos relatos míticos de base celta aparece la imagen del cerdo mágico cocido que no se acaba nunca por mucho que se coma de él. Hasta el siglo XVI, en Gran Bretaña y en algunos lugares de Francia, el plato fuerte de la Navidad fue el jabalí (acompañado de aves como cisnes, pavos reales o gansos), que se servía en medio de un gran ritual. Todavía hoy, el Queen's College de Oxford celebra la Navidad con jabalí, rememorando así la antigua tradición propiciatoria.

5. En las variantes locales de esta tradición del «pan de Navidad» debe tenerse en cuenta, como ya mencionamos en el capítulo dedicado al *tió,* que el trigo, en las regiones septentrionales,

solía sembrarse en marzo y cosecharse en otoño (es el llamado «trigo de primavera»), mientras que en las zonas más templadas el «trigo de invierno» se ha sembrado durante el otoño y se recoge hacia julio.

6. Así, por ejemplo, en Gran Bretaña y demás países de habla inglesa —donde la Epifanía es el día en que debe quitarse todos los adornos navideños con el fin de conjurar la mala suerte del año que se ha comenzado—, antiguamente se organizaban grandes festejos y, para remarcar el fin del ciclo navideño, se elaboraba un pastel especial en el que se ocultaba una legumbre seca o una moneda de plata; el que la encontraba era nombrado «rey judía» o «señor del desorden» y pasaba a encargarse del jolgorio de la velada; con el paso del tiempo acabó por incluirse bailes de máscaras y obras teatrales en esos festejos.

7. *Cfr.* Chevalier, J. y Gheerbrant, A. (1993). *Diccionario de los símbolos.* Barcelona: Herder, p. 548.

8. Las particiones temporales que conforman un calendario se fundamentan en el movimiento de nuestro planeta y en las apariciones regulares del Sol y la Luna en el horizonte. La unidad básica, el día, es el tiempo medio que la Tierra precisa para rotar sobre su eje. Un año es el tiempo que tarda la Tierra en completar su rotación alrededor del Sol, por eso se le conoce como año solar o estacional, y abarca 365 días, 5 horas, 48 minutos, y 45,5 segundos. En la Antigüedad, sin embargo, los calendarios eran lunares, formados a partir de meses medidos en base a la cantidad de días que la Luna tarda en rodear nuestro planeta —eso es 29,5 días— o, lo que es lo mismo, el tiempo que transcurre entre dos lunas llenas. Este cómputo daba años de 354 días, unos once días más cortos que los solares. Esta diferencia se corrigió en el calendario moderno haciendo ligeramente variable la duración de los 12 meses del año solar (de 28 a 31 días).

9. El nombre de calendario lunisolar designa a los muy antiguos calendarios lunares que, con el paso del tiempo, cuando dejaban de coincidir con las estaciones anuales reales, realizaban ajustes periódicos —intercalando un mes, por ejemplo— con el fin de ajustar sus meses lunares a los solares.

10. El concepto de semana, al contrario que el de día, mes y año, no se fundamenta en ningún fenómeno astronómico o natural, sino que es una convención cultural. Su origen es caldeo o hebreo. Muchos expertos afirman que la división del mes lunar en períodos de siete días pudo originarse en la conmemoración del relato de la creación del mundo en siete días que aparece en el *Génesis*, y fue reforzada posteriormente por el precepto hebreo que ordenaba el descanso laboral cada siete días. El nombre que los días de la semana tienen todavía hoy se lo debemos a los romanos, que los consagraron a los astros y planetas más importantes para ellos: domingo (*Dominicus dies*, día del Señor, o *dies solis*, dedicado al divino Sol), lunes (a la Luna), martes (a Marte), miércoles (a Mercurio), jueves (a Jove o Júpiter), viernes (a Venus) y sábado (*Sabbatum* —derivado del hebreo *Shabbath*— a Saturno).

11. Con peculiariedades como, por ejemplo, el caso de la Iglesia cristiana oriental que, a pesar de que en los países donde está radicada se adoptó el calendario gregoriano, ha conservado el cómputo juliano para situar sus celebraciones festivas.

12. *Cfr.* Perrot, M. *et al.* (1989). *Historia de la vida privada. De la Revolución francesa a la Primera guerra mundial* (Vol. 4). Madrid: Taurus, p. 225.

15

Turrón, el sabor de la Navidad

Los menús de Nochebuena, Navidad y Nochevieja se nos harían muy extraños si no fuesen coronados, a la hora del postre, por el tradicional turrón, un inigualable dulce que acude a nuestras mesas navideñas desde hace no menos de quinientos años.

El turrón, en un principio, era consu-

Una bandeja de turrones variados es el postre imprescindible en cualquier ágape navideño.

mido sólo por las familias de los propios agricultores que lo elaboraban, luego pasó a ser un bien muy escaso —fuera de la región que lo producía— que fue reclamado como manjar exquisito en las mesas reales y señoriales; finalmente llegó a los mercados de las grandes ciudades y se popularizó, aunque nunca dejó de ser un producto caro y selectivo, un dulce que solamente aceptaba pretendientes que dispusiesen de una bolsa bien repleta de maravedís.

Hoy, cuando el turrón ya está al alcance de las posibilidades económicas de la mayoría, su aureola no ha menguado y sigue siendo un objeto de lujo, casi de culto, que se adquiere con calculada moderación para el consumo familiar y, envuelto primorosamente, se convierte en un regalo estacional que todos agradecen. En los aguinaldos navideños que se precien nunca debe faltar el turrón, representado, al menos, por una barra del duro «Alicante» o «Imperial» y otra del blando «Jijona», los dos clásicos de una familia de postres que el tiempo y la imaginación de los confiteros ha convertido en numerosa.

Aunque hoy día se puede encontrar turrón en cualquier época del año, su consumo sigue estando concentrado durante las fiestas del ciclo navideño, por eso, durante el reinado de Fernando VII, el turrón, que era comúnmente denominado «dulce de Navidad», era ya el postre navideño por excelencia. Su textura, su sabor y el rito empleado para partirlo y comerlo, están ya irremediablemente asociados a la Navidad.

Un dulce mediterráneo aunque de origen incierto y muy disputado

El origen del turrón ha dado lugar a tanta controversia como el siempre discutido lugar de nacimiento de Cristóbal Colón. Es probable que este dulce apareciese en cualquiera de las regiones de la cuenca mediterránea donde abundó la almendra y la miel. En la Antigüedad, griegos, fenicios y romanos consumieron ampliamente ambos productos e incluso emplearon la miel como conservante de diferentes alimentos, incluido el vino. No sería extraño, pues, que a alguien se le hubiese ocurrido hacer tan simple como eficaz mezcla.

Está documentado, por ejemplo, que en el año 662 a.C., durante la primera Olimpiada, alrededor del templo de Zeus había instalados tenderetes que vendían a los asistentes un *turrón* elaborado con almendras.

También el pueblo judío, que aún consume una pasta muy parecida al turrón de Jijona que se denomina *halva,* es candidato a ser la cuna del dulce navideño. O Turquía, con su famosa «miel turca». Pero tampoco sería de extrañar que todas las culturas con abundancia de almendras y miel hubiesen llegado a elaborar, cada una por su cuenta, alguna mezcla básica de *turrón.*

Por otra parte, los árabes, golosos como nadie y creadores de una tradición pastelera exquisita e indiscutible, representan la fuente que más consenso despierta entre los estudiosos, que suelen argumentar que en *Las mil y una noches* —que recoge tradiciones orales muy antiguas— aparece citado un dulce similar a nuestro turrón de Alicante, y señalan también al *alajú* o alfajor (rosquillas de *alajú*) del Mediterráneo oriental como el precedente inmediato o, al menos, más cercano del turrón. El *alajú*, en origen, estaba compuesto por almendras, piñones, nueces, miel y pan duro rayado, además de estar fuertemente aromatizado por la adición de especias como canela, anís y clavo.

Según lo que cabe deducir de un texto como el *Guzmán de Alfarache* (de Mateo Alemán, 1599), el *alfajor* y el turrón pudieron tener un origen común y convivieron largamente hasta llegar a confundirse uno con otro. En la citada obra, que consolida definitivamente la novela picaresca, se relatan las aventuras de su protagonista, Guzmanillo, al que en uno de los pasajes se le sitúa ejerciendo de mendigo en Roma y se cuenta cómo sobrevivía recogiendo mendrugos de pan duro que «lo vendía y sacaba dél muy buen dinero; comprabanme parte dello personas pobres, que no mendigaban, pero tenían la bola en el emboque; vendíalo también a trabajadores y hombres que criaban cebones y gallinas; mas quien mejor lo pagaban eran Turroneros, para el alajú o alfajor que llaman en Castilla».

Lo más razonable es admitir la procedencia arábiga del turrón —así como también de los barquillos—, aunque reconociendo que su fórmula fue convenientemente adaptada, transformada y mejorada en el Levante español.

A lo dicho hasta aquí cabe añadir diversidad de leyendas, tan interesadas como carentes de fundamento, que pretenden situar el origen del turrón en otras tantas ciudades mediterráneas.

Una de ellas reclama el inicio de este dulce para Cremona (Italia), justificándolo en el bulo de que su nombre —*torroni*— procede de la palabra torre, que fue el aspecto bajo el que se presentó este postre en el banquete de bodas de Blanca Visconti con Francesco Sforza, celebrado en 1441. El cuento del turrón/*torreón* nupcial de Cremona se apoyó también en la creencia de que, en dicha ciudad, ya en la época romana, había sido corriente la elaboración de este producto. Hoy día, sin embargo, ni los propios italianos discuten ya la procedencia arábigo-española del turrón.

Otra versión, muy del gusto de las historietas catalanas del siglo XIX, sitúa el invento del turrón en Barcelona, como consecuencia de un concurso, convocado en el año 1703 a causa de la peste que asoló la ciudad, destinado a encontrar dos pasteles capaces de perdurar durante un mes o más (una preocupación gastronómica elevada a principal y urgente aun estando en plena epidemia, que no fue poco mérito).

Los dos supuestos galardonados fueron el señor Pablo Turrons —o Turró—, que presentó «un pastel semejante a una piedra de granito y compuesto de miel, avellanas y piñones», y el señor Pedro Xercavins, cuyo pastel «tenía forma de pergamino de *neules* [barquillos], de hostias, con un relleno delicioso».

Una variante del mismo relato hace que el pastelero Turrons, situado ahora en el año 1714, en medio del asedio de la Ciudad Condal por las tropas de Felipe V, idease el dulce «que lleva su nombre» a partir de las únicas reservas alimenticias que quedaban en la desesperada y hambrienta ciudad: almendras y miel, obviamente. Como se ve, la reconocida cualidad creadora e industriosa de los catalanes precisa de su no menos famoso sentido trágico de la vida hasta para inventar los postres más dulces.

De todos modos, cuando los muy honorables señores Turrons y Xercavins, según la leyenda, se estaban esforzando por crear el turrón, éste ya tenía algunos siglos de existencia y, cada Navidad, desde hacía al menos una centuria, podía comprarse este dulce en los puestos que los turroneros alicantinos instalaban en muchos mercados españoles, entre ellos el de Madrid.

El turrón que sí nació en Barcelona, en cambio, es el de crema. Durante la vigilia de Navidad del año 1850, un pastelero de la calle Llibreteria, que estaba elaborando turrones de mazapán, puso menos azúcar del debido y se encontró con una pasta excesivamente blanda; para

Los turrones son los reyes indiscutibles entre los postres navideños.

no tirarla, el ingenioso comerciante la ligó con huevo batido y, para darle un poco más de consistencia, quemó al hierro ambas caras de la barra de *turrón* resultante. El nuevo e involuntario producto fue puesto a la venta bajo un cartel que lo identificaba como «turrón especial de yema», logrando tan gran éxito que hoy todavía figura entre los turrones más tradicionales de la Navidad.

Castilla también aportó turrones diferentes a los alicantinos, entre los que destacan el «turrón de liga-liga» y el «turrón de legaña». El primero de ellos es muy duro, quizá más que el de Alicante, pero al contacto con la saliva pierde rápidamente su consistencia y se funde en la boca hasta formar una especie de masilla —similar a la liga, usada para untar zarzas para cazar pájaros, que le da su curioso nombre—; el «turrón de legaña», en cambio, está salpicado de confites.

Jijona hizo del turrón un producto exquisito y deseado

Aunque la paternidad real del turrón —si es que tiene un solo origen— seguirá siendo un misterio para siempre, el epicentro de su expansión y de su fama aparece ligado, de modo incuestionable, a las tierras de Jijona. A este respecto, en 1955, Francisco Figueras Pacheco, que fue Cronista Oficial de la Ciudad de Alicante y experto en la materia, escribió:

«¿Llamábase Alhamar Yusuf o Guillén Rovira? ¿Era cristiano o moro? No lo sabemos. Lo mismo podía ser de los que vinieron con don Jaime a la conquista del reino, como uno de los árabes que lo ocupaban o de los que luego siguieron viviendo entre nosotros. Lo que, en todo caso, podemos dar por indudable, es que el milagro se realizó en tierras de Alicante. ¿Dónde, concretamente? Tampoco tenemos escritura notarial que lo consigne, pero todos los datos conocidos obligan a creer que fue en los aledaños de Jijona. El hecho de que los primeros turrones de la historia lleven el nombre de Alicante, no significa que su elaboración se iniciara al pie del Benacantil, sino que nuestra ciudad sirvió para rotular la industria de toda la comarca, dada la fama de la población y su puerto.

»La miel de nuestras serranías y el fruto de nuestros almendros —prosigue Figueras—, reuníanse con frecuencia bajo la techumbre de las alquerías alicantinas. Una y otra cosa, comidas aisladamente, eran gratas al paladar y al estómago. Más gratas aún debían de serlo juntándose en un solo bocado. Un aldeano sagaz lo creyó así; hizo la prueba y se relamió de gusto. Luego, pensando que el fuego mejoraría la mezcla, la sometió a su acción y se relamió más todavía. Con la cochura había acabado de descubrir el turrón famoso. El experimento se fue repitiendo con éxito de alquería en alquería, hasta generalizarse en toda la comarca. Poco después se convirtió en industria popular.

»Debió de ocurrir todo esto, cuando más tarde, en los gloriosos tiempos de doña Isabel y don Fernando. Las comedias de nuestros clásicos y las cartas de nuestros reyes prueban que, en la centuria siguiente, los turrones de Alicante eran ya famosos.»[1]

En cualquier caso, es un hecho incontestable que la existencia del turrón en tierras alicantinas está bien documentada desde al menos el siglo XVI. La primera referencia escrita procede de un apunte en las actas del Ayuntamiento de Javea que da cuenta del desembolso de «23 sueldos y 11 dineros, para el pago de una canasta de hierro para la carnicería, y de la miel, para los turrones de los jurados de la Villa en el año 1531»[2].

Un libro, escrito por Francisco Martínez Montiño, *Cocinero Mayor del Rey Nuestro Señor Felipe II*, en el año 1585, incluye una crónica del viaje a España de los príncipes de Bungo (Kiu-Shiu, Japón), Arima y Omura, y, más concretamente, relata su visita por la región de Jijona. Referente al turrón, se dice: «Son famosos el de Xixona, que es un compuesto de almendras y miel, bien molido y mezclado, y con su punto de cocimiento. Se hace en caldera y también sobre piedra como el chocolate hecho a brazo (...). El de Alicante, se hace igualmente en Xixona, y la almendra, no está molida; sino partida. Fue grande mi sorpresa, al ver que los señores Príncipes, no sólo conocían ya el turrón, sino que dijeron lo comían todos los años en sus países, a donde iban a venderlo los xixonencos (...) Xixona, vista desde la questa última, semexa una colmena con sus múltiples celdillas recostadas en la sierra (...) oliendo sus casas a vaho de miel, porque en todas se hace turrón y otros géneros de dulcería»[3].

Durante el siglo XVI, en Alicante, convertido en el puerto de Castilla, se establecieron comerciantes de la meseta española y de muchos países extranjeros, particularmente de Italia, que fueron los responsables de la extensión del turrón fuera de las comarcas alicantinas, desde el occidente europeo hasta el oriente asiático. Este dulce local era elaborado artesanalmente por muchos agricultores a partir de mediados de octubre, cuando ya tenían sus cosechas recogidas, y les suponía una forma de ganar algún dinero durante su forzada inactividad en los meses de invierno.

Al principio, los comerciantes se limitaron a adquirir piezas de turrón para enviarlas como obsequios muy preciados a sus clientes españoles y extranjeros, pero, con el tiempo y merced a la gran aceptación de los agasajados, acabaron por hacer de este dulce un buen negocio.

Durante el siglo XVII el turrón, puesto en cajitas de madera, era ya habitualmente exportado a toda Europa como un producto de calidad excepcional. Tras la firma del tratado de Utrecht (11 de abril de 1713), eran los propios agentes alicantinos quienes negociaban la venta de grandes partidas de turrón fletadas por ellos mismos hasta puertos extranjeros. En la segunda mitad del siglo XVIII, los barcos de carga que cubrían la ruta con Cuba llevaron el turrón a toda América.

El turrón alegra la mesa de Navidad desde el siglo XVI

En la región alicantina, el turrón, que se elaboraba entre finales de octubre y noviembre, era un dulce que, al menos desde el siglo XVI, se vendía y consumía en diciembre. Así lo atestigua, por ejemplo, un acta del Ayuntamiento de Elche fechada el 21 de noviembre de 1564: «Se dispone que los turroneros no vendan el turrón Blanco, a mayor precio de 26 dineros la libra; y 22 los de almendra; los de Alegría a 17 dineros.»

En el año 1582, el virrey Moncada ya dejó constancia documental de la costumbre que tenían los munícipes alicantinos de regalar, a las personas ilustres, por Navidad, *«una arrova de torrons y altra de pans de figues»*. Mucho era una arroba (25 libras, once kilos y medio) de turrones y otra de pan de higos, pero muchos debieron de ser también los «ilustres» beneficiados para que, al fin, en 1595, el rey Felipe II, en un intento de reducir los abultados gastos municipales, decretara: «que en turrón y pan de higos para presentar en Navidad prohíbo y mando que no pueda gastar esa mi ciudad más de cincuenta libras cada año». Felipe III tuvo que insistir también en la misma limitación.

Los turroneros de Alicante, en el siglo XVII, durante la época de Navidad, se desplazaban hasta Madrid para vender sus productos, ya fuera directamente a los clientes, en puestos situados en plazas públicas, o al por mayor, mediante revendedores. «Unos vecinos de Villena —se especifica en un documento de 1621—, han venido a esta Corte con cierta cantidad de turrones de su cosecha y lo tienen para venderlo en el Mesón, suplican venderlo por arrobas porque es gente principal y no es justo que estén en las plazas públicas.» Por esos días, los turroneros de Jijona, sin embargo, aún se abstenían de comerciar en la capital, puesto que preferían vender su producto en Alicante y otras ciudades que tuviesen menos control y fiscalidad que la Villa y Corte.

En el Archivo Histórico Nacional se conservan diferentes listados con los precios del turrón que se vendía en la Villa de Madrid. En la relación de precios más antigua de que se dispone, fechada el 22 de diciembre de 1616 —y encabezada por un «A estos precios y no más, tiene que venderse»—, sorprende la gran variedad de tipos de turrón que se elaboraba en esos días: turrón Fino de Alicante (a 85 maravedís), Blanco Contrahecho (a 60 m.), de Almendra (a 44 m.), de Avellana (a 44 m.), Albardado (a 40 m.), Alegría (a 32 m.), de Piñón Solo (a 32 m.), de Alaxú Ordinario (a 40 m.), de Alaxú de Confiteros (52 m.).

En la capital, el punto principal para la venta del turrón era la Plaza Mayor, y tal actividad se concentraba solamente durante una semana antes del día de Navidad, puesto que el consumo de este dulce había quedado institucionalizado en la Nochebuena. Sólo a partir del año 1739 se autorizó la venta de turrones durante ocho días antes y después de la Navidad.

Poco más de un siglo después, sin em-

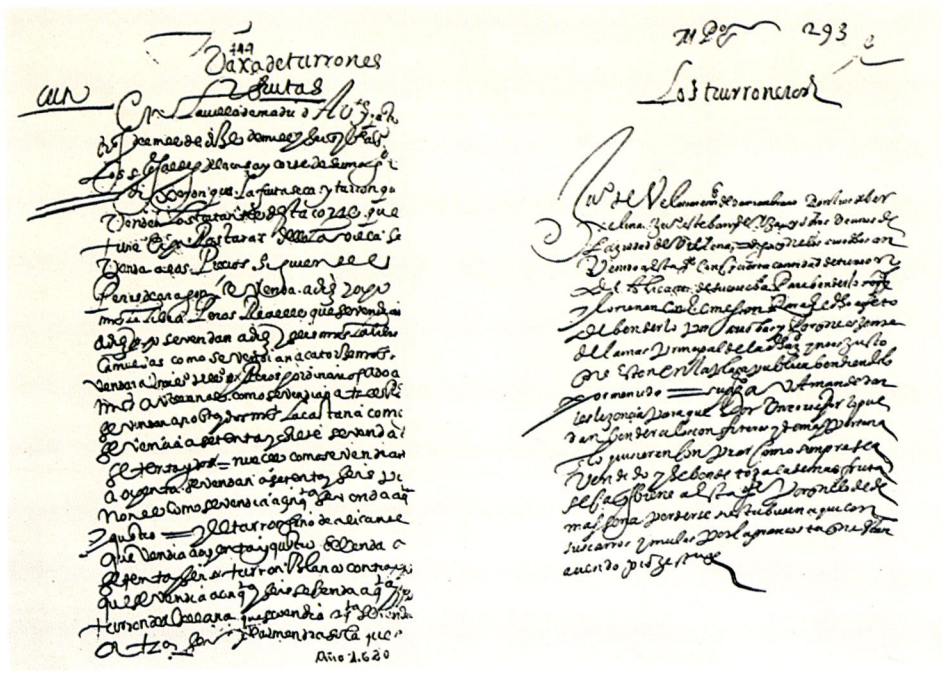

En estos documentos puede verse que el turrón ya era un manjar tan preciado como habitual en el siglo XVII.

bargo, al establecerse el dogma de la Inmaculada Concepción, en 1854, su celebración, el 8 de diciembre, pasó a ser considerada como la primera de las fiestas del ciclo navideño[4] y, en muchas ciudades, comenzó a festejarse ese día comiendo turrones y barquillos por primera vez, considerándose una irreverencia el hacerlo antes.

En Barcelona, por ejemplo, hasta finales del siglo pasado, durante la víspera de la Purísima Concepción, las aceras y portales de la ciudad se llenaban de puestos de turroneros levantinos y catalanes (particularmente de los afamados confiteros leridanos de Agramunt), al tiempo que, alrededor de la catedral barcelonesa, se organizaba la primera feria de figuritas para el pesebre y adornos para la Navidad, una institución popular que ya aparece citada en 1795 y que se ha mantenido hasta la actualidad.

En cualquier caso, el incremento de ventas que experimentó el turrón a partir de la segunda mitad del siglo XVII obligó a incrementar su producción y, dado que no se podía disponer de la miel suficiente para elaborar tanto turrón, los confiteros alicantinos comenzaron a falsear sus productos añadiendo azúcar; mezclando miel y azúcar a partes iguales, lograban fabricar el doble de turrones, pero siguieron haciendo creer a sus clientes que sólo empleaban miel. Primeramente recurrieron a la caña de azúcar que se cultivaba en la región, pero ésta acabó siendo insuficiente. Los confiteros tramposos tuvieron que esperar al decreto de Carlos III, en 1765, que declaró libre el comercio con América, para poder multiplicar su negocio gracias al azúcar importado desde Cuba.

Pero el beneficio ascendente de los alicantinos no pasó desapercibido en la capital y, durante el último cuarto del siglo XVII, la autoridad municipal comenzó a conceder licencias para elaborar turrón «Ordinario» en Madrid. La ocasión era propicia y el Gremio de Pasteleros de la Villa y Corte, que deseaba apropiarse del negocio turronero en exclusiva, no tardó mucho en ponerse a conspirar con las autoridades locales para frenar la actividad comercial de los artesanos alicantinos —procedentes de Villena, Alicante y Onil, fundamentalmente—, que vendían alrededor de dos mil kilos de turrón cada Navidad.

Un documento de alegaciones, fechado el 22 de diciembre de 1721, muestra bien a las claras el malestar que los impedimentos oficiales —ocasionados a través de los inspectores o «Vehedores del Gremio de Confiteros»— despertó en los turroneros alicantinos, que, entre otras cosas, se lamentaban de que: «algunas mujeres y otras personas que en otros años han acostumbrado a ayudarnos a vender dicho turrón, se excusan de hacerlo, por decir que V.A. les niega la licencia para vender (...). No podemos lograr (lo) por nuestras personas (...). Por ser el género que es, que se nos pierda mucha parte de nuestro caudal, porque el turrón que no se vendiera en los días de hoy y mañana, no tendrá venta ni despacho después. Y si se nos privase para que sólo podamos vender a los confiteros, será hacerles a éstos su negocio, en grave perjuicio de nuestros intereses y de la causa pública, pues con las molestias que se nos causan, no podemos otro año traer este género, ni otros lo traerán, por huir de la molestia, que se nos ha causado y causa».

En diciembre del año siguiente, 1722, los turroneros alicantinos, intentando recuperar la rentabilidad de su negocio, no sólo solicitaron permiso para «ir de casa en casa y por los Conventos a vender sus productos», sino que pidieron a la autoridad que «se amplíe su facultad a poder vender también por mujeres en la Plaza Mayor y Plazuelas» y «que no se dé a ningún hombre ni mujer que llaman "alforjeros", ninguna caja de turrón, para que se anden por las calles, por ser chalanes y roedores».

La fama que, en esos días, tenían los vendedores de turrón a sueldo madrileños no era nada buena si nos atenemos a un documento del Fiscal de la Corte, fechado en junio de 1723, en el que se resuelve que: «en virtud de las licencias dadas por la Sala, para la fábrica y venta de turrón (...) pero siendo público, que los vendedores de este género son unos mozos, sin otro empleo ni ejercicio, que tienen barajas de naipes, y atraen a los muchachos y compradores, y para que con cierta suerte que hacen para cortar el turrón, tengan motivo de ganancia, resultando de esto los inconvenientes que se dejan considerar, se podrá mandar que dichos fabricantes vendan los que tienen las licencias y no otras personas».

Para recuperar la confianza en los vendedores de turrón y restablecer la categoría del oficio, hizo falta que los turroneros jijonencos, ataviados con sus trajes regionales típicos, comenzasen a ofrecer directamente en los mercados los productos que ellos mismos habían elaborado. Desde mediados del siglo XVIII hasta comienzos del XX, los puestos navideños de venta de turrón regentados por jijonencos podían distinguirse fácilmente por el aspecto de sus ocupantes, que apenas había cambiado desde que, en 1585, Martínez Montiño, el Cocinero Mayor de Felipe II, los describiera así:

«Son ellas las xixonencas, muy hermosas, de tez blanca y delicada, llevan blanquísimo calzado de cáñamo, con cintas pasadas, medias blancas, redonda falda con vuelo, axustado jubón, con una pañoleta cruzada, con muchos pliegüecillos; péinanse hacia atrás la abundosa cabellera, que atan fuertemente por la nuca con un

Grabado ochocentista con un puesto ambulante de venta de turrones instalado delante de un horno de pan.

cordón, y de allí parte la gruesa y larga trenza, que a muchas llega más abaixo de las rodillas (...). Los hombres son altos, cenceños, emprendedores, llevan el mismo calzado quellas, y también medias blancas, sin pies; y amplios zaragüelles, faxa, chopetín y chupa, con botones de plata, y sombrero redondo de terciopelo con alas duras y recojidas y levantadas.»[5]

Cuando, en los mercados previos a la Navidad, la clientela se encontraba frente a vendedores ataviados de la manera citada, la garantía de poder adquirir un turrón de calidad excepcional estaba sellada.

Del turrón artesano a la Jijona industrial

La cualidad de «emprendedores» que remarcó el honorable cocinero de Felipe II debe de ser bien cierta a juzgar por lo que escribió el historiador del turrón —y exalcalde de Jijona— Fernando Galiana: «no sabemos exactamente por qué será, si seremos judíos o fenicios; lo cierto es que los jijonencos somos culos de mal asiento y siempre ha habido paisanos nuestros que empaquetaban su turrón y marchaban a cualquier parte del mundo donde vieran posibilidades de venderlo. Ya son conocidas las anécdotas de personajes como el "tío Ostrolia", que llegó hasta Australia a principios de este siglo con sus fardos de turrón; o Quico Viña, que intentando vender su producto en la Curia vaticana se encontró con las tropas de Garibaldi sitiando Roma; o la otra, mucho más chusca, del "tío Xerra", que marchó a tierra mora a vender sus turrones y vendió también a su mujer. Preguntado al respecto por sus vecinos, respondió: "mucho son cien duros"».

El despegue del auge comercial de los turroneros jijonencos, sin embargo, le debe mucho a la Guerra de Sucesión española, en la que tomaron partido por el candidato Borbón al trono, frente a otras ciudades comercializadoras del turrón —como Alicante y Barcelona— que se alinearon con el bando perdedor. Cuando Felipe V —el rey que asedió a la Barcelona del ingenioso Pablo Turrons— subió al trono, en agradecimiento por la ayuda recibida, concedió a Jijona el título de ciudad y la favoreció con exenciones fiscales y otros beneficios que le dieron ventaja competitiva frente a las mucho más activas localidades turroneras que habían perdido la guerra.

Desde esos días, en el primer cuarto del siglo XVIII, en Jijona, la elaboración de turrones adquirió la naturaleza de industria básica del lugar, desplazando rápidamente a otras actividades agrarias, como el cultivo de la apreciada uva de mesa *valensí*.

Pero aunque los jijonencos acabaron vendiendo turrón por todo el mundo e instalando obradores en diversos países —Cuba, Argentina, Uruguay, Estados Unidos, etc.—, en las ciudades españolas más importantes hacerlo no les resultó nada fácil.

El prolongado y sordo combate contra los artesanos turroneros que dirigían los pasteleros, ávidos de controlar en exclusiva el comercio del turrón, acabó extendiéndose desde Madrid hasta el mismísimo Levante, donde el *Gremi de Sucrers* (Gremio de Azucareros) valenciano pretendió prohibir la venta del turrón de Jijona, que era de una calidad muy superior a la del que ellos fabricaban. El litigio fue resuelto finalmente mediante una resolución del Decano del Supremo Consejo de Hacienda, fechada el 27 de marzo de 1830, por la que se autorizaba a los artesanos jijonencos a vender su turrón donde les viniese en gana. Con esta protección gubernamental, los turroneros de Jijona se expandieron definitivamente por todo el país, instalando puestos en cuantos mercados se vieron capaces de abastecer.

El paso definitivo para fortalecer la industria turronera de Jijona se dio el 22 de octubre de 1899, cuando el consistorio —cuyo alcalde y la mayoría de concejales eran fabricantes de turrón, todo hay que decirlo— modificó las ordenanzas municipales que limitaban la instalación de motores dentro del casco urbano: «Al Art. 28 se agregará: Exceptuándose de esta prohibición las fábricas de turrón y de aserrar maderas, por ser necesarias para la industria establecida desde inmemorial en esta población, y para la vida material de la misma; en cuyas fábricas podrán además establecerse motores de todos sistemas y clases, hasta fuerza de 4 caballos, nominales...»

Un año después, el 21 de octubre de 1900, Jaime Monerris Sirvent (Primer Teniente de Alcalde del Ayuntamiento), obtuvo autorización municipal para instalar en su fábrica de turrones el primer motor de vapor —de cuatro caballos, obviamente—, inaugurando así la vía que abandonaba la elaboración artesanal del turrón para entrar en la era industrial.

Con el uso de la fuerza eléctrica, que podía mover con facilidad la pala que mezclaba los ingredientes del turrón dentro de grandes perolas, entre los años 1900 y 1914 surgieron en Jijona unas veinticinco industrias, que fueron a sumarse a los ciento cincuenta artesanos que siguieron elaborando el turrón al modo tradicional.

Una saga de turroneros importantes, la familia Sirvent, que viene elaborando turrón en Jijona desde el año 1725, puede ser un buen ejemplo para resumir el proceso de transformación que ha protagonizado este dulce navideño durante los dos últimos siglos.

«Esta familia[6], en sus inicios como confiteros-turroneros fabricaban el preciado dulce para cubrir sólo sus necesidades. Para ello les bastaba tan sólo una caldera de cobre, una piedra de refinar, una *puntxa* de madera y un simple hogar con carbón vegetal, denominados en valenciano *graelles*.

»En la tarea de fabricación, las mujeres ya jugaban un papel fundamental, pues se dedicaban a las labores preliminares de romper la almendra en cáscara, que se había adquirido en pueblos limítrofes.

»El escaldado o cocción de la almendra, para extraerle la piel del grano, se hacía con agua hirviendo y con una cesta de mimbre, por donde penetraba el agua que reblandecía la piel y con la frotación del grano hirviendo entre los dedos, saltaba ésta y quedaba eliminada.

»La almendra blanca era depositada sobre sábanas blancas en secos y aireados desvanes durante cuatro o cinco días para que perdiera su humedad y quedara lista para el tueste. Este tueste lo efectuaban con un artefacto llamado *cilindro,* movido a mano, en donde se depositaban unos cuantos kilos de almendra pelada y, dando vueltas, llegaba a adquirir el punto de tueste preciso, así como el aroma que la caracteriza. Antes de este adelanto, la almendra a emplear en el turrón era llevada a hornos de pan, en bateas, para su tueste.

»La cocción de miel, dosificando el fue-

La selección y tueste de la almendra es un primer paso para lograr un turrón de calidad.

En la elaboración actual del turrón se aúnan los procesos mecanizados con las técnicas artesanas de antaño.

La calidad final de un turrón depende del mayor o menor tiempo que la masa de miel y almendra pase mezclándose en este caldero metálico llamado boixet.

Cuando la masa ya está lista, se deposita en moldes especiales para que se enfríe y endurezca. De estas piezas saldrán posteriormente las barras de turrón que consumimos.

go, para después mezclar la almendra, constituía un rito y un arte. La masa resultante se extendía sobre una mesa forrada de cinc, que se instalaba en la calle, para que se enfriase por medios naturales. Posteriormente se realizaba el *molido* y más tarde el *rematado,* haciéndose este último en la rústica caldera de cobre, en la que a fuerza de un movimiento de batido con la *puntxa,* llegaba el momento culminante de darle el punto. Aquí es donde se encuentra el secreto transmitido de generación en generación.

»Tras su elaboración, el turrón era depositado en cajitas de madera de chopo, revestidas con papel de barba, para que no se deshiciese en pequeños trocitos o, por el contrario, fuese una pasta blanda, que no se deformase al sacarla de su envase. La barrita tenía un largo de unos 40/50 cm. y pesaba más o menos un kilo, que generalmente se vendía en ferias.

»Cuidadosamente toda la familia preparaba el *viatge*. Con esmero era envasada toda la producción artesana en la *caja confitera* de 100 libras [35 kilos] de capacidad cada una. En el lomo de cada animal, eran colocadas dos cajas, o entre adrales de un carro, rumbo a los distintos puntos de venta. La caravana estaba compuesta de cuatro a diez acémilas, según la importancia del puesto vendedor.

»El apego al traje típico, no cabe duda de que fue nota de tipismo y atracción de las gentes. El punto de venta, generalmente lo ubicaban en el portal o entrada a las caballerizas de una casa principal, en donde se exponía el producto.

»En un principio, el consumo de la golosina se redujo a las villas y lugares próximos a la comarca productora, de la que fuimos extendiéndonos con más o menos rapidez a las localidades circunvecinas y posteriormente al resto de España y extranjero.»

La actividad de los Sirvent se configuró como una empresa en 1880 y, con la llegada de la revolución industrial, a principios de este siglo, su expansión —que chocaba con la de los muchos empresarios turroneros jijonencos que habían seguido una evolución similar— les llevó a asociarse con algunos competidores para montar fábricas de turrón en Cuba (1914-1918) y Argentina (1920).

Con claro orgullo de modernidad, las cajas de turrón de principios de siglo lucían en lugar bien visible este texto: «Confitería y Fábrica de Turrones movida a vapor. Exportación a provincias y Ultramar.»

Hoy, muy lejos ya de las caravanas de acémilas y las máquinas de vapor, la elaboración del turrón, en la empresa Sirvent Selfa, mezcla necesariamente los procedimientos industriales con los artesanos, dirigidos bajo la atenta mirada de los maestros turroneros. Aunque la maquinaria actual facilite mucho el trabajo, la calidad del turrón sigue dependiendo de la de las materias primas empleadas, del olfato, gusto, vista, tacto y conocimientos de los maestros turroneros, y del tiempo que la masa se pasa en el *boixet*.

«En el *boixet*, especie de caldero de metal de forma semiesférica, tiene lugar el mezclado de la miel con la almendra. Aquí el turrón sufre un constante bateamiento por una especie de mazo de madera que sube y baja sin cesar, sometiendo a la pasta a un continuo movimiento. El *boixet* se mantiene a una elevada temperatura por medio de un circuito de calor y de este modo se consigue una mayor homogeneización de la pasta. El tiempo de *boixet* de la calidad *1880* [una de las marcas comerciales de Sirvent] es infinitamente superior a la de cualquier turrón. De esta manera su calidad es, del mismo modo, de una superior categoría. El secreto consiste en que sea batida a fuego lento hasta obtener el cuajado de la masa que se llama *arrematado*.»

En Jijona, la mayor parte de su población vive de la industria del turrón, que concentra su actividad a lo largo de la segunda mitad del año; nosotros nos limitamos a disfrutarlo durante la última semana. El turrón nos aporta el exceso de calorías más agradable de la Navidad.

Turrones para todos los gustos y bolsillos

La legislación actual distingue cuatro tipos de elaboraciones fundamentales para este dulce: turrón blando, turrón duro, turrones diversos y turrones con fécula. Los dos primeros tipos se componen exclusivamente de almendras tostadas, miel, azúcares, clara de huevo o albúmina, agua y aditivos autorizados. En ellos está permitida la presencia de fécula o harina —hasta un máximo de un gramo por cada cien de producto— procedente de restos de obleas de recubrimiento, en el caso de los duros —«turrón de Alicante»—, y del aprovechamiento de fragmentos de turrones duros en el caso de los blandos o «turrón de Jijona».

Los turrones diversos son aquellos elaborados con cualquier fruto seco, pelado, crudo o tostado, cacahuete, coco, cacao, chocolate, yema de huevo, gelatinas, azúcares y otros ingredientes. No pueden contener ni féculas ni harinas. Turrones con féculas son aquellos que pueden llevar, además de la materia base, féculas o harinas hasta un contenido máximo de un quince por ciento de almidón sobre el extracto seco.

La calidad de un turrón varía notablemente en función del tipo de elaboración seguida y de las materias primas empleadas, de modo que lo mejor, en este producto, nunca es barato. Aunque el nivel de muchos turrones industriales es aceptable, así como sus precios, cuando hay que controlar el gasto, lo más aconsejable siempre será comer menos turrón pero elegir el de mejor calidad.

Dado que los turrones elaborados artesanalmente por buenos confiteros son un placer de dioses, ¿por qué no compartir con éstos su goce, cuando, precisamente, estamos en Navidad?

NOTAS

1. *Cfr.* Figueras Pacheco, F. (1955). *Historia del Turrón.* Alicante: La Fama, pp. 173-175.

2. Esta referencia documental, así como otras que seguirán, procede del importante trabajo de recopilación realizado por Fernando Galiana Carbonell y publicado en su libro *Anales y documentos históricos sobre el Turrón del Jijona,* editado en 1986 bajo el patrocinio del Consejo Regulador de la Denominación Turrón de Jijona, al que remitimos al lector interesado en profundizar más en el tema.

3. *Cfr.* Martínez Montiño, F. (1585). *Conduchos de Navidad.* Alicante: Imprenta de Joachim Guardiola, pp. 20, 21 y 55. Este texto fue editado posteriormente, en 1959, por el Ayuntamiento de Alicante.

4. Para la Iglesia católica el ciclo navideño comienza cuatro domingos antes de Navidad, es el llamado tiempo de Adviento —de *adventus,* llegada—, que se inaugura el día de la Inmaculada Concepción (8 de diciembre) y acaba el día de la Virgen de la Candelaria (2 de febrero). Para los creyentes, oficialmente al menos, el Adviento debe ser un tiempo de expectación, ayuno y plegaria que prepara para la celebración del nacimiento de Jesús-Cristo y enlaza con el comienzo del año eclesiástico. Representa una estación solemne y rigurosa, como la Cuaresma, en la que antaño estaba prohibido incluso el contraer matrimonio.

5. *Cfr. Ibid.* p. 55.

6. *Cfr. Juan Antonio Sirvent Selfa, S.A., antigüedad, tradición y continuidad como establecimiento tradicional alicantino,* editado por la propia empresa turronera, pp. 7-10.

16

El cava,
vino de la celebración

El cava, denominación española del vino espumoso originario de la región francesa de Champagne, es la bebida festiva por excelencia. En los últimos dos siglos, este vino, solemne y espontáneo a un tiempo, se ha hecho acreedor de una aureola casi mágica que le presenta como ideal para favorecer el amor, expresar el afecto y la alegría familiar, presidir los reencuentros, animar las fiestas, sellar compromisos, celebrar triunfos..., es el vino de la conciliación, de la felicidad y, en suma, de la celebración.

No hay mejor vino para brindar que el cava, espumoso *talismán* al que todos relacionan con la buena fortuna, ya sea para celebrarla o para implorarla. Por eso, durante las comidas festivas, en especial las navideñas, es corriente arrojarse un poco de la espuma del vino para desearse suerte y felicidad; o humedecerse la sien, el lóbulo de la oreja o la frente con un dedo mojado en cava con el mismo propósito; o entrelazar los brazos que sostienen las copas para beber el cava de esta forma propiciatoria; etc.

Cualquiera que sea la calidad y precio del cava, desde el regalo de una modesta botella de *granvas* hasta el de una caja de

El cava se ha convertido en un vino alegre y ritual, indispensable para toda celebración.

glorioso *brut* gran reserva, pasando por el obligado y cotidiano descorche ritual con el que cualquier anfitrión anima los postres en las mesas festivas, el vino espumoso viene a cumplir el gratificante papel de ser un obsequio cargado de buenos deseos, un espíritu que no falta en Navidad.

El rito del «vino bueno» de Navidad

Hace no menos de 11.000 años que los cazadores-recolectores europeos ya recogían uvas silvestres, pero no fue hasta hace unos 5.000 años que los primeros agricultores comenzaron a cultivar las vides y, pocos siglos después, en el Próximo Oriente, hacia el 2500 a.C., se desarrolló la técnica para elaborar vino pisando la uva y haciendo fermentar su mosto.

En Egipto, por ejemplo, según datos fechados hace unos 4.000 años, los nobles no sólo apreciaban el vino sino que ya diferenciaban las cosechas, identificaban a los diferentes vinateros sirios que practicaban su arte en el país del Nilo, e importaban vinos de Creta. El vino egipcio debía de tener un sabor fuerte y resinoso, tanto por su fermentación como por llevar resina añadida como conservante.

La cultura hebrea, tal como podemos ver en la *Biblia,* le concedió mucha importancia al vino, tanto en su papel de bebida ritual como festiva. Así, en *Éxodo* 29,40, se ordena efectuar «una libación de un cuarto de *hin* de vino» ante el altar sacrificial, tal como aún hoy hacen los sacerdotes católicos al celebrar la eucaristía, y como ya era costumbre entre las culturas mesopotámicas mucho antes de que el pueblo hebreo viese la existencia. En muchas lenguas antiguas las palabras vida y vid se confundían, y hasta en latín la raíz de *vita* (vida) y *vitis* (vid) es la misma.

Sin embargo, desde la embriaguez de Noé —el pretendido descubridor de la vid y sus efectos, según *Génesis* 9,20-21—, mucha debió de ser la afición de los hombres al vino —y no con fines sacros, precisamente— a juzgar por el texto del *Eclesiastés* 31,30-42 que, entre otras cosas, dice: «Fue creado para alegría de los hombres. Alegría del corazón y bienestar del alma es el vino bebido a tiempo y con sobriedad. Dolor de cabeza, amargura e ignominia es el vino bebido con exceso en la excitación de una disputa (...). En una reunión de bebedores no reproches a nadie y no trates con desdén a uno mientras está ebrio.»

Los griegos antiguos cultivaron igualmente con esmero su afición al vino, que desempeñó entre ellos un papel sagrado fundamental en cultos tan importantes como el de Dioniso, dios de la Vegetación y del vino, pero también fue un elemento dinamizador de los juegos, celebraciones y simposios.

Estos últimos eran reuniones donde un muy reducido número de varones de elite se reunía para escuchar música, beber vino y debatir asuntos diversos; entre los contertulios habituales de esas reuniones destacó con luz propia Platón (427-347 a.C.), defensor del vino ya que, según su docta experiencia, «calma las preocupaciones, impregna el alma, al tiempo que despierta nuestros mejores sentimientos». Los vinos empleados en los simposios, según Homero, eran muy dulces, alcoholizados y fuertes, tanto que debían rebajarse con agua para poder beberlos.

Los romanos, que ya conocían el uso ritual del vino desde mucho antes de la fundación de Roma, heredaron de los helenos el culto a Dionisos, llamado también Baco, con su empleo sacramental del vino, y el gusto por las reuniones copa en mano.

Si bien en un principio el vino era un bien escaso y de uso limitado a los varones ricos —hasta tal punto que el político y escritor Marco Porcio Catón el Censor (234-149 a.C.) afirmó que: «El esposo es juez y jurado de su mujer. Su decisión no tiene recurso. Si se ha portado mal, la castiga. Si ha bebido vino o cometido adulterio, la mata»—, con la expansión del Imperio Romano hacia regiones vitícolas, se generalizó el consumo de vino y se mejoró mucho su calidad, antaño bastante deplorable en todo el mundo de la Antigüedad.

En las *Leneas* o fiestas de los lagares en honor de Dionisos, celebradas anualmente por los jonios helenos al final del otoño, eso es en diciembre, se ofrecían a la divinidad las primicias del vino. También en diciembre, durante la celebración de las Saturnales romanas, el vino ocupaba un lugar de honor en todas las mesas pudientes. Los romanos del primer siglo de nuestra era ya celebraban el solsticio invernal bebiendo vinos especiados —vermús macerados con piñones, ajenjo, hisopo, etc.— y vinos específicos de algunas zonas concretas de Italia.

La importancia ritual del vino en las celebraciones de nuestros antepasados podemos verla también en la propia religión doméstica romana, en la que —tal como ya señalamos en el capítulo dedicado al *tió*— desempeñaba un papel central el culto al *Lar familiaris,* numen protector de todos los habitantes de un hogar. En los lararios domésticos, los *Lares* familiares eran representados como jóvenes danzantes que sostienen con una de sus manos una pátera o una sítula sobre la que derraman el vino que sale de un *rhyton* agarrado con la otra.

Ese mismo simbolismo lo encontramos aún inalterado en una descripción del ritual del *tió* fechada en 1597, cuando relata que durante la ceremonia de encendido del tronco el más joven de la casa llevaba un vaso de vino en la mano derecha, al tiempo que se invocaba el favor de Dios a través del efecto propiciatorio del *tió*, luego «la familia toma una gran colación, sin pescado, ni carne, pero con excelente vino, dulces y frutas» y, finalmente, antes de irse a dormir, se dejaba la mesa puesta pero depositando debajo de ella medio vaso de vino. En la tradición del *tió* que llegó hasta mediados de nuestro siglo, todavía era corriente ver cómo el menor de cada casa sostenía un vaso de vino mientras se prendía el tronco y/o se lo derramaba por encima mientras recitaba una fórmula ritual.

La función simbólica del vino como elemento propiciatorio fundamental no admite dudas, se mire donde se mire, y menos aún dentro del contexto católico, donde el sacramento central, la Eucaristía, eleva el vino a la categoría de «sangre divina» con capacidad redentora y salvífica. Por esta razón, desde antiguo se cultivó la costumbre de seleccionar un tipo de vino especial que sólo podía ser consumido en las grandes celebraciones. Así nació, por ejemplo, la tradición de un vino blanco que se guardaba con especial esmero para ser utilizado exclusivamente en los brindis (propiciatorios) que debían efectuarse en fechas tan señaladas —y fundamentales en el calendario agrario— como la Pascua de Resurrección (primavera), la matanza del cerdo (otoño) y el día de Navidad.

De una forma u otra, ninguna familia ha dejado nunca de celebrar la llegada del solsticio de invierno, de la Navidad, sin practicar el rito del *vino bueno*, sin consumir el mejor vino que sus posibilidades económicas le hayan permitido. A lo largo de los siglos, en el entorno rural, todas las familias disponían de un tonel especial dedicado a acunar el *vino bueno* para las grandes solemnidades, pero para la mayoría de los habitantes de las ciudades eso no era posible y debían limitarse a algún vino asequible que fuese diferente del consumido de ordinario.

Hasta finales del siglo XIX, en las ciudades, el *vino bueno* navideño, que se servía en el postre, fue el moscatel, la malvasía o el vino rancio, que a menudo llegaba a la mesa familiar en virtud del aguinaldo que los taberneros regalaban a los clientes que proveían durante todo el resto del año. La excepción la constituían las familias acomodadas, que no sólo recurrían a esos vinos dulces clásicos sino que disponían también de los mejores vinos de mesa y hasta de cava, el vino que acabará desplazando a todos los demás y se arrogará en exclusiva la mágica y ancestral cualidad propiciatoria del vino, en especial del *vino bueno*.

El champán, producto casual de una fermentación descontrolada

Los expertos afirman que los vinos dedicados expresamente a convertirse en espumosos aparecieron en la Champagne (Marne) alrededor del año 1695, pero no fue hasta principios del siglo XVIII cuando se comenzó a hablar de ellos en Francia. Sin embargo, en Gran Bretaña, desde al menos un cuarto de siglo antes, según textos fechados en 1663, el *brisk champagne* —vino de Champagne vivo o alegre— ya deleitaba la vida de algunos ingleses hasta el extremo de que, por ejemplo, el protagonista de *The Man of Mode*, obra escrita por sir George Etheredge en el año 1676, ya aparece junto a sus compañeros de juerga cantando una canción a la gloria del «champagne efervescente que reanima rápidamente a los pobres amantes que languidecen, les vuelve dichosos y alegres y les quita todas sus penas».

Un informe del doctor Morret, de la Royal Society, fechado en 1662, confirma que por aquellos días ya era corriente entre los ingleses el añadir azúcar y melazas a toda clase de vinos con el fin de convertirlos en efervescentes y aumentar su grado de alcohol.

En al año 1660, esta costumbre ya había creado la necesidad de fabricar botellas de vidrio grueso y cuello largo —que en Francia aún tardarían mucho en conocerse—, y de emplear tapones de corcho, con el fin de intentar controlar el aumento de presión interna que el proceso de fermentación conlleva.

Desde mucho tiempo atrás los vinos de la región de Champagne eran importados por Gran Bretaña en toneles y allí eran embotellados para su consumo —generalmente en forma de espumoso debido al proceso natural e incontrolado que seguía el vino dentro de su envase—, pero con la Restauración inglesa (1660-1702) y el regreso del exilio francés de Carlos II, todo lo galo se puso de moda entre los cortesanos y la clase alta inglesa y el *brisk champagne* primitivo fue ganando adeptos.

Hace ya mucho que se conoce que los vinos tienen una tendencia natural a volverse espumosos por efecto de agentes como el azúcar, las levaduras o la temperatura, pero no fue hasta el último tercio del siglo XVII cuando los vinos blancos de la Champagne —el vino gris de la época, que procedía de uvas negras— comenzaron a presentar todas las características necesarias para convertirse en espumosos.

«A partir del momento que, en la Champagne, se dispuso de botellas sólidas, con tapones estancos, y se puso en ellas el vino gris para conservarlo mejor —observa François Bonal—[1], era normal que apareciese espuma en aquellas que habían sido llenadas en primavera o en verano. Esta espuma provenía del gas carbónico resultante de la transformación del azúcar residual bajo la acción de las levaduras revivificadas por la subida de la temperatura atmosférica, eventualmente com-

En su origen, el champagne fue un vino que los nobles ingleses, antes que los del resto de Europa, bebían en sus juergas.

pletada por la producida por la retrogradación maloláctica favorecida igualmente por el calor.

»Es pues verosímil que el espumoso no tuvo inventor y Edward Hyams no ha dudado en declarar que el champagne se inventó a sí mismo. Este fenómeno fue la consecuencia lógica de nuevas técnicas de vinificación en blanco y de embotellado practicadas en una región septentrional, la materialización empírica de una idea que estaba en el aire y llevó a constataciones prácticas. El hecho fue percibido colectivamente, sin duda alguna, rechazado por unos, pero bien acogido por los otros, que buscaron producir deliberadamente vino efervescente.»

Así pues, a pesar de la leyenda que postula al monje y experto vinicultor Dom Pérignon como el descubridor del vino espumoso y del método para fabricarlo, el champán se inventó a sí mismo.

En los inventarios de vinos de la abadía de Hautvillers —ni aun en el fechado el 24 de septiembre de 1713, el último conocido antes de la muerte de Dom Pérignon— no se mencionó jamás el vino espumoso. El hermano Pierre, discípulo de Pérignon, en su tratado sobre la fabricación de vinos, no abordó la cuestión del vino espumoso ni hizo comentario alguno que lo ligara con su maestro. Dom François, el biógrafo de Pérignon, cuando relacionó todos los trabajos que éste hizo en el campo de la vitivinicultura, tampoco mencionó nada acerca del tan celebrado champán.

Parece ser que la falsa leyenda de Dom Pérignon, el mayordomo de Hautvillers, comenzó a expandirse entrado ya el siglo XIX, coincidiendo con los adelantos técnicos que, sólo a partir de esos días, permitieron comenzar a controlar la producción de una espuma regular en la elaboración del champán.

Como mucho, la mayoría de expertos está de acuerdo en concederle a Dom Pérignon el mérito de haber iniciado la importante técnica del *coupage* de vinos —operación consistente en mezclar sabiamente diversas clases de vinos del mismo año, pero de diferentes cosechas, para componer lo que se conoce como *cuvées* o cavas— y el haber comenzado a utilizar, por primera vez en la Champagne, tapones herméticos de corcho (que, tal como se ha dicho, ya se usaban durante el siglo anterior en Gran Bretaña para el *brisk champagne*).

Durante el siglo XVIII la mayoría de las botellas de vino espumoso de la Champagne acababa estallando debido a su imposibilidad de soportar la presión del gas carbónico de la fermentación.

Así, por ejemplo, un comerciante dejó constancia documental de que en el año 1746 sólo pudo salvar 120 botellas de un total de 6.000, mientras que en el siguiente se le rompieron un tercio de las botellas y en 1748 no perdió más que una sexta parte.

Para intentar remediar estos desaguisados, una ordenanza real de 8 de marzo de 1735 implantó oficialmente la botella de champán de vidrio grueso con su forma característica, impuso el tapón de corcho —el único capaz de soportar las elevadas presiones del interior de la botella; usándose los producidos en Gerona (España) hasta que los fabricantes de corchos para el vino de Champagne se instalaron en esa región en 1740— y estipuló que el taponamiento fuese hecho mediante «un cordel de tres hilos, bien retorcido y anudado en cruz sobre el corcho».

A partir de 1760 el cordel comenzó a ser sustituido por alambre de hierro o de latón.

Con todo, la fabricación del champán siguió rodeada de misterio y siendo un producto sometido al azar hasta el último cuarto del siglo XIX. En la edición de 1866 de un texto clásico del sector vitivinícola francés, *Topografía de todos los viñedos conocidos,* de Jullien, aún se podía leer: «los fenómenos que determinan o destruyen la calidad espumosa de los vinos son tan asombrosos que no pueden ser explicados».

El vino festivo de la nobleza desde el siglo XVIII

La andadura del champán comenzó a principios del siglo XVIII, pero debido a su producción dificultosa y limitada y, en consecuencia, al precio elevado con el que llegó al mercado, su consumo inicial se limitó a las cortes reales y a los medios más opulentos de ciudades como París o Londres.

Por esos días, en España, el rey Felipe V —nieto del francés Luis XIV— y su esposa, según anotaron los cronistas, no bebían más que vino de Champagne. Y ésa fue también la bebida favorita del zar Pedro el

En este cartel publicitario, pintado por Casas en 1898, el cava no sólo se presentaba como un vino de la alta sociedad, sino como un vino que las mujeres podían beber públicamente.

Grande desde que, en una recepción oficial en Fontainebleau, el 1 de junio de 1717, conoció el champán y cayó rendido a sus pies (completamente borracho, claro). Esta nueva afición del zar dio motivo a Federico Guillermo I de Prusia para afir-

El cava alegraba las celebraciones burguesas del siglo pasado, tal como expresó Villegas en este cartel.

mar: «¡Pedro el Grande!, ¿qué ha traído de sus viajes?... la costumbre de emborracharse con vino de Champagne en lugar de embriagarse con aguardiente.»

La época de austeridad que se impuso durante los últimos años de reinado del Rey Sol, hizo que la nobleza francesa, tras la muerte de Luis XIV (1715), reaccionase impulsando la celebración de alegres y lujosas fiestas por doquier y, en ellas, el champán espumoso se convirtió en objeto de culto. Los nobles, poetas y *roués* —definidos por Mercier como «hombres de mundo que no tenían ni virtudes ni principios, pero que ennoblecían sus vicios a fuerza de gracia y de ingenio»— de la corte del Regente hicieron del champán su bebida favorita. Y las mujeres no se quedaron a la zaga ya que, según dejó escrito la Princesa Palatina, madre de Felipe de Orleáns, «las damas beben aún más que los hombres».

En las cenas de Versalles, como en las de París, la nobleza se entretenía en juegos y conversaciones banales hasta altas horas de la madrugada y la llegada del champán desplazó completamente las bebidas que, como el café, el té o el chocolate, habían estado de moda hasta entonces. Otro tanto sucedió en ciudades como Bruselas o Viena, siempre dispuestas a seguir las modas de la corte francesa. En Londres, Jorge II, gran devoto del vino de Champagne, impuso la moda del carísimo champagne a partir del año 1730. Tal como recuerda François Bonal «en toda la Europa cosmopolita del siglo XVIII el champán es el ornamento de fiestas y cenas de la alta sociedad»[2].

Pero, sin embargo, en el último tramo de ese mismo siglo el champán espumoso fue perdiendo predicamento entre la alta sociedad. «No hace más de cien años que comenzó la moda de hacer espumoso el vino de Champagne —se lee en un escrito de 1788—, hace apenas veinte que ha cesado. No quedan trazas de él más que en algunas canciones báquicas en las que se celebra la espuma del champagne. Sólo algunos viejos bebedores se acuerdan aún de haberse extasiado a la vista de un tapón golpeando el techo[3]».

Aunque este testimonio parece un tanto exagerado a los expertos, sí es cierto que Luis XVI, a diferencia del Regente, fue un hombre de costumbres apacibles que nunca gustó del revoltoso champán. En un dibujo de esa época, conocido como *El Acuerdo Fraternal,* en el que figuran los tres representantes de los Estados generales en trance de hacer un brindis, el del pueblo sostiene un vaso ordinario, el del clero una copa y el de la nobleza lleva una *flauta*[4] para champán. En cualquier caso, el champán debía de seguir teniendo todavía un buen atractivo si consideramos que, después de la ejecución de la reina María Antonieta (1793), los miembros del tribunal revolucionario que la condenó regaron su exquisito almuerzo con burbujeante champán. Todo un signo para un vino espumoso que aún tardaría más de un siglo en *democratizarse.*

«Sabiendo que los grandes de este mundo honran el champagne —afirma Bonal[5]—, en los medios más modestos de la sociedad se tiene a menudo el sentimiento de compartir un poco de su fortuna al acceder a las alegrías del más aristocrático de los vinos. Se trata menos, pues, de una democratización que de un movimiento inverso, brotado en nuevas capas sociales, a medida que se ha elevado su nivel de vida, que intenta alcanzar a los privilegiados y compartir con ellos las alegrías de las que el champagne es pródigo. Y debe ser así ya que la dicha de vivir no es patrimonio de una clase, sino que debe poder ser saboreada por todos.»

En el siglo XIX, conforme el champán fue dejando de ser un vino exclusivo de nobles ociosos y de ricos crápulas, la leyenda que se había asociado a su consumo desde el principio —referida, básicamente, a juergas libertinas, orgías y otros menesteres amorosos privados (campo en el que todavía hoy es la bebida *talismán*)— fue cambiando de signo para adaptarse a las necesidades festivas de su nueva clientela, centrada en familias de la creciente clase media urbana, un sector social de importancia capital que, frente a los excesos nocturnos de la elite adinerada, era partidario del orden y de las celebraciones diurnas.

Con el cambio de consumidores, a partir de la primera mitad del siglo XVIII, el champán pasó a ser un vino *solemne* a servir con el postre —pocos podían permitirse el lujo de ofrecerlo durante toda la comida—, un momento que, además, es el más indicado para los brindis. Se convirtió así en el vino del afecto familiar, de la celebración, en la bebida ideal para los brindis ya que aporta una alegría chispeante muy adecuada para festejar reencuentros o las noticias y efemérides más diversas.

Codorníu, en 1872, inventó el primer cava español

En España, el cava —denominación oficial que recibe el champán o vino espumoso elaborado mediante el método *champenoise*— fue inventado y desarrollado por Josep Raventós (1824-1885), cabeza de la empresa familiar Codorníu —fundada a mediados del siglo XVI—, dedicada a la fabricación de mistelas, que se interesó por los métodos de elaboración del champán desarrollados por los vitivinicultores de la Champagne francesa[6].

Al comenzar la década de 1870, *l'amo,* el dueño, que era como sus trabajadores denominaban al patrón de Codorníu, envió a Manel Montserrat, uno de sus encargados de confianza, a Reims, con el objetivo de recabar información técnica acerca de los métodos empleados por los bodegueros de esa región para elaborar el champán.

En el año 1872, a causa de la guerra carlista, Josep Raventós trasladó su residencia a Barcelona y aprovechó el tiempo para estudiar química agrícola y, apoyándose en los conocimientos prácticos recogidos por Manel Montserrat en la Champagne, se consagró a experimentar, en el subterráneo que había hecho excavar debajo del jardín de su casa, con el que sería su exitoso vino espumoso. Acabada la guerra, Raventós construyó

Codorníu elaboró el primer cava español en 1872 y de sus primeras instalaciones artesanales (reproducidas en esta pintura) surgió una revolución que cambió los hábitos festivos.

nuevas instalaciones en su finca de Sant Sadurní d'Anoia y logró perfeccionar su primer cava, al que bautizó con el nombre de la dinastía familiar: Codorníu.

La primera campaña de venta comenzó en el año 1879 —distribuyéndose, según consta en los registros de la empresa, 72 cajas de cava en Barcelona— y causó una verdadera conmoción en los centros vinícolas del Penedès, donde se empezó a substituir las cepas de uva negra de la zona por las de uva blanca que servían de base para elaborar el cava.

Con el inicio de la elaboración del cava se implantó una nueva tradición en el Penedés que transformó la vinicultura de la comarca y la dio a conocer por todo el mundo; con anterioridad, la mayoría de la zona se dedicaba al cultivo de cereales y la viticultura era poco importante y enfocada, básicamente, a la producción de aguardientes y mistelas.

Manel Raventós, hijo de Josep y presidente de Codorníu entre los años 1885 y 1930, volcó definitivamente la empresa familiar hacia la producción de cava, introdujo la selección clonal de las cepas, mejoró los sistemas de producción —en su afán por averiguar todos los secretos de los productores de champán, llegó al extremo de instalar un termómetro disimulado en la punta del bastón que llevaba durante sus visitas a la Champagne, estrategia que le permitió conocer con exactitud la temperatura ambiental de las bodegas francesas—, creó técnicas nuevas —que le permitieron pasar de una producción de 3.000 botellas anuales a una de 300.000 poco antes de la Primera Guerra Mundial— y acabó situando su vino espumoso en la cima del mercado español (además de exportarlo con gran éxito a diversos países europeos y americanos).

Desde el año 1888 este primer cava español comenzó a cosechar medallas de oro en todos los certámenes especializados, causando una gran alarma entre los productores franceses, que protagonizaron una lamentable anécdota cuando Codorníu se hizo con el primer galardón de la Exposición de Burdeos de 1895.

Tras anunciarse la victoria del cava catalán en Burdeos, algunos influyentes bodegueros galos le plantearon al presidente del jurado el tremendo perjuicio que suponía, para el champán francés, haber quedado por detrás de un vino español desconocido y urdieron un complot para descalificar a Codorníu bajo la acusación, falsa, de emplear prácticas ilícitas para la elaboración del cava premiado. Pero la conspiración secreta fue hecha pública por el propio Manel Raventós que, disfrazado de camarero, había servido personalmente su cava a los miembros del jurado y había sido testigo directo del pacto destinado a quitarle la medalla de oro, cosa que no pudieron lograr, claro está.

A finales del siglo pasado, el «Champagne Codorníu» ya se había generalizado entre los círculos sociales acomodados gracias a una agresiva campaña comercial y promocional que no descuidaba el ofrecer regalos a sus consumidores durante Navidad y Año Nuevo, tal como destacó la Prensa durante el mes de di-

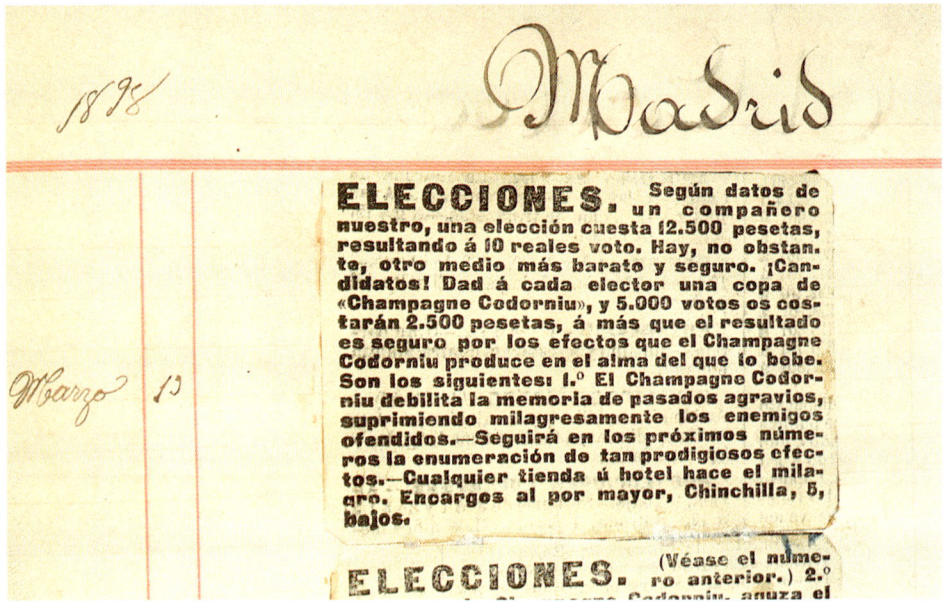

Un peculiar anuncio publicitario del «Champagne Codorníu», publicado en la prensa madrileña de 1898, que bien podría servir de referencia para los políticos actuales.

ciembre de 1897. El ingenio de Codorníu volvía a hacerse patente tres meses después, en la campaña electoral de 1898, cuando en la Prensa madrileña del día 13 de marzo se insertó el siguiente anuncio:

«ELECCIONES. Según datos de un compañero nuestro, una elección cuesta 12.500 pesetas, resultando a 10 reales voto. Hay, no obstante, otro medio más barato y seguro. ¡Candidatos! Dad a cada elector una copa de "Champagne Codorníu", y 5.000 votos os costarán 2.500 pesetas, a más que el resultado es seguro por los efectos que el "Champagne Codorníu" produce en el alma del que lo bebe. Son los siguientes: 1.º El "Champagne Codorníu" debilita la memoria de pasados agravios, suprimiendo milagrosamente los enemigos ofendidos. —Seguirá en los próximos números la enumeración de tan prodigiosos efectos.— Cualquier tienda u hotel hace el milagro. Encargos al por mayor, Chinchilla, 5, bajos.»

El día siguiente, y los restantes hasta llegar a la fecha de la votación, la prensa de la capital —así como otros diarios de provincias— prosiguió goteando el humor ácido de los anuncios del primer cava: «Una copa de "Champagne Codorníu" aguza el entendimiento para toda clase de manejos o trampas electorales», «Una copa de "Champagne Codorníu" al adormecer placenteramente los ojos del votante impide que se observe la mala facha de muchos candidatos», etc.

Todavía se estaba a años luz de la sofisticada publicidad con la que los fabricantes de cava actuales luchan entre sí para conquistar un lugar en nuestra mesa festiva, pero en esos tempranos días de 1898, Codorníu, aunque aún no se enfrentaba a una competencia fuerte, intuyó ya el poder que habría de tener la imagen en el mercado del futuro y convocó un concurso de carteles para proveer a su cava de un soporte publicitario elegante y eficaz. Los primeros carteles anunciadores del «Champagne Codorníu» llevaron la firma de artistas tan destacados como Casas, Utrillo, Tubilla, Junyent, Cidon o Villegas, figuras punteras del arte catalán de la *Renaixença*.

Otro reflejo de la pujanza y optimismo con que ese primer cava salió a conquistar el mundo lo encontramos en la obra de construcción de las cavas Codorníu, concebidas y realizadas, entre 1895 y 1915, por el genio de Puig i Cadafalch, que conforman un bello conjunto modernista que, el 9 de enero de 1976, fue declarado Monumento Histórico Artístico Nacional por el primer decreto-ley que firmó el rey Juan Carlos I.

Beber cava por Navidad, una costumbre hispana instaurada por la burguesía decimonónica

Tal como hemos visto hasta aquí, el consumo de champán durante el siglo XVIII fue un privilegio de nobles y ricos y estuvo asociado, fundamentalmente, a sus veladas libertinas.

Cuando analizamos los estudios históricos sobre la evolución del champán sorprende —visto desde la perspectiva actual— no encontrar ni una sola referencia que lo relacione con la Navidad. Así, por ejemplo, François Bonal, en su voluminoso y erudito *Le livre d'or du Champagne,* que recoge hasta las anécdotas más insignificantes relacionadas con el vino espumoso, no menciona ni una sola vez la palabra Navidad.

Hay que rebuscar entre los menús de los ricos para encontrar alguna relación entre el champán y la Navidad, viendo,

Cidon, en este cartel, situó el cava en un contexto sereno y bucólico, contrapunto de las juergas varoniles.

por ejemplo, que lord Alton Welt, en su banquete del día de Navidad de 1817, celebrado en el restaurante parisino Boeuf a la Mode, regó sus postres con champán

En carteles ochocentistas, como éste de Casas, se vinculó el cava a la mujer para darle más atractivo.

La burguesía española instauró la costumbre de beber cava en la mesa familiar de Navidad (cartel de Utrillo).

Sillery, cosa que no deja de ser una constatación inútil, por otra parte, ya que los restaurantes servían vino espumoso en los postres desde principios del siglo XIX, y lo hacían cada día del año a cualquiera que pudiese pagar ese lujo.

En España, sin embargo, antes que en ninguna otra parte, la burguesía decimonónica, la catalana primero y la del resto del país después, impulsó un consumo del cava especialmente referido al ámbito familiar y festivo de los días de Navidad. En este sentido es muy clarificador el texto que publicó el *Diario Mercantil de Madrid* el 20 de junio de 1898, con motivo de la Exposición de Industrias Nacionales de ese año. El artículo, bajo el título «Champagne», dice cosas como las siguientes:

«Tal es la intensidad de la alegría que hace experimentar esta bebida. Mas ¿quieres lector sentir la sensación de un placer indefinido? Evoca la noche en que el mundo cristiano festeja el nacimiento del Mesías; reclúyete en tu hogar y rodéate de la familia; deja que por unas horas huelguen las camitas de tus pequeñuelos; ten a éstos en la mesa, cerca, muy cerca de ti, y a salvo de mercenario cuido, que no han de menester de extrañas miradas en este día, cabecitas de ángel con bucles de oro, y antes de sentarte a comer, corre al balcón, ladea el visillo, y al propio tiempo que contemplas la caída de la nieve, viva imagen de las ilusiones, acuérdate de los infelices que no comen, que se visten con harapos (...) vuelve sobre tus pasos y entra a confortar la materia al calor de la temperatura, y el espíritu con el de la familia: come, habla, ríe, y mientras la gente moza recorre la calle al compás de la zambomba, haciendo coro a la torre cercana, cuyas lenguas de bronce baten acompasadamente doce campanadas, coge una botella de champagne, rompe su cuello contra la mesa, llena las copas que sujetan brazos inquietos de alegría, y al extasiarte con su olor, color y sabor, sentirás que se remoza tu sangre, y hierve como las juguetonas burbujas del dorado líquido, que lleva fuerza al cerebro, luz a los ojos, fuego a los labios y travesura al cuerpo.»

De esta ampulosa y larga parrafada se deduce, entre otras cosas sociológicamente relevantes, que, en el año 1898, el cava ya comenzaba a ser un vino familiar navideño para las clases adineradas —sólo ellas podían permitirse el tener criados y niñeras (el «mercenario cuido») y pagar el todavía elevado precio del cava—; y que la forma de abrir las botellas, rompiendo su cuello contra el canto de la mesa, era un tanto desmesurada para un ambiente tan sensiblero como el descrito en el texto.

No resulta exagerado, pues, apuntar que la burguesía decimonónica hispana *cristianizó* el libertino champagne —que animaba juergas por toda Europa y satisfacía la gula desmedida de los potentados— al introducirlo en la mesa familiar para festejar algunos días señalados y, acto seguido, darle un protagonismo central en los ágapes celebrados durante la época navideña.

A medida que la producción del vino espumoso catalán fue incrementándose —con el lógico abaratamiento progresivo de su precio— y creció también el segmento de la clase media urbana, el cava comenzó a ser adoptado por los nuevos clientes como un lujo asequible que, cuando la ocasión lo requería, les permitía disfrutar de uno de los más llamativos hábitos festivos de los ricos.

La publicidad de los años veinte muestra que el cava ya había conquistado un lugar central en la mesa.

Este cambio, sin embargo, no pareció del agrado de autores como Lluís Almerich que, en 1944, escribía: «Algunas familias acomodadas hacían, el día de Navidad, un gesto muy noble: convidaban a la mesa tan bien proveída a alguno de los asilados de la Casa de Caridad, o bien la hacían presidir por algún pobre que tenía el privilegio de la protección caritativa familiar. Esto fue perdiéndose cuando el almuerzo de Navidad abandonó su rito ceremonioso, se dejó de bendecir la mesa y llegó el champagne, con el estallido de tapones voladores y espuma picante, a trastornar la mansedumbre del vino rancio y del moscatel, o de aquel otro vinillo de la *bóta del racó* [barrica del rincón] que ya hacía un centenar de años que dormía en la bodega de la casa»[7].

En la España de comienzos del siglo XX, el cava catalán, del que ya existían varias marcas, era un producto comercialmente bien implantado que se vendía «en todos los ultramarinos, hoteles y fondas». El cava Codorníu fue el primero en emprender campañas publicitarias específicas con el fin de potenciar el consumo de este vino durante las fiestas navideñas, insertando anuncios en la prensa a modo de felicitación[8] y promocionando, a partir de los años veinte, un vino espumoso joven, como el *Extra,* asequible a los bolsillos medios, a través de anuncios como los siguientes:

Junto al dibujo de una mesa familiar en la que los comensales, adultos y niños, inician un brindis, se lee: «¡Felices Pascuas! Estas alegres fiestas del hogar hacen sentir más intensamente el amor a todo lo que nos rodea o nos conmueve: la familia, la tradición, la patria. En ellas se sublima el cariño a todo lo que es íntimamente nuestro. Cuando chispea en las copas un buen vino espumoso nacional, sentimos algo propio, muy íntimo, rejuvenece nuestras almas. ¡Beba usted Codorníu! (...). Bautice sus alegrías con Codorníu.»

En un anuncio del año 1925, la imagen de los tres Reyes Magos, con una copa de cava en la mano, y el titular «Vino de Reyes», enmarcan este mensaje: «Para celebrar con más alegría la fiesta de Reyes, brinde usted con unas copas de este espumoso tradicional español. Es el vino chispeante y alegre de las fiestas de familia. Sus pequeños batirán palmas. Usted se deleitará con el bouquet supremo de este vino transparente, digno de los paladares selectos.»

Desde esos días, el cava y la Navidad han sido ya inseparables.

Los brindis y el cava como propiciador de la buena suerte

La palabra brindis deriva del alemán *«ich bring dir's»* («yo te ofrezco») y define el acto de alzar la copa antes de beber para desearle a alguien un bien u ofrecerle, dedicarle, prometerle o proponerle alguna cosa.

Su origen hay que buscarlo en los antiguos rituales religiosos de ofrecimiento y consagración, aunque con la misma antigüedad, o poco menos, ya aparecieron asociados a los consumos grupales y festivos de bebidas alcohólicas, bebiendo a la salud de tal o cual de los presentes.

Cuando, a principios del siglo XVIII, comenzó a extenderse entre la nobleza la afición por el vino espumoso de Champagne, sus características le hicieron ideal para los brindis festivos. Una crónica fechada el 6 de junio de 1754 cuenta cómo, en el transcurso de una fiesta, un joven libertino le quitó un zapato a una prostituta, lo llenó de champán y se lo bebió brindando a su salud[9]. Fue el principio de una legendaria manera de beber champán que posteriormente, desde 1900, inmortalizarían los jóvenes lores británicos de la corte de Eduardo VII que, al igual que su rey, fueron apasionados bebedores del champán escanciado en las zapatillas de baile de

Anuncio, publicado en una revista infantil, que denota la integración del cava en la vida familiar burguesa.

El cava es ideal para los brindis y sirve tanto para celebrar un éxito como para propiciarlo.

las alegres chicas del Covent Garden londinense y del teatro de l'Opéra parisino.

A finales del siglo XVIII, sin embargo, los brindis comenzaron a adquirir una mayor solemnidad y se instituyeron como una tradición ritual que debía concelebrarse por todos los comensales al llegar la hora del postre, tal como se hace aún hoy día en todo tipo de banquetes y celebraciones. Como anécdota, cabe recordar que la costumbre de los brindis públicos al final de las comidas fue especialmente implantada y cultivada por los revolucionarios franceses de 1789.

Las cualidades que asociaron el champán con el amor y el éxito y le confirieron el honor de ser el vino ideal para los brindis, dejaron abiertas las puertas de un proceso mitificador que no tardó en añadir al champán un nuevo significado como *talismán* o portador de buena suerte.

Por esa razón surgieron costumbres, todavía en boga, como la de que dos personas se arrojen mutuamente un poco de espuma para desearse suerte y felicidad; la de sumergir un dedo en la copa burbujeante para mojar la sien, el lóbulo de la oreja —zona erógena— o la frente —lugar más casto, propuesto hace apenas un siglo—, de uno mismo o de una persona querida, con el mismo fin de obtener felicidad; la de que los enamorados —desde los días de la *Belle Epoque*— entrelacen los brazos que sostienen sus copas para beber de esta forma propiciadora el vino *mágico;* la de regalar un tapón de champán o cava, en el que se ha insertado una moneda, para desearle prosperidad al comensal amigo, etc.

El periódico lucense *El Regional,* en su edición del 17 de septiembre de 1896, en una crónica de sociedad titulada «La fiesta del Champagne», expresó con claridad meridiana el papel que tenía el brindis en esos días. Llegado el final del banquete, «iniciáronse los brindis, y no podemos ni citar a todos los que brindaron ni mucho menos dar una idea pálida de lo mucho y muy bueno que allí se dijo (...). Brindóse por Cataluña, por Galicia, por el ejército, por la industria catalana y la gallega, por la fábrica Codorníu, por el bello sexo, por el buen éxito de la Exposición Regional, etc., no faltando tampoco cariñosos y oportunos recuerdos a los héroes

La imagen de propiciador de prosperidad asociada al cava se remarca en este anuncio de 1932 con la presencia del gnomo.

de Cuba...», en fin, los brindis, ya fueran en prosa o en verso, expresaban el deseo de los reunidos para que los intereses que les eran más caros gozasen de buenos augurios.

La cualidad supuestamente propiciatoria del vino espumoso le ha llevado a convertirse en el centro de todo bautizo que se precie. Desde el siglo XVIII ningún barco es botado a la mar si no es bautizado previamente por un padrino o madrina que rompa una botella de champán o cava contra su casco, una costumbre nacida en Francia pero inspirada en el vino que, según la leyenda, derramaron los antiguos griegos para solicitar la protección de los dioses para los argonautas.

De la misma forma y con idéntica intención, hoy, los nuevos proyectos u obras acabadas suelen congregar a sus protagonistas e invitados para celebrar el inicio de su andadura mediante entusiastas brindis con vino espumoso. Los nacimientos de hijos, bodas, compromisos, hechos afortunados, éxitos de cualquier tipo y un sinfín de sucesos cotidianos, pero que juzgamos importantes, también reúnen a los implicados para reclamar bendiciones futuras, o agradecer el haberlas obtenido ya, brindando con champán o cava.

En Navidad, época en la que los buenos deseos se convierten en el centro de la dinámica humana, el champán o el cava es la bebida festiva por excelencia gracias a la leyenda con la que, desde hace apenas dos siglos, se ha sabido rodear.

NOTAS

1. *Cfr.* Bonal, F. (1984). *Le livre d'or du champagne.* Lausanne: Les Editions du Grand-Pont, p. 37.
2. *Ibid.*, p. 50.
3. *Ibid.*, p. 50.
4. La *flauta* para champán es un tipo de copa especial, cónica y bastante alargada, que resulta ideal para examinar visualmente el vino espumoso y para degustarlo; su inconveniente radica en su fragilidad (es de cristal muy fino) y en la precaución con que debe llenarse para que no se desborde; comenzó a fabricarse en Gran Bretaña en 1755, adquirió su peculiar denominación en 1773, y no fue adoptada por los franceses hasta comienzos del siglo XIX. La forma del vaso en que se bebe el champán es fundamental ya que de ella depende la formación de la espuma y el *bouquet*, las burbujas que se desprenden al servirlo. Actualmente, el vaso para champán *clásico* tiene la forma de huevo truncado por un extremo y sostenido por el otro sobre un pie alargado; es un modelo creado en 1916 pero que no se generalizó hasta 1930.
5. *Ibid.*, p. 373.

6. Legalmente sólo puede emplearse la palabra *champagne* o champán para designar los vinos espumosos producidos en la región francesa de Champagne, siendo, por tanto, una denominación de origen. El secreto de la calidad de este vino, sin embargo, no reside tanto en su origen como en la adecuada aplicación del método *champenoise* (común en todos los productores del mundo), en la selección de las uvas, el *coupage*, etc. Si bien es cierto que algunos champanes elaborados en zonas vinícolas conocidas como «la montaña de Reims», «el valle del Marne» o «la ribera de los blancos» son de excelente calidad (y carísimos), no es menos real que en la Champagne también se producen vinos espumosos pésimos; ya a finales del siglo XIX los franceses recurrían a vinos artificiales o a uvas españolas, italianas y argelinas de insuficiente calidad para fabricar su champán, una práctica que aún perdura actualmente. Los buenos cavas españoles, fundamentalmente los catalanes, tienen poco que envidiarle a los mejores espumosos franceses. Los cavas de primera calidad, elaborados por el método *champenoise*, llevan en su etiqueta la palabra «cava» o «vino espumoso natural» y en la base de su tapón (sólo visible después del descorche) hay grabada una estrella de cuatro puntas. Otro tipo de vino, el *transfer*, de elaboración muy rápida, aunque en botella, va etiquetado también como «vino espumoso natural» (no puede ser designado como «cava») y bajo su corcho lleva un rectángulo grabado. La tercera clase de vino espumoso es el *granvas*, que se hace fermentar en grandes depósitos herméticos y en pocos días; en su corcho figura un círculo. La diferencia de precio y calidad entre ellos es notable y, estrictamente hablando, cava sólo puede ser considerado el primero.

7. Almerich, L. (1944). *Tradiciones, fiestas y costumbres populares de Barcelona.* Barcelona: Millá, p. 85.

8. Una estrategia que en el año 1914 ya había llegado hasta la Prensa latinoamericana, tal como muestra, por ejemplo, un anuncio de cuarto de página, publicado en *El Diario Español* de Buenos Aires, en el que, junto a la imagen de una botella de cava Non Plus Ultra, se lee: «Feliz Navidad! Tengan los consumidores del Champagne español Codorníu. El más económico entre todos los más finos importados de Europa.»

9. *Ibid.*, p. 406.

17

Aguinaldos, paga extra, rifas y cestas navideñas

El aguinaldo —regalo o propina que se da por Navidad— representa la supervivencia de una costumbre largamente cultivada en toda la Europa cristianizada, desde la que pasó a los otros continentes a medida que los colonizadores del viejo mundo fueron instalándose en ellos. Aunque, en realidad, su origen cabe re-

Las tarjetas de felicitación para solicitar un aguinaldo han sido corrientes en muchas profesiones hasta hace poco tiempo. Ésta fue repartida en el año 1934 por los encargados de la recogida de basuras.

montarlo hasta muchísimo antes de la era cristiana, entroncándolo con el ritual de hacer regalos, con intención propiciatoria, durante el solsticio de invierno y el comienzo de año, que fue habitual, como ya se ha dicho, en todas las culturas de la Antigüedad.

Tradicionalmente han sido los servidores, públicos y privados, quienes, al felicitar la Navidad a los beneficiarios de su labor específica, les han solicitado una especial y simbólica muestra de agradecimiento en forma de regalo material —generalmente algo comestible— o de pequeña propina económica. Por extensión, también los hijos acabaron solicitando el aguinaldo a sus padres y demás familiares. El *lote* que reparten los patronos a sus trabajadores —hoy ya bastante menguado o desaparecido de muchas empresas— y la paga extra son el último bastión moderno del histórico aguinaldo.

De las estrenas y «nueces y almendras» de la Navidad medieval hasta la paga extra actual

Las estrenas —dádivas en señal y demostración de gusto, felicidad o beneficio recibido—, cuyo origen e implantación entre los romanos ya tratamos en el capítulo 13, eran tan corrientes en la Edad Media que incluso los artistas más importantes solían ajustar a la baja el precio de sus servicios para que sus nobles clientes, agradecidos, pagasen luego con creces la deferencia cuando el *espíritu generoso de la Navidad* les pusiese ante el trance social de tener que rascarse la bolsa.

Los artesanos de cualquier ramo y los funcionarios reales también eran favorecidos con las estrenas navideñas en función de su rango, servicios prestados y calidad de su empleador. A este sobresueldo (o en lugar de él, según fuera el estatus del cliente agradecido) se le solía añadir viandas diversas —aves, dulces, vino, frutos secos, etc.— que servían para completar las nunca sobradas mesas familiares de los trabajadores de esa época.

La costumbre de las estrenas, como se ha dicho, procede de los antiguos romanos que, en el primer día del año, gustaban confraternizar entre parientes, amigos, patronos, empleados y clientes, rindiéndose visitas mutuas en las que se expresaban deseos de prosperidad y se intercambiaban regalos, eso es *strenae,* que comenzaron siendo ramitas de verbena, laurel u olivo, símbolos de felicidad y buen augurio, pero acabaron siendo reemplazadas por dulces de miel, frutos secos, monedas de bronce, oro o plata, lucernas, velas y otros objetos similares.

En la Barcelona del siglo XIII, por ejemplo, cuando llegaba la Navidad, era ya una costumbre antigua y arraigada el dar dinero, en concepto de «nueces y almendras», a los niños, amigos, sirvientes, empleados y funcionarios públicos. Pero ya en esos lejanos días, tal como sucede hoy con la desmesurada fiebre consumista que nos caracteriza, la loable generosidad que subyace bajo el acto de agasajar al prójimo había

En los años cincuenta y sesenta, los guardias urbanos competentes recibían sus buenos aguinaldos.

perdido toda cordura y mesura, convirtiéndose en muestras de vanidad pública que habían llegado a un extremo de malversación tal que muchas haciendas privadas se vieron amenazadas por el despilfarro navideño.

Llegados a este punto, un edicto del año 1324 tuvo que limitar el valor máximo permitido para los presentes de Navidad y prohibió los aguinaldos —restringiéndolos a «sus hijos o su compañera dentro de su hogar»— bajo pena de multas, que variaban entre los cinco y trescientos sueldos, y de cárcel para quienes no abonasen las sanciones.

En otro documento, en este caso un pregón publicado en 1372, un Veguer barcelonés (magistrado con funciones parecidas a las del corregidor castellano), Dalmau de Mar, ordenó que «ninguna persona desde el día de Sto. Tomás Apóstol hasta 8 días después del día de Reyes, no dé propinas a nadie, bajo pena de multa de 5 o 10 sueldos, con excepción de las que sean obras de caridad y obsequios de vino, *piment* [pimienta], *neules* [barquillos] y frutos [secos]»[1].

Los aguinaldos navideños en forma de alimentos típicos de cada región fueron, de hecho, desde tiempo inmemorial, una norma extendida por todo el país que fue cultivada con esmero tanto desde las instituciones eclesiásticas —que solían obsequiar con barquillos y otras viandas a los artesanos cualificados que construían los templos medievales— como desde las civiles.

Así, por ejemplo, en un acta de la reunión del consistorio de Jijona (Alicante),

fechada el 11 de diciembre de 1750, se lee lo siguiente: «Otro si: Acordaron se mande comprar tres docenas de cajuelas de turrón para el Abogado y Procurador de la Ciudad en la de Valencia, y dos para Diego Pérez de la Riba, tres cajas de uvas, una para cada uno. Se da comisión a D. Valeriano Bernabeu, con lo cual se feneció este Cabildo...». Esta costumbre de regalar turrón por Navidad —como ya vimos en el capítulo 15— está documentada desde al menos 1582 y tuvo que ser limitada por orden real para proteger las arcas municipales ante tan generoso como gravoso dispendio.

De hecho, la costumbre de los obsequios navideños de «vino, *piment, neules* y frutos», tal como los identificó el Veguer Dalmau de Mar, llegó con fuerza hasta finales del siglo XIX, siendo común hasta esos días que los taberneros regalasen moscatel o malvasía a quienes le compraban el vino durante el resto del año, que los basureros obsequiasen con apio, puerros y hasta con una ave de corral, a los beneficiarios de su escoba[2] y que, en general, cada proveedor de alimentos tuviese un pequeño detalle *comestible* para con sus clientes habituales. El recuerdo de esta tradición ha logrado sobrevivir hasta el día de hoy en la práctica de agasajar a sus clientes que aún cultivan muchos puestos de los mercados municipales y, por extensión, algunos otros comercios de muy distinta índole.

Otro sistema para recaudar aguinaldos bajo la excusa de felicitar la Navidad lo encontramos documentado a partir del siglo XVI, cuando «los músicos del común iban, el día de la fiesta del nacimiento del Mesías, por la ciudad dando las buenas fiestas a todo el vecindario». Esas *albadas,* alegres y ruidosas, comenzaban a tocar sus instrumentos cuando despuntaba el día y recorrían todas las calles, haciendo paradas regulares —frente a las casas más acaudaladas y/o generosas— y recogiendo los alimentos con que los vecinos obsequiaban a los músicos municipales.

En esta tradición se inspiraron, tiempo después, grupos de particulares, formados por ciegos y tullidos, que recorrieron las calles, con idéntico propósito y agasajo, hasta la época de la Guerra Civil española; su fin fue causado por los decretos municipales que obligaban a pagar una licencia a los músicos ambulantes.

Esas primeras *albadas,* con el paso del tiempo y el cambio de costumbres, según documentos de finales del siglo XIX, pasaron a celebrarse la víspera, con grupos de músicos haciendo las *alboradas,* eso es yendo puerta por puerta dando las buenas fiestas acompañándose de violines, tamborino y otros instrumentos. Esta manifestación de alegría, previa a la misa del gallo, acabó en manos de los jóvenes solteros de cada pueblo que, pertrechados con zambombas y panderetas, convirtieron los villancicos de Nochebuena en instrumentos para recoger los aguinaldos que, en forma de viandas, abastecían el *resopón* que celebraban en grupo al salir de la misa de medianoche, una costumbre que, en algunas regiones, se mantuvo hasta hace más o menos unos cuarenta o cincuenta años.

En fin, con despilfarro o sin él, lo cierto es que la costumbre de los aguinaldos ha sobrevivido a todos los cambios históricos y, por otra parte, el pago de la estrena navideña tampoco ha dejado de estar presente hasta hoy, tal como puede verse al repasar documentos contables de otras épocas. Así, por ejemplo, un acta del año 1450 da fe del obligado y urgente pago de la estrena al cómitre, trompeteros y demás personal de servicio de una galera —enviada como embajada al rey Alfonso el Magnánimo, en Nápoles— que regresó a puerto el 28 de diciembre. O, en un documento de la Hacienda pública española, fechado en 1891, se habla de «la costumbre de gratificar a todos los empleados con medio mes de sueldo por Navidad».

La actual paga extra navideña, tan querida y esperada por aquellos que tienen empleo fijo, adquiere su justificación en la tradición continuada que se forjó a partir de las estrenas romanas y de los aguinaldos medievales.

Un aguinaldo para niños y jóvenes

Desde tiempo inmemorial, los niños han tenido bula para ejercer de pedigüeños navideños entre su vecindario.

Hasta principios de este siglo llegó la costumbre de que los chiquillos, la mañana de Navidad, pasasen casa por casa recogiendo dulces y tortas que, una vez en su poder, eran inmediatamente subastadas en la plaza del pueblo para convertir esos dulces aguinaldos en monedas de curso legal (y sonido no menos dulce).

Esta misma colecta también podía tener lugar durante la vigilia de Nochebuena, en función de cada tradición local. En Cataluña, por lo general, las colectas públicas se celebraban más bien durante la fiesta de Año Nuevo que en Navidad. En la mayoría de los países europeos, desde Francia hasta Rusia, los niños también recibían dulces y pasteles locales típicos de la época cuando pasaban por las casas de sus convecinos felicitando las fiestas del ciclo navideño, ya fuera cantando villancicos, recitando algún poema o repartiendo ramitas de muérdago de la suerte.

En muchas regiones españolas, como Guipúzcoa, Cantabria, Aragón o Cataluña, durante la Nochebuena, después de la cena (frugal) y antes de asistir a la misa del gallo, los jóvenes solteros de cada pueblo pedían viandas diversas por las casas para, acabada la misa nocturna, comérselas en un resopón comunitario. Lo más habitual era que las casas entregasen sus aguinaldos a cambio de villancicos que los jóvenes cantaban acompañados de panderos, zambombas, triángulos y otros instrumentos tradicionales.

Con el paso de los pueblos desde el ámbito agrícola tradicional hacia el desarrollismo industrial, el tejido social de éstos fue variando sus lazos de unión y, en mayor o menor medida, acabó desintegrándose progresivamente; un proceso que, como ya mencionamos, afectó muy negativamente a las celebraciones navideñas —agrarias por excelencia— y, obviamente, también repercutió sobre la recogida de aguinaldos que tratamos en este apartado.

A medida que las familias se volvieron más individuales e independientes, el aguinaldo de los menores quedó reducido a una costumbre restringida dentro del contexto de la propia parentela (en forma de dinero) y, como máximo, extensible a algunos amigos y vecinos (en forma de dulces).

La técnica litográfica profesionalizó el aguinaldo en el siglo XIX

El desarrollo industrial, sin embargo, aunque perjudicó el aguinaldo de los niños acabó por beneficiar el de los adultos, en particular el de todos los trabajadores y funcionarios con trato público, al brindarles un inestimable objeto de intercambio que facilitaba el acto de la felicitación navideña al tiempo que demandaba, con amable descaro, la correspondiente propina navideña.

La *revolución* del aguinaldo, en España, llegó de la mano del *Diario de Barcelona*, que en la tercera década del siglo XIX introdujo la litografía. Para poner en marcha esa innovadora técnica, la Casa Brusi contrató artistas franceses e ingleses —entre los que destacaron Bodin, Courtines, Launay, Marchi o Wigle— con experiencia en el grabado litográfico.

En la Navidad del año 1831, los repartidores del diario barcelonés ya felicitaron a sus clientes mediante una estampa que contenía una décima —combinación métrica de diez versos octosílabos—, alusiva a la época, enmarcada dentro de un dibujo recargado y rococó, reflejo del gusto francés de esos días. Fue el comienzo de una exitosa iniciativa a la que muy pronto se sumaron, con su producción propia, artistas locales como Burés, Febrer, Fontanals, Gual, Serra y otros.

Al margen de la felicitación de los repartidores del Brusi —llamado así por el apellido del propietario del periódico—, convertida rápidamente en un clásico, la época navideña comenzó a verse acompañada, desde las librerías más importantes, de diversidad de litografías —con la décima ya impresa o con un espacio en blanco reservado para el ingenio de cada cliente— destinadas a expresar los buenos deseos de Navidad. El estilo de esas litografías acabó derivando hacia el gótico romántico, llamado isabelino, pero conocido también como «estilo de chocolatería» a causa de su abuso por parte de esos establecimientos.

Esas primeras felicitaciones guardaban una neutralidad formal exquisita, eran muy parcas en alusiones a la festividad de la Navidad y evitaban toda referencia política, justo lo contrario de lo que comenzaron a hacer los repartidores de los diarios políticos *El Guardia Nacional* (1835-1841) y *El Constitucional* (1839-1843), ardientes propagadores de sus respectivos idearios que no descansaban ni en Navidades.

La técnica litográfica posibilitó los grandes tirajes de felicitaciones aptas para lograr aguinaldos. Estas dos fueron usadas el siglo pasado por los repartidores del Diario de Barcelona y de El Constitucional.

El éxito creciente de las litografías navideñas, sin embargo, no apartó del negocio a los artistas impresores que aún empleaban las viejas técnicas. Tal como lo recuerda el editor Aymá en un folleto (45): «Los grabadores de boj, de antigua tradición en Barcelona, presentaron batalla contra la invasión de litógrafos y compu-

Típica décima de felicitación que se repartía por las casas en busca de un aguinaldo. Ésta es del año 1853.

sieron a su vez felicitaciones para las Navidades, en las que hicieron derroche de las más variadas alusiones a las fiestas y al modo popular de celebrarlas (...). La feria de los pavos y la de los turrones dieron pie a buen número de hojas, así como la mesa puesta y sobrada, las serenatas y bailes callejeros, y la presentación de la décima. Todo eso dio ocasión a reproducir escenas populares de gran valor documental, o interiores burgueses graciosamente evocativos. Aquí, el artista casi exclusivo es Noguera.

»No podían faltar, y no faltaron, los artistas y editores que prefirieron dar toda la importancia decorativa de sus felicitaciones al hecho del Nacimiento de Jesús y reservaron para la representación de esta escena la parte principal de sus estampas, pintándolas a mano y rodeándolas de orlas doradas con purpurina.»

Apenas un cuarto de siglo después de haberse introducido la litografía, en 1860, una nueva técnica, la cromolitografía, revolucionó el mercado de las artes gráficas y, cómo no, el de las felicitaciones navideñas y los aguinaldos. «De los cromos se apoderó ávidamente el cazador de aguinaldos —escribió Aymá— y los utilizó como armas ofensivas dirigidas contra las fibras más sensibles de sus víctimas: el amor a la novedad decorativa y la tendencia al coleccionismo. Los cromos de felicitación hicieron soltar pingües aguinaldos en su buena época, y dieron pie a la formación de los cuadros llamados *mesas revueltas,* indispensables en la decoración de los interiores ochocentistas[4]».

Se había abierto la veda. Desde entonces, llegada la Navidad, no había casa que se librase de la visita del sereno, cartero, peluquero, barrendero, lechero... y del resto de trabajadores del universo ciudadano, que, bien pertrechados con tarjetas en color —en las que aparecía dibujado un representante del respectivo oficio en una escena laboral—, acudían a expresar sus buenos deseos para con el cliente —ya fuera mediante un verso o, entrado ya nuestro siglo, con un simple «el [oficio] le desea felices Pascuas»— y alargaban la mano para recibir su, según ellos, merecido aguinaldo. En algunos oficios, esta costumbre aún se ha mantenido vigente hasta el momento actual en bastantes localidades.

La invasión de pedigüeños durante los días de Navidad y Año Nuevo llegó a ser tan enorme y agobiante que la mayoría de establecimientos comerciales tuvieron que colgar un cartelito que decía: «No se admiten felicitaciones.» Tamaña negativa no surgió al amparo de una epidemia de descortesía sino que, por el contrario, se hizo imprescindible para evitar comenzar el nuevo año hundido en la miseria.

Del último cuarto del siglo pasado arrancó también la moda familiar de que los hijos le entregasen a sus padres felicitaciones navideñas escritas. Los hijos compraban pliegos de papel decorado con orlas —que también solía tener una estampita de color, alegórica de la Navidad, en su parte superior— y, con su mejor caligrafía, copiaban alguna décima sacada de los repertorios que, conocidos bajo la denominación genérica de *Ramillete de felicitaciones*, se publicaban cada año al efecto.

Estas felicitaciones familiares no eran interesadas ya que, a diferencia de las recién mencionadas, no buscaban obtener un aguinaldo sino que tan sólo pretendían expresar buenos deseos. Con otro formato

Hace unas décadas, las faranduleras también felicitaban las Navidades como cualquier otro hijo de vecino.

A finales del XIX muchos comercios colgaban este cartel para librarse de los cazadores de aguinaldos.

mucho más práctico —aunque exento de originalidad y romanticismo—, los actuales *christmas* o postales navideñas siguen manteniendo viva esta práctica ochocentista.

Las rifas navideñas, otra vía hacia el aguinaldo

Durante los días de Navidad, convertidos desde hace ya siglos en época de grandes gastos y derroche, no debe parecer extraño que se haya dado cabida a cualquier manifestación de ingenio que se muestre potencialmente capaz de incrementar la cartera o los víveres. Y, siendo bien limitado el aporte de recursos del aguinaldo y la paga extra, siempre queda el recurso al azar, la participación lúdica en rifas de toda especie, una afición que en nuestra cultura no hemos dejado de practicar, durante el solsticio de invierno, desde los lejanos tiempos de la celebración de las Saturnales romanas (tal como veremos en el capítulo 19 al tratar de la lotería).

Acercándonos un poco más hacia la España moderna, vemos que las rifas ya gozaban de una gran popularidad en el siglo XIII, pero los abusos que se cometían

Cada empresario felicita la Navidad según sea su negocio. En 1903 la licorería de Vicente Bosch usó el mono del anís; en 1996 el peluquero Llongueras recurrió a esta fotografía con dos peinados harto alusivos.

mediante ellas eran tantos que el rey Alfonso X, en el año 1276, tuvo que ordenar su control. Casi tres siglos después, en 1558, la situación no parecía haber cambiado ni mejorado demasiado cuando Felipe II dictó una ley que prohibía toda clase de suertes y rifas «porque el juego de rifar es muy dañoso, y asimismo el echar suertes, porque se rifan cosas de muy poco precio por doblado, y lo mismo es en las cosas que se echan en suertes».

En esos mismos días de mediados del siglo XVI, una disposición real prohibió totalmente el ejercicio de cualquier juego de azar durante el período navideño con excepción de las rifas, aunque éstas sólo podían tener lugar entre el día de Navidad y el de Reyes, celebrándose una vez acabada la misa mayor y estando limitadas a rifar únicamente turrones y carne (generalmente aves).

Ni el paso de los años ni el peso de las leyes lograron detener la expansión de las rifas, así que Felipe V, en 1716, después de señalar el «escándalo y otras ofensas a Dios» provocadas por el juego, ordenó que nadie «pudiese, sin real autorización, dar para rifar, ni rifar por sí, alhaja ni otro género alguno, aunque fuese de cosa comestible, y se manifestase que su importe o producto se aplicaba a algún Santo u Obra pía»; de este modo se instauraron las rifas como instrumentos de recogida de fondos para la beneficencia (gestionada por la Iglesia), pero también para financiar instituciones académicas escasas de caudales —como la rifa que en 1797 se le autorizó al Real Estudio de Medicina Práctica,

Rifa navideña en un café, según el dibujo costumbrista de una décima de mediados del siglo XIX.

origen de la Facultad de Medicina de Madrid—, para los «pobres empleados en los trabajos públicos» —rifa autorizada en 1798, en Barcelona—, etc.

A principios del siglo XIX, las rifas institucionales periódicas habían logrado ya un buen arraigo en las grandes ciudades españolas, destacando especialmente sorteos como los celebrados en Barcelona, desde 1799, por la Casa de la Caridad y el Hospital de la Santa Cruz. Según cuenta Antonio R. Dalmáu, en su obra *Las antiguas rifas barcelonesas,* «por Navidad y Carnaval, el Hospital celebraba rifas extraordinarias a beneficio de la Casa de Expósitos, o *infants gitats,* como se decía entonces. Los premios consistían en pavos cebados o en un voluminoso cerdo que era paseado por la ciudad.»

Un número ingente de rifas institucionales y municipales florecieron por todo el país y algunas de ellas alcanzaron una gran popularidad, pero el caos y los abusos obligaron a legislar sobre ellas de forma cada vez más restrictiva. Una Real Cédula de 8 de mayo de 1788, después de recordar las ordenanzas de Felipe II y Felipe V, prohibió sortear toda clase de alhajas y recomendaba solamente las rifas «que se ejecutan a los extractos de la Lotería» (que, como veremos en el capítulo siguiente, había sido oficialmente instaurada en el año 1763).

Más de medio siglo después, por un Real Decreto de 1854 se regularon las condiciones para conceder licencias para celebrar rifas y sólo se autorizaron aquellas que atendían directamente a necesidades de culto o de beneficencia, pagando a la Hacienda pública el veinticinco por ciento de su beneficio.

En 1875 se obligó a que todas las rifas se sujetasen y remitiesen a los números premiados en los sorteos de la Lotería Nacional para conceder sus premios —norma que aún perdura hoy—; finalmente, un decreto del Ministerio de Hacienda, fechado el 31 de diciembre de 1881, acabó prohibiendo todas las rifas de carácter permanente (aunque legislaciones posteriores, en 1932 y 1949, regularon las rifas ocasionales, como las benéficas o las navideñas).

A pesar de todo ese trajín legislativo, las rifas siguieron siendo la estrella en calles y negocios durante las Navidades del siglo pasado. En vías céntricas de grandes ciudades, vendedores ambulantes rifaban, entre los transeúntes, turrones, vinos, pavos e, incluso, bandejas bien surtidas de viandas variadas entre las que podía haber hasta un jamón.

En los cafés dieciochescos era costumbre felicitar la Navidad a los clientes regalándoles un número de la rifa que cada establecimiento celebraba por su cuenta. Los tres premios solían ser, por este orden, un pavo, un pollo y turrones, barquillos y «vino bueno» (vino dulce y rancio); el sorteo se celebraba en el propio local, la víspera de Navidad, después de la cena, con lo que se lograba atraer a un gran número de clientes deseosos de conocer su suerte antes de irse a la misa del gallo.

Nuestra afición por las rifas es, pues, histórica, y lo que acontece durante la Navidad actual en casi todos los bares, comercios, mercados y otros negocios que tratan directamente con el público —¡y hasta en colegios, institutos y muchas entidades culturales y de acción social!—, no es más que la cíclica reaparición de un hábito jugador que, en estas ocasiones, disfrazamos de acción benéfica o poco menos, tal como pretendió domesticar las rifas el moralista Felipe V.

Jugando «a los extractos de la Lotería» de Navidad, miles de rifas nos proponen ganar cestas navideñas mejor o peor surtidas, coches, aparatos electrónicos diversos, viajes exóticos... por un precio casi insignificante para el jugador, el gestor de la rifa ofrece ilusión y esperanza a su clientela al tiempo que recoge un buen dinero para sí mismo o para la finalidad que apadrina el sorteo.

Las rifas navideñas actuales no son, en definitiva, más que otra forma indirecta de hacerse con una paga extra, con un aguinaldo vergonzante que ha acabado por suplantar a aquella ingenua pero descarada forma de solicitarnos una generosa propina cuando, al servirnos un café con leche, nos entregaban una tarjetita que decía: «El camarero le desea Felices Pascua.»

La siempre deseada cesta de Navidad

Llegada a manos de ciudadanos sin duda afortunados, ya sea a consecuencia de una rifa o de un aguinaldo realmente generoso, merece una mención aparte la hermosa, admirada, deseada, envidiada y cada vez menos corriente cesta de Navidad; una fastuosa canasta repleta a rebosar de todas las viandas indispensables para esta época festiva: turrones, barquillos, frutos secos, conservas de frutas y de mariscos, vinos, cava y otros alcoholes de sobremesa, café, embutidos... y, claro está, un jamón y una caja de puros habanos.

Tan rico agasajo, sin embargo, se originó en propósitos muchísimo más modestos. La cesta de Navidad evolucionó a par-

Las cestas de Navidad siguen siendo el regalo más deseado y envidiado de cuantos pueden recibirse por esos días.

tir de las canastillas que, desde siglos atrás, empleaban los campesinos para llevar sus aguinaldos —frutos secos, dulces, un capón, etc.— hasta quienes eran objeto de su afecto y gratitud, que por lo general eran amigos, vecinos y las fuerzas vivas del lugar, eso es el médico, el boticario, el alcalde y el cura. El precedente de esas canastillas, yendo mucho más atrás en el tiempo, hay que buscarlo en la costumbre de la *sportula* (espuerta, cesta con dos asas) entre los antiguos romanos.

Durante la celebración de las Saturnales, los patronos romanos sentaban a cenar en su mesa a los mejores siervos y empleados, mientras que el resto se quedaba esperando en la puerta la *sportula,* una espuerta o capazo lleno de abundantes víveres, especialmente dulces, que, con el paso del tiempo, acabó siendo adornada con telas de colores y ramas verdes para mejorar su aspecto festivo y añadirle significado propiciatorio. De esta *sportula* proceden también los actuales *lotes* de Navidad.

Entrado ya el presente siglo, coincidiendo con los desplazamientos de una parte de la población rural hacia las zonas urbanas en busca de nuevas oportunidades laborales, las canastas con productos del campo saltaron también hasta las ciudades con el fin de cumplir con su objetivo tradicional. En las grandes urbes, las cestas navideñas, puestas al servicio de la burguesía, no tardaron en sofisticar su contenido incorporando delicias como los turrones y el entonces todavía novedoso y elitista «champagne».

Las propias cestas se vieron obligadas a crecer y cambiar de forma para poder acoger su nuevo contenido, y comenzaron a ser adornadas con tanto primor que se convirtieron en el regalo navideño por excelencia. En los años treinta, en Barcelona, ya se celebraban exposiciones anuales de cestas de Navidad que representaban todo un acontecimiento social.

Durante los años de la postguerra, que fueron tiempos difíciles hasta para los burgueses, la cesta de Navidad incorporó otro tipo de alimentos —embutidos, latas de conservas, etc.— que, sin ser representativos de la época, le podían venir muy bien a cualquier mesa familiar.

Hacia finales de los años cincuenta y durante la década de los sesenta, las cestas navideñas dejaron atrás su función de mero aguinaldo para convertirse en instrumentos oficiosos para agradecer y/o solicitar favores a funcionarios de rango y a personas bien instaladas en la sociedad de esos días. Con este propósito se dio cabida dentro de las cestas de Navidad a objetos tan poco comestibles, aunque apetecibles, como cajas de puros habanos, plumas estilográficas, relojes, transistores, televisores, joyas, etc.

En este contexto sucedió una famosa anécdota según la cual, una cesta, enviada a un jerarca franquista madrileño que recibía un montón de ellas, fue usada a su vez por éste para obsequiar rutinariamente a un conocido; pero el alto funcionario, que se limitó a cambiar la tarjeta que acompañaba la cesta por una suya, no se dio cuenta de que entre las viandas navideñas se escondía una cajita que contenía una sortija con un diamante inmenso, inequívoca muestra de agradecimiento de algún *contribuyente* satisfecho.

Las cestas de Navidad —con o sin sortija—, tanto en esos días como en la actualidad, eran preparadas por manos expertas y su precio final, aun dependiendo de la calidad de los productos puestos en ellas, siempre resultaba caro para los bolsillos medios. Por eso, de modo involuntario, la crisis económica de los años setenta le abrió el camino a un producto llamado a ser un sustituto bastante más asequible: los «obsequios de Navidad».

La gama de los «obsequios» es variada en todos los sentidos; en general se trata de algún objeto con valor decorativo (cerámicas, plantas, etc.), montado artísticamente sobre una peana, acompañado de turrón y cava, y adornado todo el conjunto con motivos navideños como muérdago, bolas, piñas, lazos, etc. En otros formatos más sencillos, el turrón y el cava tradicionales e indispensables van sobre una bandeja o una pequeña canastilla debidamente adornadas, o dentro de cajas de madera más o menos bien surtidas y arregladas.

En cualquier caso, nada hay que pueda competir en señorío con una hermosa cesta de Navidad, preciado objeto de deseo que nos roba el corazón con sólo verlo en un escaparate. La cesta es, sin duda, la reina de los aguinaldos. (Ojalá nuestros amigos y deudores también se den cuenta de ello.)

NOTAS

1. *Cfr.* Instituto Municipal de Historia, Inv. nº 3472, Veguería X-2, fol. 55 V.º.
2. Aunque pueda resultar chocante, antaño todos los basureros poseían parcelas de tierra y empleaban los desechos orgánicos que recogían en las ciudades para fertilizar sus cultivos de verduras y hortalizas y para alimentar a las aves y otros animales de corral que criaban. En agradecimiento a este *regalo*, los basureros pagaban su aguinaldo anual a sus clientes mediante alguno de los vegetales habituales en los preparados navideños y, para los mejores productores de desperdicios, fuente de basuras abundantes y de calidad, la recompensa adecuada era un ave de corral bien cebada.
3. *Cfr.* Aymá (1943). *Un siglo de aguinaldos*. Barcelona: Aymá, pp. 7-11.
4. *Ibid.*, p. 13.

18

Los *christmas* o cómo parecer amable por un precio módico

La Navidad y el Año Nuevo son época de intercambiarse buenos deseos, una costumbre ancestral que los romanos supieron cultivar con esmero a través de las estrenas y del conjunto de actos sociales que caracterizaron las Saturnales y otras celebraciones.

Cada año, centenares de christmas *diferentes compiten en los comercios para llegar a convertirse en los transmisores de nuestros mejores deseos.*

Durante la Edad Media, con el desarrollo que tomó todo lo relativo a la conmemoración navideña, darse las buenas fiestas unos a otros se convirtió en un acto tan común como deseado y esperado.

En los siglos siguientes el hábito no sólo no decayó sino que dio lugar a grupos organizados que, como los músicos con sus *alboradas,* se encargaban de felicitar las Pascuas y recordar la alegría festiva yendo de casa en casa.

Felicitar las fiestas se convirtió en una expresión de amabilidad y de respeto hacia los demás, ya fuesen familiares, amigos, clientes, subordinados o superiores, pero, además, suponía una magnífica ocasión para poder saludarles de modo personal y efusivo. Hacerlo, sin embargo, requería una inversión de tiempo —y dinero, puesto que la felicitación solía ir acompañada de algún obsequio— que la ajetreada y pragmática vida moderna no permitía. En el siglo pasado ya era habitual tener demasiadas relaciones de compromiso y un buen número de familiares y amigos residiendo lejos de casa; la relación directa era cada vez más difícil, si no imposible.

A todos esos males vino a poner remedio, cómo no, la técnica más avanzada del siglo XIX que, por una parte, posibilitó la cromolitografía en grandes tirajes y a precios razonables y, por la otra, desarrolló el servicio de correos abaratando costes y haciéndolo accesible a la mayoría de la población. En este contexto, los *christmas* o postales de Navidad estaban destinadas a alcanzar un éxito sin precedentes.

El invento de un sir londinense demasiado ocupado

Aunque desde el siglo XV ya existían tarjetas especiales para poderse felicitar el Año Nuevo y otras fechas señaladas, como San Valentín, suele adjudicarse la confección del primer *christmas* a sir Henry Cole, un londinense que, en el año 1843, al no tener tiempo suficiente para poder escribir cartas de felicitación a todos sus amigos, encargó a una imprenta que le hiciese una tarjeta con el mensaje de «*A merry christmas and a happy new year*».

De la tarjeta diseñada por Cole se imprimieron un millar de copias en cartulina y luego fueron coloreadas a mano. El impresor puso a la venta una parte de ellas, pero el resto de londinenses no mostró el menor interés por aquella práctica e imaginativa novedad. Tendrían que pasar algunos años, hasta llegar a la década de 1870, para que la idea de sir Henry Cole fuese aceptada y se generalizase su empleo.

La razón para ese cambio hay que buscarla en el tremendo avance que, entre 1840 y 1870, experimentó la técnica de reproducción de imágenes en color, que alcanzaron una notable calidad y, al poder ser impresas en grandes tiradas, se abarataron y quedaron al alcance de casi toda la gente. Si a ello le sumamos la coincidencia con una rebaja generalizada de las tarifas postales y el hecho novedoso de un colorido producto que era ideal para convertirse en moda, podremos comprender perfectamente por qué las tarjetas navideñas cobraron un auge inusitado y se extendieron con rapidez por todo el mundo. Acababa de nacer una nueva y cómoda manera de intercambiar buenos deseos.

Las reglas de cortesía de la burguesía decimonónica, según lo recoge Michelle Perrot, mandaban que «el primer día del año hay que felicitar a la familia próxima: padre y madre, tíos y tías, hermanos y hermanas. La víspera se reserva a los abuelos y a los superiores. Los ocho días siguientes son para los primos y otras personas allegadas, la quincena para los íntimos, y el mes entero para los simples conocimientos. Todo lo cual representa un considerable número de visitas que hacer y de tarjetas de felicitación que escribir»[1].

El prestigioso diario francés *Le Figaro,* en su edición del 24 de diciembre de 1854, ya se ocupó de la entonces novedosa moda de las felicitaciones navideñas con el fin de resaltar su paradoja: los destinatarios de las tarjetas —señala el diario— aparentan desdeñar «estas atenciones a tres francos el centenar», pero si no las reciben, esas mismas personas se enfurecen y acusan que «Fulanito carece de formas: ¡ni siquiera me ha enviado una felicitación de Año Nuevo!». El éxito de los *christmas* en el país vecino fue rotundo si tenemos en cuenta que, a finales del siglo XIX, las oficinas postales de París tramitaban más de un millón de felicitaciones por Año Nuevo.

Una característica común y destacable de todos esos primeros *christmas* es que no llevaban impreso ningún tipo de iconografía cristiana y más bien parecían querer evitarlo expresamente. A partir del último tercio del siglo XIX, los *christmas* con la imagen de Santa Claus acapararon casi todo el protagonismo en los países anglosajones, contribuyendo decisivamente a la implantación y expansión de ese personaje, que había sido inventado poco antes.

En España —tal como ya vimos con algún detalle en el tercer apartado del capítulo dedicado a los aguinaldos—, la primera felicitación navideña de la que tenemos constancia data del año 1831 y fue obra de los repartidores del *Diario de Barcelona,* que la enviaron a sus clientes junto a una cuartilla orlada que contenía este texto: «Quien siempre os pone al corriente/ de cuanto en la ciudad pasa,/ con novedades sin tasa/ que instruyen honestamente,/ quien todo aviso decente/ os da en vuestra utilidad,/ quien con tanta variedad/ en complaceros se emplea,/ hoy felices os desea/ las Pascuas de Navidad./ El repartidor del *Diario.*»

La introducción de la técnica cromolitográfica, hacia 1860, también disparó en nuestro país la impresión de *christmas*, y, al igual que en el resto de Europa, la inmensa mayoría de los artistas prefirió eludir las imágenes navideñas cristianas para concentrarse en la reproducción de escenas costumbristas relacionadas con los usos populares más cotidianos de esta época festiva.

A mediados del presente siglo, los *christmas* movían ya tanto dinero que surgió la idea de emplearlos para ayudar a financiar proyectos sociales. Así nacieron, en 1949, las populares felicitaciones de Unicef (que en España no se comercializa-

Los niños tiernos y traviesos que protagonizaron estos geniales christmas, *dibujados por Ferrándiz en la década de los sesenta, alegraron la Navidad de un par de generaciones.*

ron hasta diez años después), a las que siguió un sinnúmero de tarjetas editadas desde diferentes instituciones con la misma finalidad recaudatoria.

Entre los artistas españoles que se especializaron en dibujar *christmas* merece una mención destacada el popular Ferrándiz, prolífico autor de centenares de escenas navideñas, protagonizadas por grupitos de sus característicos niños, *angelotes* de rostro tierno entre los que casi nunca faltaba alguno inmerso en pequeñas travesuras. Las Navidades de la década de los años sesenta fueron más amables, sin duda, gracias a los *christmas* de Ferrándiz.

NOTAS

1. *Cfr.* Perrot, M. *et al.* (1989). *Historia de la vida privada. De la Revolución francesa a la Primera guerra mundial* (Vol. 4). Madrid: Taurus, p. 230.

19

La gran esperanza de la Navidad: ¡la Lotería!

La Navidad actual resulta poco menos que imposible de imaginar sin el aldabonazo del sorteo de la lotería que, cada 22 de diciembre, acuna las ilusiones pendientes, desboca la esperanza y embarga nuestra atención como bien pocas cosas son ya capaces de lograrlo.

De la lotería navideña emana un sortilegio irresistible que cautiva a casi todo el país desde meses antes del sorteo. No hay entidad, empresa o asociación, ya sea grande o pequeña, pública o privada, en la que sus trabajadores o miembros no se organicen para adquirir uno o varios números de lotería con los que compartir su suerte aupados a un barco de esperanza que ya todos conocen bajo la denominación informal de «lotería *de la empresa*». Comercios, bares, restaurantes, puestos de los mercados y todos aquellos locales que tratan con público ofrecen a sus clientes la oportunidad de comprar participaciones en su número de Navidad, o se las regalan como muestra de agradecimiento y deseo de buena suerte.

Ciudadanos aparentemente sensatos el resto del año, recorren administraciones de lotería buscando un número acabado en 43 —o en lo que cada *inspiración* guste dictar—, le encargan a amigos viajeros la compra de un décimo en tal o cual localidad —que imaginan más *suertuda* que su lugar de residencia—, se ponen alguna prenda especial —que les «da suerte»— para ir a comprar su billete de lotería... en fin, quienes no juegan nunca, ni al parchís, le hacen un guiño a la suerte invirtiendo unos ahorrillos en lotería navideña.

El sorteo de la lotería de Navidad ha trascendido su propia forma y finalidad —ser un juego de azar que persigue ganar dinero— para convertirse en una celebración social, en un ritual festivo que, apoyado sobre la antigua concepción mágica de los números, pretende exorcizar las carencias y penurias para conducirnos hacia un tiempo de abundancia e ilusiones satisfechas.

En alguna medida, la lotería de Navidad ha acabado por constituirse en el centro de gravedad del significado básico, propiciatorio y esperanzador, de los ritos asociados al solsticio de invierno. Al mismo tiempo que nuestra sociedad urbana fue elevando el uso del dinero a la categoría de instrumento básico y todopoderoso para la supervivencia, fue variando también el sentido de los cultos agrarios propiciatorios dirigidos hacia el divino Sol —fuente del renacimiento anual de la vida que posibilita la pervivencia humana— o elevados hacia los mitos religiosos que de él se derivaron, hasta desviar la atención y el deseo hacia otras *cosechas*, como la del dinero abundante y salvífico que mana del *cielo* en forma de premio de la lotería.

«El premio gordo es la obsesión nacional durante un mes —se lamentaba Eusebio Blasco en un artículo publicado en la revista *Blanco y Negro* el 25 de diciembre de 1897—. El premio gordo es el Mesías. *¡Agnus Dei qui tollis apuros mundi!* ¡Y dicen que no hay dinero! "Ocho millones lleva recaudados el Gobierno para la Lotería de Navidad", decían los periódicos hace un mes. Y esto no era más que el principio de la huelga patria. Millones y

Después de darle un buen pellizco a la esquiva diosa Fortuna, los agraciados con un premio de la lotería celebran su suerte descorchando botellas de cava en plena calle.

Del acierto que se tenga al elegir un simple papelito como éste dependerá que se realicen o no las esperanzas e ilusiones de los millones de jugadores de la Lotería de Navidad.

millones…, para coger tres millones (…). Es la eterna España, pobre pero fantástica, siempre llorando y siempre pagando, siempre apurada y siempre rica. ¡El premio gordo! Todos lo esperan, y lo esperan de diferentes modos.»

Cada Navidad, cuando estamos cerrando un año y tenemos ya un pie en el siguiente, una montaña fantástica de dinero *fácil* se nos pone prácticamente al alcance de la mano y nos propone hacer realidad nuestras ilusiones con sólo adquirir algún décimo. Ante tamaña tentación, son pocos, cada vez menos, los que osan resistirse.

En el año 1946 la lotería de Navidad emitió 200.000 billetes por un importe total de 400 millones de pesetas, pero en 1996 los billetes puestos en venta fueron 7.920.000 (cada uno de los cuales, a su vez, compuesto por diez décimos, hasta sumar un global de casi ochenta millones de décimos, eso es una proporción de dos décimos por cada habitante del país) y su importe total fue de 237.600 millones de pesetas, de los que 166.320 millones —un setenta por ciento— se repartieron en premios entre los jugadores[1]. A la vista de estas cifras puede ser oportuno recordar un proverbio atribuido al rey Carlos III, introductor de la lotería en España: «el que juega mucho es un loco; pero el que no juega nada es un tonto».

La Navidad es un tiempo ritualmente propicio para cargarse de esperanza y, hoy, quizá sin pretenderlo, la azarosa lotería se ha convertido en la expresión por excelencia de este deseo tan humano y antiguo como insaciable.

El azar y las suertes en la Antigüedad

El recurso al azar para dirimir cuestiones de todo tipo y/o repartir tareas, bienes, tierras o zanjar responsabilidades se pierde en la noche de los tiempos y ha sido común en todas las culturas antiguas, ya fuesen orientales (India, China, Japón, etc.) como europeas (pueblos indoeuropeos, helenos, germanos, celtas, latinos...); los caprichos del azar eran objeto de un respeto reverencial puesto que se los consideraba una manifestación de los designios de los dioses.

Ya en el *Antiguo Testamento,* que recoge costumbres de los primitivos hebreos —que, en temas como el que nos ocupa, eran también habituales en todas las culturas mesopotámicas anteriores a la de los israelitas—, encontramos numerosos pasajes en los que se «echan suertes» para resolver asuntos cotidianos más o menos importantes. Una muestra de ello son versículos como, por ejemplo, los de *Levítico* 16,7-8; *Números* 26,53-56; *Josué* 7,16-20; *Salmos* 22,19; *Proverbios* 16,33 y 18,18; o *Jonás* 1,7.

Entre los métodos adivinatorios de los antiguos romanos destacaban las *sortes,* que eran un conjunto de chapas o varillas pequeñas que estaban atadas juntas y llevaban una inscripción en cada una de ellas; bastaba extraer una de la piezas y leer el texto grabado para encontrar la respuesta buscada. Marco Tulio Cicerón (106-43 a.C.), en su obra *De Divinatione,* describió las *sortes* como unas tablillas de roble que eran puestas dentro de un cofre y mezcladas por un muchacho antes de proceder a la extracción de una de ellas al azar. En este proceso ya se contenía lo fundamental de la lotería y, de hecho, la palabra sorteo tiene su origen etimológico en las *sortes* romanas.

Respecto al procedimiento de extracción de las *sortes,* cabe recordar que una tradición griega, mucho más antigua que la latina, exigía que las suertes fueran sacadas de una urna por un chiquillo pre-púber cuyos padres estuviesen ambos vivos, puesto que se creía que los menores con estas características propiciaban mejor la suerte que quienes eran ya púberes y/o huérfanos.

En el siglo I a.C., los emperadores romanos, en sus banquetes, repartían regalos entre sus invitados con el concurso de la suerte. A finales de diciembre, con motivo de la fiesta de las Saturnales, los invitados a la mesa real recibían *pittacia* (papeletas) al azar que estaban marcadas con inscripciones alusivas a los *apophoreta* (regalos) que les correspondía a cada una.

En los tiempos de César Augusto (27 a.C.-14 d.C.) los regalos que se ofrecían en esta lotería eran de escaso valor, aunque el emperador también solía mezclar objetos valiosos con otros que no lo eran y obligaba a todos sus invitados a comprar una *pittacia,* con lo que el acto de agasajarse mutuamente, propio de las Saturnales, fue convirtiéndose en un juego de azar emocionante en el que se podía ganar o perder respecto al precio arriesgado en la compra de la papeleta.

Este sistema fue afianzándose hasta que, con el emperador Heliogábalo (218-222 d.C.), la lotería lúdica, que ya había llegado a ser un juego popular, comenzó a estar compuesta, a partes iguales, por papeletas que premiaban con regalos más o menos valiosos y otras que ofrecían cosas completamente inútiles.

Nacimiento de la lotería moderna

Con la caída del Imperio Romano este juego dejó de interesar a los gobernantes y quedó prácticamente en el olvido —con excepción del arraigado cultivo de las populares rifas callejeras medievales— durante casi un milenio, concretamente hasta que, en el siglo XV, reapareció con fuerza en medio del Flandes renacentista, origen indiscutible de la lotería moderna. Documentos del siglo XIII demuestran que, en esos días, en los Países Bajos, era ya una antigua tradición el recurrir a los sorteos públicos para conceder puestos en los mercados y repartir algunos cargos relevantes[2].

Años más tarde, según prueban documentos fechados entre 1443 y 1449, en ciudades como Gante, Utrecht, Audenarde, Brujas o L'Ecluse, ya se celebraron sorteos de lotería con el fin de recaudar fondos para financiar determinadas obras municipales. El duque de Borgoña fue el primero en explotar la lotería en beneficio propio, quedándose un tercio del producto neto de los sorteos. Los premios fueron incrementando su importancia y, a partir del año 1490, comenzaron a pagarse mediante bellos objetos de plata —que eran expuestos públicamente semanas antes del sorteo— en lugar de serlo con monedas corrientes.

Con el fin de poder hacer frente a los gastos de beneficencia sin tener que incrementar los impuestos de los ciudadanos holandeses, el emperador Carlos V, en 1526, autorizó la lotería a gran escala, bajo licencia municipal y con la obligación de donar una parte de los beneficios para los pobres de la ciudad en que se celebrase el sorteo.

En Italia se tienen noticias documentadas de la existencia del juego de la *bianca carta* y del *lotto* desde el año 1448, en Venecia y Génova, aunque sólo durante el siglo siguiente se expandió el *lotto* por el resto del país. De todos modos, el Tesoro italiano no se decidió a sacarle provecho al *lotto di Génova,* que hacía estragos entre la población, hasta 1642, año en que comenzó a controlar las licencias para explotar el sorteo.

De Italia, por medio del séquito de Catalina de Médicis, en 1533, la *blanche* penetró en Francia y en el año 1539, por autorización del rey Francisco I, un emprendedor hombre de negocios estableció la Lotería francesa a cambio de pagar 2.000 libras anuales al Tesoro galo, que andaba bastante menguado por culpa de las guerras contra España. En 1776 el decreto que creó la Lotería Real puso su explotación exclusiva en manos del Estado francés.

En los estados germánicos la lotería

se remonta también al siglo XV (en Augsburgo, por ejemplo, ya se registran sorteos con premios en artículos valiosos en el año 1470). La Gran Lotería Isabelina inglesa, inspirada en la de Flandes, nació en 1568 con el fin de proveer fondos para la mejora de los muelles, pero fue abolida definitivamente en 1826 a causa de la tremenda cantidad de ludópatas que generó. Desde Londres la lotería pasó a Norteamérica a principios del siglo XVIII, aunque ya antes, entre 1612-1621, sorteos efectuados en la capital inglesa habían servido para financiar el nacimiento de la colonia de Virginia.

En España la lotería no llegó hasta finales del siglo XVIII, cuando el marqués de Esquilache, primer ministro del rey Carlos III —que era también monarca de Nápoles y fue el introductor del belén en nuestro país, tal como ya vimos en el capítulo 4—, con fecha de 18 de enero de 1763, le solicitó a Juan Antonio de Goizueta, responsable de Hacienda del gobierno napolitano, que le mandase a José Peya (director de la *Beneficiata,* juego del *lotto,* en Nápoles, desde 1749) y dos colaboradores suyos con el fin de organizar el mismo juego en el reino español. Después de trabajar con gran celeridad, el primer sorteo de la lotería española se celebró en Madrid, en la plazuela de San Ildefonso, el 10 de diciembre de 1763.

De todos modos, lo tardío de la implantación oficial de la lotería en España no debe llevarnos a conclusiones erróneas acerca de la afición de los españoles por el juego. Ya en 1276, cuando Alfonso X ordenó al Maestre Roldán el llamado *Ordenamiento de las Tafurerías* (casas de juego públicas), los juegos de azar causaban estragos entre la población, y en la problemática sociedad de los siglos XVI y XVII se convirtieron en un fenómeno omnipresente, en una lacra endémica que lanzaba a muchos hacia una búsqueda desesperada de fortuna, implantando entre la población la ilusión de que el azar podría suavizar, si no obviar, la dura realidad socioeconómica de esos días.

La intervención de Carlos III, al oficializar el *lotto* napolitano, pretendió acotar, ordenar y controlar un furor jugador que ya sobrepasaba con mucho cualquier mesura saludable.

Entre los muchos detalles anecdóticos de los primeros sorteos, facilitados por Diego Narciso Herranz y Quirós en su tratado[3], publicado en 1796, destacaremos el siguiente procedimiento: una vez que depositas las noventa bolas para el sorteo en una arquita «en seguida la cierra el expresado Señor Fiscal con llave; y por uno de los Porteros de la Dirección se mueve, vuelve y revuelve desordenadamente, hasta que por el Señor Ministro que preside el acto se hace la señal con la campanilla; entonces un muchacho como de unos siete años de edad [que es del Colegio de San Ildefonso, vulgo de los Doctrinos, de esta Corte —añade en una nota Herranz—, el cual se presenta al acto de extracción con una túnica de damasco blanca galoneada de oro, que le cubre desde los hombros hasta los pies, y una peluquita también blanca y rizada a la manera de los Niños

El fanático por la Lotería ó el Enano afortunado.

Esta figura, creada a finales del XVIII para incitar al juego, dio el nombre de «el gordo» al premio mayor.

Napolitanos], después de haberse persignado y manifestado al público su mano derecha, libre y desembarazada de cosa alguna, la mete dentro de la arquita por la puertecita redonda que se abre en la parte superior, y tomando una de las noventa bolas...».

De este relato resultan obvias dos cosas: que los primeros sorteos tenían un encanto infinitamente superior a los actuales y que, tanto en el procedimiento de la extracción, como en la elección de un niño pre-púber —en este caso disfrazado de angelito *católico*— para tal menester, se seguía aún lo fundamental de la antiquísima superstición griega y latina para la extracción de las *sortes* que ya mencionamos anteriormente.

El «*jugador afortunado*» y el «*fanático por la Lotería*» fueron habituales en la prensa satírica del siglo pasado.

Al margen de esos sugestivos sorteos del Loto, en Cádiz, en 1812, se creó la que será la Lotería Moderna, que en el año 1817 ya doblaba en ingresos a su predecesora, la Lotería Primitiva, a la que fue desbancando progresivamente hasta que, por mor de sus excesos y abusos, la Primitiva tuvo que ser suspendida por el Gobierno en 1862.

Con el objetivo de proporcionar fondos a una Hacienda pública esquilmada por la enorme sangría económica que suponía la guerra de la Independencia, Ciríaco González Carvajal, ministro del Consejo y Cámara de Indias, presentó ante las Cortes generales y extraordinarias, reunidas en Cádiz el 23 de noviembre de 1811, el proyecto de la Lotería Moderna, un sorteo de características similares a los actuales.

González Carvajal, que había estado destinado como Oidor en la Nueva España, tomó como referente para su lotería el sistema que ya era vigente en México desde 1769. Poco después, el 25 de diciembre de 1811, se publicaron las bases del nuevo sistema, origen de la actual Lotería Nacional, y el 4 de marzo de 1812 se celebró el primer sorteo en la gaditana plaza de San Antonio.

Conforme el ejército francés fue abandonando España, la lotería fue dejando atrás su *reducto* gaditano para extenderse por todo el país. Su desarrollo fue tan fulgurante que en 1849 ya existían asociaciones como La Felicidad o La Fortuna, dedicadas a hacer grandes apuestas colectivas en la lotería.

Con el auge de la lotería también aparecieron entidades, como la barcelonesa denominada El Honesto Ciudadano, dedicadas a luchar contra lo que calificaban de «funesta plaga», aunque esos grupos fueron perseguidos por las autoridades municipales —que tenían la exclusiva de la venta de los billetes y se llevaban un uno por ciento del total— bajo la acusación de «actuación inmoral contra las instituciones del Estado».

La palabra mágica que todos mencionamos en relación con la lotería, *el gordo*, el premio mayor, procede de la imagen del llamado «fanático por la Lotería» o «Enano afortunado», una estrafalaria y rechoncha figura humana repleta de números y bolas de sorteo que, desde finales del siglo XVIII hasta mediados del siglo XIX, figuró impresa en casi todo cuanto tenía que ver con la lotería, convirtiéndose en una especie de amuleto favorecedor de la suerte que animaba a la gente a jugar, a intentar realizar sus sueños a través de los premios de la lotería. A quien le tocaba compartir la suerte de ese *gordo* afortunado se le arreglaba la vida (o casi), tal como viene sucediendo hasta hoy.

Con el siglo XIX llegó la Lotería de Navidad

El primer sorteo celebrado en Navidad tuvo lugar el 23 de diciembre de 1799, y aunque se trató del *viejo* Loto importado desde Nápoles, supuso el punto de arranque de lo que pocos años después daría paso a los populares y exitosos sorteos extraordinarios de Navidad.

Después del éxito inicial de la Lotería Nacional creada por González Carvajal, éste solicitó de las Cortes la creación de dos sorteos extraordinarios, uno en junio y otro en diciembre, ambos con modificaciones que permitiesen otorgar premios mucho mayores. La propuesta fue aceptada en la sesión del 1 de julio de 1812 y de esta forma nació el primer sorteo extraordinario de Navidad propiamente dicho, que se celebró

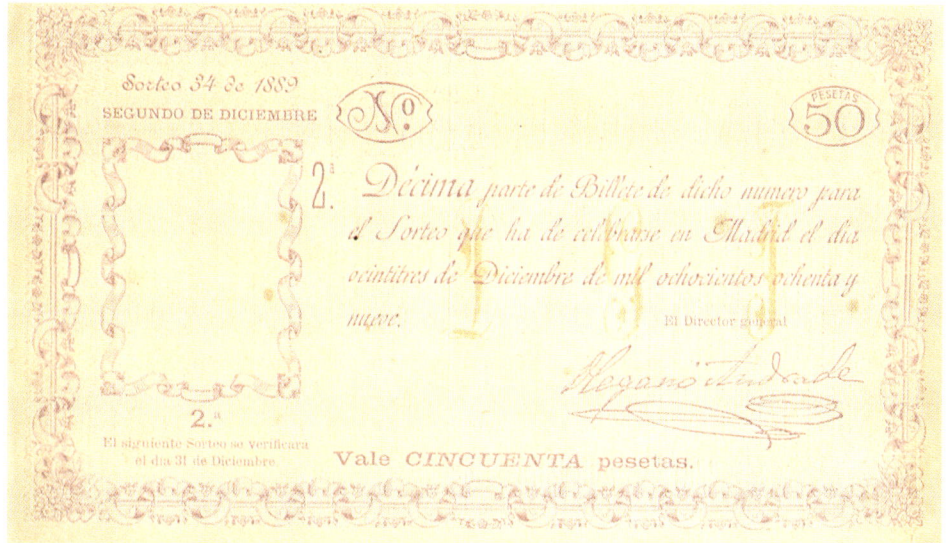

Décimo de la Lotería de Navidad del sorteo celebrado en el año 1889. La leyenda «Sorteo de Navidad» no apareció impresa en los billetes hasta el año 1897.

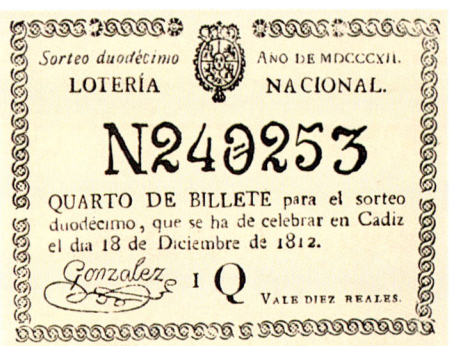

Billete de lotería de diciembre de 1812, fecha del primer sorteo de Navidad efectuado en España.

Anuncio publicado en la prensa con el listado de premios del sorteo de la Lotería de Navidad de 1890.

en Cádiz el 18 de diciembre de ese mismo año, estando aún en plena guerra de la Independencia (1808-1814). El billete se vendió a 10 pesetas y el *gordo* repartió 40.000 pesetas, una fortuna en la época.

De todos modos, la primera vez que apareció la denominación «Sorteo de Navidad» como sustituto de la leyenda habitual de «Prospecto de Premios» fue en el sorteo que tuvo lugar el 23 de diciembre de 1892, y no figuró impresa en los décimos de lotería hasta la Navidad de 1897.

La costumbre de repartir *participaciones* de la Lotería de Navidad arranca también desde antiguo y se inspiró en los boletos para participar en rifas de todo tipo que ya eran muy populares en el siglo XIII. A este respecto es bien ilustrativa la historia de Miguel Agulló, almacenista de vinos de Huércal-Overa, que, en el sorteo de Navidad del año 1906, distribuyó 1.300 participaciones del medio billete que había adquirido y que fue premiado con tres millones de pesetas.

Su afán por compartir la esperanza de la fortuna fue tanto que, tal como recuerda José Altabella[4], «llegó a hacerlo hasta en participaciones de 10 céntimos. Tanto celo desplegó en fragmentar el medio billete, que no se olvidó de los presos, a los que mandó cinco pesetas para que se los distribuyesen entre ellos. A los pobres y vendedores humildes les dio participaciones al comprarles mercancías y aun como limosna, a la puerta de las casas. Como luego le preguntaron los periodistas al señor Agulló cómo tuvo paciencia para hacer 1.300 participaciones, contestó sinceramente que "aún tenía el disgusto de que algunos vecinos de su pueblo se hubieran quedado sin ellas"».

Con el paso de los años, el sorteo de Navidad se convirtió en una institución popular de gran éxito que provocaba larguísimas colas ante los despachos de venta de billetes y escenas callejeras de lo más pintorescas que, en cualquier caso, hicieron las delicias de la prensa del siglo pasado y de principios del actual, que no perdió ocasión de señalarlas con gran mofa.

Ese éxito popular se evidenció, por ejemplo, en un sorteo como el de la Navidad de 1946 —celebrado cuatro años después de que hubiese comenzado la publicidad oficial de la lotería en periódicos, radio, cine, vallas, etc.—, que batió todos los récords al vender íntegra toda su emisión (200.000 billetes a 2.000 pesetas) y aportar al Estado, por sí solo, una recaudación superior a la obtenida por todos los sorteos celebrados durante el año 1934, que había sido uno de los mejores hasta entonces.

Hoy, las 90 bolas y la arquita de madera, que bastaban para los sorteos de finales del siglo XVIII, se han convertido en 66.000 bolas depositadas en cinco bombos gigantes. En el sorteo de Navidad del año 1812 el precio del billete fue de 10 pesetas y el premio *gordo* repartió 40.000 pesetas; en la Navidad pasada, el 22 de diciembre de 1996, cada billete costó 30.000 pesetas (en décimos de 3.000 pesetas) y el *gordo* proporcionó 36.000 millones de pesetas (300 millones de pesetas por cada una de las 120 series de 66.000 billetes cada una), un buen pellizco del total de los 166.320 millones de pesetas que distribuyó la lotería navideña entre los 12.502.800 jugadores que resultaron más o menos afortunados, eso es

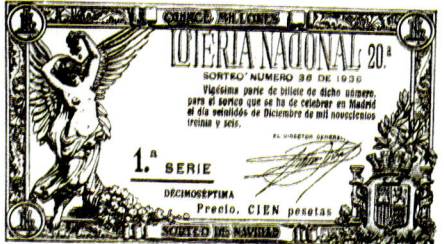

Diferentes décimos de Lotería de Navidad de los años 1936, 1939, 1942 y 1955 respectivamente.

con derecho a algún premio (aunque sólo fuese el reintegro).

Tal como nos dejó dicho Jacinto Benavente, en su obra *De sobremesa* (1912):

«¡Admirable institución ésta de la Lotería! ¿No es, acaso, la única felicidad positiva que debemos a nuestros Gobiernos?»

El sorteo de el Niño, la última oportunidad

Para los amantes de una segunda oportunidad ante la esquiva fortuna, en el año 1941, el general Roldán, entonces director general de Timbre y Monopolios, instituyó un sorteo que sería conocido popularmente como el de *el Niño* por tener lugar en la víspera de la Epifanía, fecha en la que los católicos celebran la manifestación del niño Jesús a los Reyes Magos y al mundo.

El éxito de este primer sorteo de *el Niño* —en el que se vendieron la práctica totalidad de los 168.000 billetes emitidos al precio de 150 pesetas (quince pesetas el décimo)— llevó a que en el año siguiente, 1942, fuese transformado en un sorteo extraordinario. De todas formas, la denominación de «sorteo de *el Niño*» no apareció en ninguna publicación oficial ni en las listas de los números premiados hasta el año 1966. Actualmente es el segundo sorteo en importancia de la Lotería Nacional (en 1997 constó de una emisión de treinta series de 100.000 billetes cada una y el premio *gordo* fue de 240 millones de pesetas por serie).

Al júbilo solsticial ancestral, se le ha venido a sumar, en los tiempos modernos,

Quienes no tuvieron suerte en la Lotería de Navidad, pueden celebrarlo a lo grande tras lograr un buen premio en el sorteo de el Niño. *Nunca es tarde si la dicha es buena, dice el refrán.*

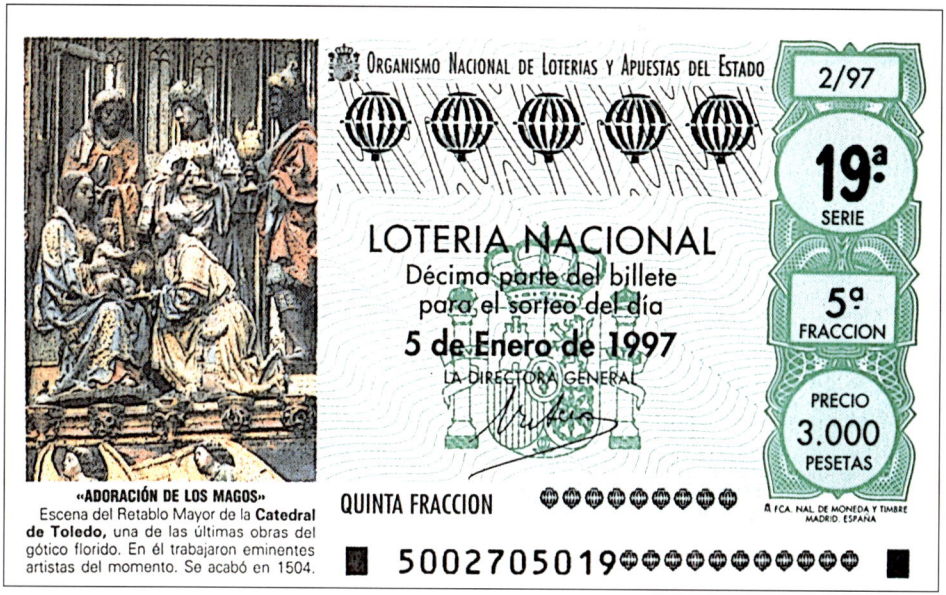

El sorteo de el Niño y el día de Reyes cierran definitivamente el ciclo de fiestas navideñas, pero la ilusión resucitará dentro de un año.

la esperanza en la lotería, aunque, tal como la realidad se encarga de demostrarnos año tras año, muchos son los llamados pero pocos los elegidos por la fortuna. Quizá por eso son legión quienes se pretenden poseedores de alguna inspiración celestial y recorren las administraciones de lotería en busca de ese número que han visto en sueños anhelosamente proféticos. De todos modos, ¿quién sabe si algún día no tendremos la misma fortuna que la portera del poeta Jean Cocteau?

Según relató el escritor Louis Pauwels en uno de sus libros[5], la portera de Cocteau adquirió un décimo de lotería y resultó premiada con una buena suma de dinero. «Ha sido porque he escogido un número que terminaba en 12», explicó la mujer, *razonando* acto seguido el motivo de tan inspirada elección mediante esta justificación: «la noche anterior tuve un sueño. Estaba en el cielo; a mi derecha había cinco ángeles y otros cinco a mi izquierda... y como 5 y 5 son 12». Así es la suerte, celestial, pero no sabe contar.

La época de Navidad y Año Nuevo representa, básicamente, la esperanza humana, la ilusión de grandes y pequeños, el estallido de la alegría general ante un futuro cercano que deseamos generoso e intuimos como propicio y favorable, es la puerta de entrada hacia un tiempo mágico en el que 5 y 5 pueden llegar a sumar 12. ¿Y por qué no?

NOTAS

1. *Cfr.* Loterías y Apuestas del Estado (1996). *Sorteo extraordinario de Navidad.* Madrid: Área de Comunicación, p. 18.

2. *Cfr.* Altabella, J. (1962). *La Lotería Nacional de España (1763-1963).* Madrid: Dirección General de Tributos Especiales. Recomendamos la lectura de esta documentadísima obra a todos los interesados en la historia de la lotería, de ella son deudores los datos históricos aportados en este capítulo.

3. *Cfr.* Herranz y Quirós, D. N. (1796). *Tratado Teórico-Práctico-Demostrado de las reglas de combinación en general y de sus aplicaciones al Juego de la Rl. Lotería.* Madrid, p. 121.

4. *Cfr.* Altabella, J. (1962). *La Lotería Nacional de España (1763-1963).* Madrid: Dirección General de Tributos Especiales, p. 200.

5. *Cfr.* el prólogo de su obra *Belles Images de la Loterie Nationale, 1953-1961.*

BIBLIOGRAFÍA

Abella, I. (1996). *La magia de los árboles.* Barcelona: Oasis.

Alonso Schökel, L. y Mateos, J. (1975). *Nueva Biblia Española.* Madrid: Ediciones Cristiandad.

Altabella, J. (1962). *La lotería nacional de España (1763-1963).* Madrid: Dirección General de Tributos Especiales.

Amades, J. (1959). *El pessebre.* Barcelona: Aedos.

Ariés, P., Duby, G. *et al.* (1989). *Historia de la vida privada* (5 vols.). Madrid: Taurus.

Arriaga, J. L. (1988). *Diccionario de mitología.* Bilbao: Mensajero.

Arruga, J. y Mañá, J. (1992). *El caganer. La figura més popular del pessebre català.* Barcelona: Alta Fulla.

Ayma (1943). *Un siglo de aguinaldos.* Barcelona: Ayma Editor.

Azorín, F., Montero Alonso, J. y Montero Padilla, J. (1997). *Diccionario de Madrid.* Madrid: Rubiños-1860.

Baldock, J. (1992). *El simbolismo cristiano.* Madrid: Edaf.

Bergua, J.B. (1977). *Historia de las religiones.* Madrid: Ediciones Ibéricas.

Blázquez, J. M., Martínez-Pinna, J. y Montero, S. (1993). *Historia de las religiones antiguas. Oriente, Grecia y Roma.* Madrid: Cátedra.

Bonal, F. (1984). *Le livre d'or du champagne.* Lausanne: Les Editions du Grand-Pont.

Bonnefoy, I. (1981). *Dictionnaire des mythologies et des religions des sociétés traditionelles et du monde antique* (2 vols.). París: Flammarion.

Brandon (1975). *Diccionario de las religiones comparadas* (2 vols.). Madrid: Ediciones Cristiandad.

Campbell, J. (1991). *Las máscaras de Dios: Mitología primitiva* (vol. I). Madrid: Alianza Editorial.

Campbell, J. (1991). *Las máscaras de Dios: Mitología oriental* (vol. II). Madrid: Alianza Editorial.

Campbell, J. (1992). *Las máscaras de Dios: Mitología occidental* (vol. III). Madrid: Alianza Editorial.

Campbell, J. (1992). *Las máscaras de Dios: Mitología creativa* (vol. IV). Madrid: Alianza Editorial.

Caratini, R. (1970). «La Antigüedad». *Enciclopedia temática Argos.* Barcelona: Argos Vergara.

Caratini, R. (1970). Filosofía y religión. *Enciclopedia temática Argos.* Barcelona: Argos Vergara.

Cardini, F. (1984). *Días sagrados.* Barcelona: Argos Vergara.

Cunqueiro, A. (1981). *La cocina cristiana de Occidente.* Barcelona: Tusquets.

Chevalier, J. y Gheerbrant, A. (1993). *Diccionario de los símbolos.* Barcelona: Herder.

Chris, T. (1992). *The story of Santa Claus.* London: New Burlington Books.

Díez y Gutiérrez O'Neil, J. L. (1941). *Historia de la misa.* Madrid: Aldecoa.

Eliade, M. (1967). *De los primitivos al Zen: Dioses, diosas y mitos de la creación* (I). Buenos Aires: Megalópolis.

Eliade, M. (1974). *El mito del eterno retorno.* Madrid: Taurus.

Eliade, M. (1974). *Tratado de historia de las religiones* (2 vols.). Madrid: Ediciones Cristiandad.

Eliade, M. (1978). *De los primitivos al Zen: El hombre y lo sagrado* (II). Buenos Aires: Megalópolis.

Eliade, M. (1978). *De los primitivos al Zen: La muerte, la vida después de la muerte y la escatología* (III). Buenos Aires: Megalópolis.

Eliade, M. (1978). *De los primitivos al Zen: De brujas, adivinos y profetas* (IV). Buenos Aires: Megalópolis.

Eliade, M. (1978). *Historia de las ideas y de las creencias religiosas: De la prehistoria a los Misterios de Eleusis* (I). Madrid: Ediciones Cristiandad.

Eliade, M. (1979). *Historia de las ideas y de las creencias religiosas: De Gautama Buda al triunfo del Cristianismo* (II). Madrid: Ediciones Cristiandad.

Eliade, M. (1980). *Historia de las ideas y de las creencias religiosas: De Mahoma a las religiones secularizadas de hoy* (III). Madrid: Ediciones Cristiandad.

Eliade, M. (1980). *Historia de las ideas y de las creencias religiosas: Las religiones en sus textos* (IV). Madrid: Ediciones Cristiandad.

Eliade, M. (1980). *La prueba del laberinto.* Madrid: Ediciones Cristiandad.

Eliade, M. y Couliano, I. P. (1992). *Diccionario de las religiones.* Barcelona: Paidós.

Escobedo, J. C. (1989). *Diccionario enciclopédico de la mitología.* Barcelona: De Vecchi.

Esteve, J. M. (1993). *Influencia de la publicidad en Televisión sobre los niños. Los anuncios de juguetes y las cartas a los Reyes.* Madrid: Narcea.

Figueras Pacheco, F. (1955). *Historia del Turrón.* Alicante: La Fama.

Fricke, W. (1993). *El juicio contra Jesús.* Barcelona: Martínez Roca.

Fromm, E. (1980). *El dogma de Cristo.* Buenos Aires: Paidós.

Galiana Carbonell, F. (1986). *Anales y documentos históricos sobre el Turrón del Jijona.* Jijona (Alicante): Consejo Regulador de la Denominación Turrón de Jijona.

García Font, J. (1987). *Dioses y símbolos del Antiguo Egipto.* Barcelona: Fausí.

Garzanti (1991). *Enciclopedia de la Literatura Garzanti.* Barcelona: Ediciones B.

Garzanti (1991). *Enciclopedia del Arte Garzanti.* Barcelona: Ediciones B.

Garzanti (1992). *Enciclopedia de la Filosofía Garzanti.* Barcelona: Ediciones B.

Gimbutas, M. (1991). *Diosas y dioses de la vieja Europa 7000-3500 a.C.* Madrid: Istmo.

Glassborow, J. (Ed.), Burdett, R. *et al.* (1988). *Adornos de Navidad. Árboles, guirnaldas y regalos* (vol. I). Barcelona: Hymsa Grupo Editorial Edipresse.

Glassborow, J. (Ed.), Burdett, R. *et al.* (1991). *Adornos de Navidad. Trabajos manuales creativos* (vol. II). Barcelona: Hymsa Grupo Editorial Edipresse.

Graves, R. (1983). *La Diosa Blanca.* Madrid: Alianza Editorial.

Grubb, N. (1996). *The Life of Christ in Art.* Nueva York: Artabras.

Guenon, R. (1987). *El simbolismo de la cruz.* Barcelona: Obelisco.

Guirand, F. (1960). *Mitología general.* Barcelona: Labor.

Herrero, H. (1992). *El monopolio de una pasión. Las reales loterías en tiempos de Carlos III.* Valladolid: Secretariado de Publicaciones de la Universidad de Valladolid.

Kaydeda, J. M. (1986). *Los Apócrifos Jeshúa y otros Libros Prohibidos.* Madrid: Rea.

Krumm-Heller (1965). *Plantas sagradas.* Buenos Aires: Kier.

Lara, F. (1989). *La civilización sumeria.* Madrid: Historia 16.

Loisy, A. (1905). *L'Évangile et l'Eglise.* París.

Loisy, A. (1908). *Simples Reflexions.* París.

Loterías y Apuestas del Estado (1996). *Sorteo extraordinario de Navidad.* Madrid: Área de Comunicación de Loterías y Apuestas del Estado.

Luján, N. (1987, diciembre). Los Reyes Magos en la Florencia de los Médici. *Jano* (800), vol. XXXIII, pp. 60-69.

Lurker, M. (1991). *Diccionario de dioses y símbolos del Egipto antiguo (manual del mundo místico y mágico de Egipto).* Barcelona: Indigo.

Malvert (1896). *Ciencia y religión.* Madrid: Fuencarral.

Martínez, A. (1992). *El culte solar.* Santa Coloma de Gramenet (Barcelona): Grup d'Estudis Històrico-Socials.

Martínez Montiño, F. (1585). *Conduchos de Navidad.* Alicante: Imprenta de Joachim Guardiola, pp. 20, 21 y 55.

Meautis, G. (1982). *Mitología griega.* Buenos Aires: Hachette.

Moll, J. (1970). *Los villancicos cantados en la Capilla Real a fines del siglo XVI y principios del siglo XVII.* Barcelona: Instituto Español de Musicología, Anuario Musical, vol. XXV, pp. 81-96.

Morel, H. V. (1987). *Diccionario de mitología Egipcia y Medio Oriente.* Buenos Aires: Kier

Müller, M. (1990). *Mitología Egipcia.* Barcelona: Edicomunicación.

Nácar, E. y Colunga, A. (1979). *Sagrada Biblia.* Madrid: Edica.

Nast, T. (1890). *Thomas Nast's Christmas Drawings for the Human Race.* Nueva York: Harper & Brothers.

Noël, J. F. M. *et al.* (1991). *Diccionario de Mitología Universal* (2 vols.). Barcelona: Edicomunicación.

Palacios, C. (1986, enero). El muérdago: síntesis de antiguas tradiciones y ceremonias. *Integral* (74), pp. 54-56.

Portal, F. (1991). *Los símbolos de los egipcios.* Barcelona: Obelisco.

Puech, H-C (Ed.) (1977). *Historia de las Religiones Siglo XXI:* Las religiones antiguas. II; Vol. 2. Madrid: Siglo XXI.

Puech, H-C (Ed.) (1979). *Historia de las Religiones Siglo XXI Las religiones en el mundo mediterráneo y en Oriente Próximo. I;* Vol. 5. Madrid: Siglo XXI.

Rethoré (1894). *Science des religions.* París: Pedone éditeur.

Rodríguez, P. (1993). *Qué hacemos mal con nuestros hijos (El drama del menor en España).* Barcelona: Ediciones B.

Rodríguez, P. (1997). *Mentiras fundamentales de la Iglesia católica.* Barcelona: Ediciones B.

Saintyves, P. (1907). *Les Saints successeurs des dieux.* París: Librairie Critique.

Saintyves, P. (1985). *Las madres vírgenes y los embarazos milagrosos.* Madrid: Akal.

Scarre, C. (1995). *Cronos, la historia visual de nuestra civilización desde los orígenes del hombre hasta el 1500.* Barcelona: Ediciones B.

Shonfield, H. J. (1990). *El Nuevo Testamento original.* Barcelona: Martínez Roca.

Vázquez, M. J. y Castañer, J. (1991). *El libro de los signos.* Barcelona: Ediciones 29.

Violant Simorra, R. (1948). *El llibre de Nadal.* Barcelona: Impremta de Salvador Salvadó. Una edición facsímil de este libro ha sido publicada por la Editorial Alta Fulla de Barcelona en 1983.

Webster, G. P. (1869). *Santa Claus and His Works.* Nueva York: McLoughlin Brothers.

Wilkins (1987). *Mitología hindú.* Barcelona: Edicomunicación.

Wolff, O. (1980, julio). El muérdago y el tratamiento del cáncer. *Integral* (14), pp. 24-25.

Wundram, M. (1997). *Painting of the Renaissance.* Colonia: Taschen.

CRÉDITOS FOTOGRÁFICOS

Josep M.ª Barres (9, 136, 147, 157, 194). Codorníu, S.A. (208, 257, 258, 260, 263, 264a, 264b). Pedro Corro/*Tiempo* (134b, 142, 176, 182, 188). Cover (228a). EdeP Imagen (285). Efe (228b). Pepe Encinas/*El Periódico de Catalunya* (73). Fotosíntesis (268). Carles Montañés/*El Periódico de Catalunya* (62, 63, 76, 93, 134a, 141, 172, 175, 179, 306). Ferran Nadeu/*El Periódico de Catalunya* (60a, 60b). *El Periódico de Catalunya* (59, 61, 88, 90, 123, 127, 180, 184b, 275). Juan Manuel Prats/*El Periódico de Catalunya* (296). Santiveri, S.A. (236). Carmen Sentíes (167a, 167b). Javier Sierra (14, 26, 27a, 27b, 31, 58). Antonio Sirvent Selfa, S.A. (245a, 245b, 246a, 246b). Antonio Tiedra/*Tiempo* (184a). *Tiempo* (211a, 211b, 215, 223, 289). Toni Vandellós/Llongueras (282). Juan Valgañón/*El Periódico de Catalunya* (224, 229). M. Villar/*Tiempo* (198). Visió de Futur (71, 177, 191, 233, 251). Zardoya (169).

El número entre paréntesis hace referencia a la página en que aparece la fotografía. El resto de imágenes proceden del archivo de Pepe Rodríguez y de Internet.

Agradecimientos

Este libro y su autor reconocen su deuda de gratitud para con todas aquellas personas e instituciones que, de una u otra forma, han hecho posible que este proyecto editorial arribase a buen puerto.

Vaya mi más sincero agradecimiento para: Àngels Alum, Jordi Arruga, Jordi Aspa, Jaume Benet, Josep Mª Balcells, Esperanza Barragán, Luis Bettonica, Noemí Bravo, M.ª Carmen Brotons, Ricardo Cantón, Cristina Carrilero, Juan Carvajal, Miren Casado, Fundación Coca-Cola, Codorníu, S.A., Mercè Costa, Teresa Domènech, Laureano Domínguez, EdeP Imagen y Producción Gráfica, Tareixa Enríquez, Máximo Fernández, Silvia Fernández, Esperanza García, Ana García D'Atri, Lourdes García de Salas, Xavier Gassió, Samuel Gómez, Gremi de Flequers de Barcelona, Enrique de Hériz, Institut de Cultura de Barcelona (Arxiu Històric de la Ciutat), Villy Lahoz, Mar López, Anna Maria Lira, Llongueras, Sergi Martínez, Damián Mathews, Pau Medrano, Ángel Molina, Carlos Montañés, Laura Moral, Mercedes Moral, Víctor Navascués, Begoña Odriozola, Jordi Omella, Organismo Nacional de Loterías y Apuestas del Estado, Edmond Orts, Miquel Pellicer, Casa Pepe, José María Perceval, *El Periódico*, Juan Manuel Prats, Manel Raventós, Ramón Raventós, Blanca Rosa Roca, Manel Rovira, Josan Ruiz, Paquita Saborit, Casa Santiveri, S.A., Enric Saúl, Alejandra Segrelles, Semon, Carmen Sentíes, Javier Sierra, Juan Antonio Sirvent Selfa, S.A., Àngel Solé, Pere Sureda, Juan Valgañón, José Vera, y todos los autores citados en la bibliografía.

Para mis padres, Pepe y M.ª Cinta, y para Tere, Santi, Javi y Bea, mi gratitud y recuerdo emocionado por todas las Navidades disfrutadas en familia.

ÍNDICE

I. EL VERDADERO ORIGEN Y VERDADERO SIGNIFICADO DE LA NAVIDAD

1. Los antiguos cultos agrarios del solsticio de invierno 9

II. MITOS, PERSONAJES Y RITOS BÁSICOS DE LA NAVIDAD SEGÚN LA TRADICIÓN CRISTIANA

2. El nacimiento prodigioso de Jesús de Nazaret 25
3. Los Reyes Magos, una existencia tan cambiante como agitada 49
4. Montar el belén, una costumbre nacida en el siglo XIII 71
5. La misa del gallo, un canto por el nacimiento divino 81
6. Villancicos, el sonido de la Navidad 89

III. MITOS, PERSONAJES Y RITOS BÁSICOS DE LA NAVIDAD PROCEDENTES DE TRADICIONES NO CRISTIANAS

7. Papá Noél, la prodigiosa metamorfosis de san Nicolás en Santa Claus 97
8. El árbol de Navidad y sus adornos 133
9. El muérdago, un don celeste que protege y procura felicidad 147

10. El acebo, un signo de buen augurio 157
11. El *tió*, o tronco de Navidad, un rito protector ancestral convertido
    en fiesta infantil 163
12. Pequeños adornos llenos de significado 175
13. Los regalos, una antigua forma de magia que procura unión y amistad 191

IV. COMIDAS, FESTEJOS Y COMPLEMENTOS DEL TIEMPO DE NAVIDAD

14. Los ágapes del ciclo navideño 207
15. Turrón, el sabor de la Navidad 233
16. El cava, vino de la celebración 251
17. Aguinaldos, paga extra, rifas y cestas navideñas 273
18. Los *christmas* o cómo parecer amable por un precio cómodo 289
19. La gran esperanza de la Navidad: ¡la Lotería! 295

Bibliografía 309
Créditos fotográficos 313
Agradecimientos 315

12/14 ⑧ 12/13
2/16 ⑧ 12/13